Hubert Knoblauch

Berichte aus dem Jenseits

HERDER spektrum

Band 5216

Das Buch

Bei Unfall, Operation, kurzem Atemstillstand im Schwimmbad passiert es: Menschen begegnen, plötzlich und unerwartet, dem eigenen Tod. Sie machen eine Erfahrung an der Grenze. Lange waren solche Erfahrungen tabu. Aber immer öfter wird in der letzten Zeit darüber gesprochen, auch bei uns. Was sagen diese Berichte? Sind sie tatsächlich in allen Kulturen gleich – immer die gleichen guten Bilder: Tunnel, Licht, eine freundliche Führergestalt? Tun die Betroffenen wirklich den Blick in die andere Welt? Oder blicken sie nur in den Spiegel des eigenen Bewusstseins? Hubert Knoblauch hat ausführlich mit Betroffenen gesprochen und die europaweit erste großangelegte Untersuchung zu diesem faszinierenden Phänomen geleitet. Sie hat überraschende Ergebnisse gezeigt: Vier Prozent der Bevölkerung haben Erfahrungen in Todesnähe gemacht. Solche Erfahrungen sind keineswegs nur positiv geprägt. Im Osten sind sie nicht weniger häufig, aber ganz anders als im Westen. Und sie sind vielfältiger als bisher angenommen. Es sind Erfahrungen einer anderen Wirklichkeit, aber nicht in einer anderen Wirklichkeit. Erfahrungen, die das Leben einzelner Menschen bestimmen und verändern können und am eigenen Leib erfahren lassen: Es gibt ein Jenseits zur Welt ihres Alltags. „Ein Buch, das Erfahrungen ernst nimmt, aber auch aufräumt mit herkömmlichen Mythen" (Lichtensteiner Volksblatt). „Interessante Einzelheiten und neue Erkenntnisse" (Das Goetheanum). „Eine einmalige Studie" (Südkurier).

Der Autor

Hubert Knoblauch, Dr. rer. soc., geb. 1959, Professor für Religionswissenschaften an der Universität Zürich, hat Soziologie, Philosophie und Geschichte studiert. Zahlreiche Buchpublikationen. In Verbindung mit dem Institut für Grenzgebiete der Psychologie, Freiburg, hat er ein mehrjähriges Forschungsprojekt über „Struktur und Verbreitung von Todesnähe-Erfahrungen in der BRD" geleitet.

Hubert Knoblauch

Berichte aus dem Jenseits

Mythos und Realität der
Nahtod-Erfahrung

HERDER

FREIBURG · BASEL · WIEN

Alle Rechte vorbehalten – Printed in Germany
© Verlag Herder Freiburg im Breisgau 1999
www.herder.de
Herstellung: fgb · freiburger graphische betriebe 2002
www.fgb.de
Umschlaggestaltung und Konzeption:
R·M·E / München, Roland Eschlbeck und Liana Tuchel
Umschlagbild: Die zweite Geburt. Das Paradies.
Flügelaltar von Hieronymus Bosch, um 1500
Autorenfoto: © Andreas Lehner
ISBN: 3-451-05216-4

Dem Andenken meines Vaters gewidmet

„Wir spielen weiter. Bang und schwer Erlerntes
hersagend und Gebärden dann und wann
aufhebend; aber dein von uns entferntes
aus unserm Stück entrücktes Dasein kann
uns manchmal überkommen, wie ein Wissen
von jener Wirklichkeit sich niedersenkend,
so daß wir eine Weile hingerissen
das Leben spielen, nicht an Beifall denkend."

(Rainer Maria Rilke, Todes-Erfahrung)

Inhalt

Vorwort   11

1. **Der Mythos der Nahtoderfahrung und die populäre**
   Spiritualität   15
   Was sind Nahtoderfahrungen?   16
   Ein Standardmodell der Nahtoderfahrung   18
   Sind alle Nahtoderfahrungen gleich?   20
   Väter, Mütter und Gegner des Mythos   23
   Der moderne Mythos der Nahtoderfahrung   27
   Nahtoderfahrung – die Einräumung des Jenseits . .   29
   Populäre Spiritualität   31

2. **Von Himmeln und Höllen: Zur Geschichte der**
   Todesnäheerfahrungen   35
   Literarische Jenseitsreisen und Nahtoderfahrungen   36
   Der Mythos vom Soldaten Er   40
   Die Apokalypse des Paulus und die Todesnähe-
   erfahrung im Christentum   42
   Mönche und Nonnen:
   Die Nahtodvision im Mittelalter   45
   Von der Hölle zum Lebenspanorama   52
   Nahtodberichte in Zeitungen und Literatur   55
   Die himmlischen Abstürze von Schweizer
   Bergsteigern   59
   Nahtoderfahrungen in der Moderne   61

3. **Das erlebte Jenseits der anderen:**
    Todesnäheerfahrungen im Kulturvergleich 66
    Schamanistische Jenseitsreisen 68
    Indianische Nahtoderfahrungen in der Traumzeit . 70
    Australien und Melanesien 75
    Mormonen in Amerika 79
    Das tibetanische Totenbuch 81
    China 84
    Indien – auf der Kuh in den Himmel 87

4. **Blumenwiesen und Sensenmänner: Nahtodberichte**
    aus dem deutschen Sprachraum 91
    Frau Maiers Sturz 95
    OBE und „reale" paranormale Erfahrungen 98
    Die etwas anderen Standarderfahrungen 101
    Schreckenserfahrungen statt Höllenbilder 110
    Sensenmänner und Stehpartys 112
    Mystische Auflösung und andere Geschichten . . . 117

5. **Das west-östliche Jenseits** 123
    Jede Menge Erfahrung 126
    Die Nahtoderfahrung ohne Tod 129
    Kein Tabu mehr 130
    Die Mannigfaltigkeit der Inhalte 132
    Inhalte im Ost-West-Vergleich 136
    Das folgenlose, gottlose Jenseits 142

6. **Am Anfang war das Hirn: Wissenschaft und**
    Nahtoderfahrung 148
    Theologie und die Grenzen der Offenbarung 149
    Die Glaubenslehre der Thanatologie 154
    Die Überlebenshypothese: Der schwierige Nachweis
    der Übersinnlichkeit 156
    Trugbilder der Gehirnrinde 162

Täuschungen der Seele 165
Natur und Kultur 169
Nahtoderfahrung und Kultur 172

7. **Das Jenseits des Bewußtseins** 174
Erkenntnisse sind Spiegel der Erkennenden . . . 175
Diesseits des Todes 177
Alltagswirklichkeit und andere Wirklichkeiten . . 180
Die irdische Wirklichkeit der Nahtoderfahrung . . 185
Lebenskraft und das Sein zum Tode 191
Die Sprache der Kultur 194
Die neue Spiritualität 198

Anhang: Fragebogen zu Todesnäheerfahrungen 203

Anmerkungen 211

Vorwort

Nicht der Tod bildet den Gegenstand dieses Buches, sondern die Erfahrungen von Menschen, die, um es bildlich auszudrücken, dem Tode ins Auge gesehen haben, ihm aber „von der Schippe" gesprungen sind. Sie haben eine außergewöhnliche Erfahrung gemacht, die man als Nahtoderlebnis oder als Todesnäheerfahrung bezeichnet.

Viele Bücher sind schon über dieses Thema geschrieben worden. Manche von Autoren, die eine solche denkwürdige Erfahrung selbst gemacht hatten und in Buchform über das berichten, was sie erlebt haben. Andere schreiben darüber sozusagen „von außen", weil sie sich für diese Erfahrung und die Menschen, die solche Erfahrungen gesammelt haben, interessieren. Ich gehöre zweifellos zur zweiten Kategorie. Dennoch soll dies nicht nur irgendein weiteres Buch über dieses Thema sein. Leser und Leserinnen, die sich schon intensiver mit dem Thema befaßt haben, werden vor allem drei Eigenheiten dieses Buches entdecken.

Zum einen möchte ich mich nicht auf den ausgetretenen Pfaden der bisherigen Literatur bewegen: Vieles, was über dieses Thema geschrieben wird, wird nicht dadurch wahrer, daß man es immer wiederholt. Ich bezeichne es in diesem Buch als Mythos – im zweideutigen Sinn des Worts. Ein Mythos kann Wahrheit in ein Bild bringen. Bilder und Vorstellungen können den Blick auf die vielschichtige Wirklichkeit aber auch verstellen und problematisch werden, wenn sie nicht mehr hinterfragt werden dürfen. In diesem letzten Sinn

11

muß vieles als Mythos bezeichnet werden, was zu unserem Thema im Umlauf ist.

Zum anderen möchte ich auch nicht – wie das zu häufig geschieht – nur die Berichte wiederholen, die schon in anderen Büchern aufgeführt wurden und oftmals aus dem angelsächsischen Sprach- und Kulturraum stammen. Im vorliegenden Buch werden Menschen zu Wort kommen, die uns hierzulande überall begegnen können. Die Erfahrungsberichte stammen aus Gesprächen, die ich in der Schweiz und in Deutschland geführt habe. Bei all den Menschen, die mir bereitwillig Auskunft über diese so schwerwiegenden Erfahrungen gaben, möchte ich mich hier herzlich und aufrichtig bedanken.

Das Buch weist noch eine dritte Eigenheit auf. Es baut auf den Ergebnissen eines europaweit einmaligen Forschungsprojekts auf, in dessen Rahmen eine bundesweite Umfrage über Nahtoderfahrungen durchgeführt wurde. Bei all den Menschen, die den Fragebogen ausgefüllt haben, und bei den vielen Interviewern, die mitgewirkt und zum Erfolg dieser Untersuchung beigetragen haben, bedanke ich mich an dieser Stelle ausdrücklich.

Die Ergebnisse dieses Forschungsprojekts gehen in dieses Buch ein. Um den Text aber für eine breite Leserschaft verständlich zu halten, wurden diese Untersuchungen nicht in allen Details und vereinfacht wiedergegeben. Wer sich für genauere Ergebnisse und ihre methodisch-wissenschaftliche Untermauerung interessiert, sei auf die entsprechenden Beiträge in dem Sammelband verwiesen, den ich zusammen mit Hans-Georg Soeffner herausgegeben habe: Todesnähe. Interdisziplinäre Beiträge zu einem außergewöhnlichen Phänomen, erschienen im Universitätsverlag Konstanz (1999). Dort finden sich auch sehr profunde Beiträge führender Forscher und Forscherinnen auf diesem Bereich aus den verschiedensten Wissenschaftsdisziplinen.

Mein Dank gilt auch den Mitarbeitern des Forschungsprojekts, Ina Schmied und Bernt Schnettler, die mich bei der Vorbereitung dieses Buches tatkräftig unterstützt haben.

Rudolf Walter ist nicht nur derjenige gewesen, der mich zum Schreiben dieses Buches veranlaßt hat. Er hat auch sehr wertvolle Korrekturen und Änderungen vorgeschlagen.

Eberhard Bauer möchte ich meinen Dank für seine kollegial-freundschaftliche Unterstützung und Hilfe ausdrücken.

Bedanken möchte ich mich auch bei Michaela Stadelbauer, die mich bei der Korrektur unterstützte.

Ohne die Hilfe meiner lieben Frau Barbara und meiner kleinen lebensfrohen Tochter Delia wäre dies Buch jedoch nie zustande gekommen.

1 ■ Der Mythos der Nahtoderfahrung und die populäre Spiritualität

Der Tod bewegt uns alle, denn der Tod geht jeden an. Wir wissen, daß wir uns auf ihn zubewegen, und manchmal denken wir auch, was wir sonst verdrängen: Der Tod fragt nicht, wann er kommen soll, er kann uns jederzeit holen. Viele von uns haben die Erfahrung mit dem Tod anderer Menschen gemacht: Menschen, die wir kannten, die wir liebten und die wir für unersetzlich hielten. Andere machen die Erfahrung des Todes an sich selbst: Todgeweihte, die an unheilbaren Krankheiten leiden, die wissen, daß ihr Ende naht, die vielleicht sogar wissen, wann es kommt. Das ist eine der grundlegenden Paradoxien des menschlichen Lebens: Wir leben im Wissen, daß wir sterben werden. Aber wir haben kein Wissen über den Tod.

Das ist auch die Quelle und Inspiration vieler Religionen. Liegt im Jenseits die Hölle? Erwarten uns himmlische Freuden? Begegnen wir Gott oder aber dem Nichts? Über solche Fragen wurde viel spekuliert. Generationen von Theologen und Philosophen haben über sie nachgedacht, zahllose Künstler haben durch viele Epochen solche Überlegungen in Sprache gefaßt, in Bildern gedeutet und Ton gesetzt. So eindrucksvoll, manchmal erhaben, zuweilen aber auch anmaßend all das auch erscheint – es bleibt doch Spekulation. Niemand kann in diesen Fragen Anspruch auf Wissen aus erster Hand erheben.

Wirklich niemand? Haben sich nicht in den letzten Jahren immer mehr Menschen zu Wort gemeldet, die behaupten, den Tod am eigenen Leib erfahren zu haben – und zurückgekehrt zu sein? Mehren sich nicht die Stimmen derer, die über ihre Erfahrungen an der Grenze zum Tod berichten? Und haben wir nicht sogar von Wissenschaftlern gehört, die in diesen Erfahrungen einen Beweis für das Leben nach dem Tod sehen?

Das mit solchen Fragen angerissene Problemfeld ist Ausgangspunkt und Gegenstand unseres Buches. Wir werden im folgenden darstellen, wie Menschen zu den verschiedensten Zeiten, Orten und Kulturen den Tod erfahren haben, den sie überlebt haben. Wir werden auch Stimmen aus unseren Landen und unserer eigenen Kultur vernehmen. (Wer die Literatur auf diesem Gebiet verfolgt hat, weiß, daß das selten zu finden ist.) Menschen aus dem deutschsprachigen Raum – aus der Schweiz, aus Ost- und Westdeutschland – werden zu Wort kommen. Und wir werden uns ausführlich mit den Ansichten der Wissenschaften beschäftigen, die diese Erfahrungen untersucht haben.

▓ Was sind Nahtoderfahrungen?

Gerade in unserer wissenschaftlichen Zivilisation scheinen die Nahtoderfahrungen plausible Antworten auf die Fragen darzustellen, was der Tod ist und was uns nach dem Tod erwartet. Denn in der Nahtoderfahrung braucht nicht darüber spekuliert zu werden, was geschieht. Die Menschen erfahren am eigenen Leib, wie es dort weitergeht, wo das Leben aufhört.

Was heißt das, „in der Nähe des Todes" gewesen zu sein? Solche ungewöhnlichen Erfahrungen treten auf, wenn Menschen in Lebensgefahr sind, schwer verletzt werden oder durch einen anderen Anlaß glauben zu sterben. Manche von ihnen behaupten sogar, die Grenze überschritten und erfahren zu haben, was jenseits davon liegt. Oftmals leiden sie große Qualen; manche schweben lange zwischen Tod und Leben oder sind sogar klinisch tot. (Weil sie solche Torturen erleiden müssen, werde ich übrigens im folgenden von den „Betroffenen" reden.) Doch neben all dem Leiden erfahren diese Menschen noch etwas anderes, von dem sie uns später ausführlich Zeugnis geben werden: Sie machen eine sehr außergewöhnliche Erfahrung. Was das aber – ob man nun von Nahtoderfahrung oder auch von Todesnäheerfahrung spricht – genau ist, ist höchst umstritten.

Auf keinen Fall sollte man sie mit dem verwechseln, was als Sterbebettvisionen bezeichnet wird. Denn wenn Menschen solche Visionen haben, machen sie zwar besondere Erfahrungen während des Sterbens, erleiden aber tatsächlich den Tod und kehren auch nicht mehr zurück. Dagegen führen die Betroffenen von Nahtoderfahrungen danach wieder ein mehr oder weniger normales Leben, viele sogar mit mehr Energie und Freude als zuvor.

Nahtoderfahrungen sind auch nicht zu verwechseln mit jenen merkwürdigen Ahnungen, wie sie mir etwa von einer vertrauenswürdigen Frau berichtet wurden. Sie wachte eines Nachts gegen drei Uhr auf und wußte im selben Moment, daß ihre Mutter sterben würde. Rasch machte sie sich in das Zimmer ihrer Mutter (die im selben Haus wohnte) auf – und durfte sie noch in ihren letzten Zügen begleiten.

Verwechseln sollte man die Nahtoderfahrungen auch nicht mit jenen okkulten Geschehnissen, von denen der Volksmund erzählt: Im Augenblick des Todes steht die Uhr plötzlich still, ein Glas fällt um, ein Regal bricht zusammen.

Nahtoderfahrungen widerfahren nicht Dingen. Sie werden von wirklichen Menschen gemacht, und zwar am eigenen Leib. Allerdings sind sie nur für diejenigen erfahrbar, die sie machen. Für Menschen, die den Betroffenen nahe sind, ja, selbst für die, die sie aufmerksam beobachten, deutet nichts darauf hin, daß jemand gerade eine solche Erfahrung macht. Die Nahtoderfahrung findet also in einem inneren Erfahrungsbereich statt. Sie ähnelt damit sehr stark dem, was wir aus religiösen Zusammenhängen kennen und als Vision oder mystische Erfahrung bezeichnen. Auch die Erscheinungen, die Gläubige bzw. Heilige machen, bleiben meist nur für sie selbst zugänglich. Allerdings ist auch der Begriff der Vision etwas irreführend, insofern er nur auf das visuell Sichtbare abhebt. In der Nahtoderfahrung dagegen können die Betroffenen auch hören; sie riechen, ja sie bewegen sich sogar.

◼ Ein Standardmodell der Nahtoderfahrung

Auch wenn es also nicht einfach ist, diese ungewöhnlichen und außerordentlichen Erfahrungen eindeutig und klar zu erfassen, beschäftigt die Frage alle, die damit zu tun haben. Denn sowenig sich diese Erfahrung in das kalte Geschirr der wissenschaftlichen Sprache zwängen läßt, so sehr benötigen wir zur Verständigung doch einen Begriff, der es uns ermöglicht, darüber zu reden und zu schreiben. Die mit diesem Phänomen beschäftigten Forscher behelfen sich in der Regel damit, daß sie die darin auftauchenden Elemente vergleichen. So, wie z.B. in UFO-Sichtungen eben immer UFOs auftreten, wie bei Marienerscheinungen immer die Mutter Gottes gesehen wird, so wird vermutet, daß auch Nahtoderfahrungen immer wiederkehrende Elemente aufweisen. Wenn man der gängigen Forschung Glauben schenken will, dann scheint es geradezu ein Standardmodell der Nahtoderfahrung zu geben.

In ihrer bekanntesten Form wird dieses Standardmodell der Nahtoderfahrung von dem Amerikaner Raymond Moody formuliert. Moody hat zahlreiche Gespräche mit Menschen geführt, die in der Nähe des Todes waren. Aufgrund eines

Vergleiches all dieser Berichte kommt er zum Schluß, die Struktur der Todesnäheerfahrung weise immer dieselben Elemente auf. Diese faßt er in einer *Standarderfahrung* zusammen, die er wie folgt beschreibt:

„Ein Mensch liegt im Sterben. Während seine körperliche Bedrängnis sich ihrem Höhepunkt nähert, hört er, wie der Arzt ihn für tot erklärt. Mit einem Mal nimmt er ein unangenehmes Geräusch wahr, ein durchdringendes Läuten oder Brummen, und zugleich hat er das Gefühl, daß er sich sehr rasch durch einen langen Tunnel bewegt. Danach befindet er sich plötzlich außerhalb seines Körpers, jedoch in derselben Umgebung wie zuvor. Als ob er ein Beobachter wäre, blickt er nun aus einiger Entfernung auf seinen eigenen Körper. In seinen Gefühlen zutiefst aufgewühlt, wohnt er von diesem seltsamen Beobachtungsposten aus den Wiederbelebungsversuchen bei.

Nach einiger Zeit fängt er sich und beginnt, sich immer mehr an seinen merkwürdigen Zustand zu gewöhnen. Wie er entdeckt, besitzt er noch immer einen ‚Körper‘, der sich jedoch sowohl seiner Beschaffenheit als auch seinen Fähigkeiten nach wesentlich von dem physischen Körper, den er zurückgelassen hat, unterscheidet. Bald kommt es zu neuen Ereignissen. Andere Wesen nähern sich dem Sterbenden, um ihn zu begrüßen und ihm zu helfen. Er erblickt die Geistwesen bereits verstorbener Verwandter und Freunde, und ein Liebe und Wärme ausstrahlendes Wesen, wie er es noch nie gesehen hat, ein Lichtwesen, erscheint vor ihm. Dieses Wesen richtet – ohne Worte zu gebrauchen – eine Frage an ihn, die ihn dazu bewegen soll, sein Leben als Ganzes zu bewerten. Es hilft ihm dabei, indem es das Panorama der wichtigsten Stationen seines Lebens in einer blitzschnellen Rückschau an ihm vorüberziehen läßt. Einmal scheint es dem Sterbenden, als ob er sich einer Art Schranke oder Grenze nähert, die offenbar die Scheidelinie zwischen dem irdischen und dem folgenden Leben darstellt. Doch wird ihm klar, daß er zur Erde zurückkehren muß, da der Zeitpunkt seines Todes noch nicht gekommen ist. Er sträubt sich dagegen, denn seine Erfahrungen mit dem jenseitigen Leben haben ihn so sehr gefangengenommen, daß er nun nicht mehr umkehren möchte. Er ist von überwältigenden Gefühlen der Freude, der Liebe und des Friedens erfüllt. Trotz seines inneren Widerstandes – und ohne zu wissen, wie – vereinigt er sich dennoch wieder mit seinem physischen Körper und lebt weiter."[1]

Noch ein weiteres Merkmal ist wichtig: Obwohl die Versuche, diese Erfahrung anderen mitzuteilen, auf skeptische, oftmals sogar höhnische Reaktionen der Mitmenschen stoßen, wird sie tiefe Spuren im Leben der Betroffenen hinterlassen.

■ Sind alle Nahtoderfahrungen gleich?

Moody ist der Ansicht, daß dieses „Standardmodell" alle Elemente enthält, die in Nahtoderfahrungen regelmäßig wiederkehren. Er findet es in den Berichten der Menschen wieder, die ihm selbst über ihre Nahtoderfahrungen berichtet haben, und vertritt die These, daß auch die Nahtoderfahrungen früherer Zeiten und anderer Kulturen diesem Muster folgen. Diese Überzeugung ist auch bei denjenigen sehr verbreitet, die sich mit der Erforschung des Themas beschäftigen.

Die bekannte Sterbeforscherin Elisabeth Kübler-Ross teilt, verstärkt in ihren letzten Publikationen, diese Sicht: Wie sie in Gesprächen mit Betroffenen herausfand, verlaufen die Nahtodeserfahrungen immer nach demselben Muster, das drei Phasen aufweise: In der ersten Phase trete „der Schmetterling aus dem Kokon", d.h., die unsterbliche Seele verläßt den vergänglichen Körper. In der zweiten Phase nach dem Tode befindet sich die Seele im Bereich des Ätherischen.

Sie kann zwar noch ihre Umwelt wahrnehmen, aber nicht mehr mit ihr kommunizieren. Dafür begegnet sie Geistführern, Schutzengeln und schon verstorbenen Wesen. Mit dem Gang durch einen Tunnel, einen Fluß oder ein Tor wird die dritte Phase eingeleitet: Ein Licht tritt auf, das Liebe, Göttlichkeit oder kosmisches Bewußtsein symbolisiere. Der Mensch, so mutmaßt Kübler-Ross, nehme nun wieder die Gestalt an, die er vor seinem Erdenleben hatte.

Daß Nahtoderfahrungen immer demselben Muster folgen, wird auch noch zwanzig Jahre nach Moodys Forschung von namhaften Kapazitäten auf dem Gebiet der Nahtodforschung vertreten. Bruce Greyson – derzeit Vorsitzender der Internationalen Gesellschaft für Nahtodesforschung (International Association for Near-Death Studies, IANDS) – schlägt zwar vor, daß man diese Erfahrung besser anhand abstrakter Kategorien fassen solle: Sie schließe starke Gefühle mit ein, eine Trennung vom physikalischen Körper sowie transzendente und mystische Elemente. Zusätzlich führt aber auch er eine Reihe von angeblich immer gleichbleibenden Kernelementen der Nahtoderfahrung auf, deren uniformer Charakter sich hinter der Standardisierung Moodys nicht zu verstecken braucht: Die Todesnäheerfahrung zeichnet sich demnach immer dadurch aus, daß die betroffene Person den Eindruck hat zu sterben. Zu diesem Eindruck kommt das Gefühl, aus seinem Körper zu fahren, und eine Empfindung, als ob man sich durch einen dunklen Raum bewegt. Paranormale Wahrnehmungen begleiten die Erfahrung, wie etwa Begegnungen mit anderen, die sich gar nicht dort aufhalten, wo sich der eigene Körper befindet. Danach erscheint es den Betroffenen, als beträten sie einen überirdischen Seinsbereich und überblickten vergangene Ereignisse wie ein Panorama oder einen Film.[2]

So gut die Gründe für solche Aussagen auch sein mögen – etwas stutzig macht, daß Moodys Typologie mindestens fünfzehn Kernelemente enthält, die von Greyson sieben und die von Kübler-Ross beschriebene nur drei. Die Verwirrung wird noch größer, wenn wir auf die Ansichten einiger weiterer Autoren blicken. Obwohl sie durchweg die Auffassung Moodys teilen, daß die Nahtoderfahrung immer gleich sei, findet ein weiterer Forscher elf Elemente, ein nächster zehn und wieder ein anderer fünf. Warum, so wird man fragen dürfen, unterscheiden sich denn die Beschreibungen der angeblich doch immer gleichen Nahtoderfahrung bei den erwähnten anderen Autoren so deutlich?

Wir bilden uns am besten ein eigenes Urteil, wenn wir uns konkrete Beispiele ansehen.

Beim ersten handelt sich um den Bericht über eine Todesnäheerfahrung, die ein Mormone im Jahr 1856 gemacht hat.[3] Wie wir später sehen werden, ist dieser Bericht durchaus typisch für eine Reihe von zeitgenössischen Erfahrungen von Menschen aus dieser Religionsgemeinschaft. Der Mormone, von dem hier die Rede ist, empfand das Jenseits durchaus als schön. Doch unter Schönheit verstand er etwas ganz anderes, als das, was in dem erwähnten, angeblich gleichbleibenden Muster enthalten ist: In der Geisterwelt herrschte große Ordnung, und deswegen sah er auch Regierungsgebäude. Alle gerechten Männer und Frauen waren versammelt, angeordnet nach den Rängen, die sie innehatten. Ungerechte und Schlechte waren nirgends zu sehen. Auch von Gärten berichtet der Mormone noch – doch weder Licht noch Tunnel, weder Panoramen noch Grenzen säumen seinen Weg.

Ein zweites Beispiel, aus dem Deutschland der Gegenwart, stammt von einem Mann, der einen so schweren Autounfall hatte, daß er aus dem Blech herausgeschnitten werden mußte und lange zwischen Leben und Tod schwebte. In der von ihm beschriebenen Todesnäheerfahrung fand er sich selbst, weiß geschminkt, in einem Sarg aufgebahrt. Eine ihm unbekannte Person hielt die Totenrede. Im Raum, in dem er sich befand, waren seine Lieblingsblumen verstreut (Rosen). Kerzen brannten. Auch hier also eine klare Abweichung vom oben beschriebenen „Muster".

Wir werden in diesem Buch noch viele solcher ganz konkreter Berichte kennenlernen wie die beiden aufgeführten. Was sie alle gemeinsam haben: Sie schildern die außergewöhnlichen Erfahrungen in der Nähe des Todes, ähneln aber kaum dem, was wir eben als „Standarderfahrung" kennengelernt haben. Vorab also bereits soviel: Die These von der Standarderfahrung ist ein Mythos – eine Vorstellung, die die Vielgestaltigkeit der Erfahrung, um die es hier geht, eher verstellt als klärt. Weil dieser Mythos aber schon fast zu einem Gemeinplatz geworden ist, der in vielen Büchern, im Fernsehen und in Zeitschriften verbreitet wird, müssen wir ihn etwas ausführlicher behandeln. Erst dann können wir unseren Blick auf das unverstellte Phänomen der Nahtoderfahrung werfen.

■ Väter, Mütter und Gegner des Mythos

Eine große Rolle bei der Schaffung des Mythos spielte die erwähnte populäre Todesforscherin Elisabeth Kübler-Ross. Nachdem sie in den sechziger Jahren aus der Schweiz in die USA übergesiedelt war, begann sie, in Kontakt mit Menschen zu treten, die im Sterben lagen.[4] Sie sprach auch mit einer Sterbenden, die klinisch tot gewesen war, also eine Nahtod-Erfahrung gehabt hatte. Kübler-Ross, die nach eigenem Bekunden zuvor große Zweifel an der Existenz des Jenseits gehabt hatte, begegnete danach selbst dem Außergewöhnlichen: Sie hatte eine Erscheinung. Nach dieser Erscheinung, so berichtet sie, habe sie Kontakt mit Wesen aus dem Jenseits aufgenommen, die ihr rieten, die Arbeit mit Sterbenden abzuschließen.

Den Stab, den sie abgab, nahm der bereits vorgestellte Raymond Moody auf, damals ein angehender Arzt, der mit seinem 1975 erschienenen Buch über Nahtoderfahrungen einen sensationellen Erfolg hatte. Er vertrat zwar als Mediziner offiziell die Auffassung, Nahtoderfahrungen erlaubten es nicht, ein Leben nach dem Tod zu beweisen; immer wieder aber suggerierte er das Gegenteil, daß nämlich Todesnähe-Erlebnisse „den greifbarsten Beweis für eine spirituelle Existenz erbringen, den es überhaupt gibt. Sie sind buchstäblich das Licht am Ende des Tunnels."[5] Es verwundert nicht, daß solche Äußerungen von einer breiten Leserschaft als religiöse Offenbarungen verstanden wurden.

Nach dem Erfolg seines Buches begründete Moody Ende der siebziger Jahre die Gesellschaft für Nahtodesforschung (International Association for Near-Death Studies), die eine eigene Zeitschrift herausgibt. Erster Präsident dieser Gesellschaft wurde der in Connecticut lehrende Psychologe Kenneth Ring. Trotz oder gerade wegen seiner psychologischen Ausbildung wird bei Ring der religiös-weltanschauliche Charakter dieser Art der Nahtodesforschung besonders deutlich. Nahtod-Erfahrung ist für ihn eine moderne Form des Schamanentums und belegt die ununterdrückbare Heraufkunft eines neuen ganzheitlichen und allumfassenden Bewußtseins. In Kenneth Rings Augen bilden die von der Nahtoderfahrung Betroffenen die Speerspitze einer neuen Geistlichkeit, eine ‚spirituelle Avantgarde'. Ihre Erfahrungen hätten geradezu eine prophetische Bedeutung: Die Erleuchtung, die ihnen in der Nahtoderfahrung zuteil werde, weise voraus auf ein neues Bewußtsein, ja, auf ein neues Zeitalter.

Es wird sehr deutlich: Die Nahtoderfahrung ist weder für Kübler-Ross noch für Ring oder Moody bloß schlichter Gegenstand wissenschaftlicher Forschung. Für sie ist er Beweis einer religiösen Wirklichkeit. Allerdings ist die religiöse Wirklichkeit, von der hier die Rede ist, sehr einseitig gefaßt.

Moody wie auch Ring stehen der esoterischen Bewegung nahe, die zu dieser Zeit als „New Age" in den USA, später auch in Europa an enormer Popularität gewann. Weil sich das New Age sehr eklektisch aus verschiedenen religiösen Vorstellungen, vor allem aber aus östlichen Religionen „bedient", verwundert es auch nicht, daß die Ähnlichkeiten mit Totenvisionen aus dem tibetischen Buddhismus besonders hervorgehoben werden. (Wir werden noch auf solche Ähnlichkeiten – und die Unterschiede – eingehen.) Ebenso auffällig sind die Ähnlichkeiten, die zwischen der Beschreibung der Nahtoderfahrung und der hinduistischen Vorstellung bestehen, daß beim Tod der „feine Körper" sich vom physischen Körper löse. (Schon über die Theosophie, die sich mit dem Hinduismus beschäftigte, und später auch über die Anthroposophie war dieser Gedanke in den Westen eingedrungen bzw. hier verbreitet worden.)

Diese esoterisch religiöse Ausrichtung brachte schnell diejenigen auf den Plan, die im Einklang mit der christlichen Religion zu leben versuchten. Insbesondere christliche Fundamentalisten verliehen dem schon Ende der siebziger Jahre eine Stimme: Der schöne Tod, den Kübler-Ross, Moody und Ring beschrieben, so formulierte diese Gegenbewegung, entspreche keinesfalls den christlichen Vorstellungen von Gericht, Hölle und Auferstehung der Toten.

Die Beschreibungen paßten den Fundamentalisten nicht ins Bild – konnten sie aber die Erfahrungen bestreiten? Tatsächlich taten sie das, und sie hatten ein einfaches Argument: Schon Paulus hatte im Brief an die Korinther ja darauf hingewiesen, daß Satan als Engel des Lichts erscheinen könne: Hinter Moodys Lichtwesen – so die Argumentation – verberge sich Luzifer. Die angenehmen Aspekte der Todesnäheerfahrungen seien von Satan inspirierte Illusionen, ja, der Teufel selbst wolle mit diesen Todesnäheerfahrungen die Zweifel an der Bibel schüren.

Im Gegenzug zu dieser fundamentalistischen Position begannen auch andere christlich orientierte Forscher, die dem Phänomen gegenüber positiv eingestellt waren, solche Erfahrungen zu erkunden. Das Resultat mag nicht überraschen: Sie fanden heraus, daß die von ihnen untersuchten „richtigen" Nahtoderfahrungen immer wieder mit der biblischen Botschaft übereinstimmen.

So vielfältig jedoch diese Positionen sein mögen – nur einige haben sich durchgesetzt: Während nämlich die christlich orientierten Vorstellungen der Nahtoderfahrungen auf wenig Gehör stießen, erzielte Elisabeth Kübler-Ross mit ihren Geschichten breiteste Resonanz nicht nur in den Vereinigten Staaten. Moodys Publikationen wurden weltweit zum Verkaufserfolg. Die Auflagen gehen in die Millionen. Seine Bücher wurden in 26 Sprachen übersetzt – bald auch ins Deutsche. Auch Kenneth Ring tritt mit erfolgreichen Büchern in Erscheinung, und er unterstützt die Verbreitung der Erlebnisse im Rundfunk, im Fernsehen und in Zeitschriften – und zwar auch in Deutschland. Schon 1982 druckte das auflagenstärkste Massenblatt, die Bildzeitung, zwei Wochen lang täglich Erlebnisberichte von Reanimierten ab. Berichte von Betroffenen erschienen in populären Medien wie Hör zu, Reader's Digest und in der ADAC Motorwelt. Fernsehsender wie RTL, ARD oder das ZDF machen sich auf die Suche nach Betroffenen, die sie ihren Zuschauern präsentieren. Alleinige Voraussetzung ist, so hat es den Anschein, daß die Geschichten schön erzählt sein müssen – und sie müssen dem beschriebenen Muster folgen.

■ Der moderne Mythos der Nahtoderfahrung

Der Mythos der Nahtoderfahrung entstand also aus sehr verständlichen Gründen: Viele, die sich mit diesem so existentiellen Phänomen beschäftigten, lassen sich bei seiner Beurteilung von ihren jeweiligen Glaubensvorstellungen leiten. Oder, um es mit den Worten des 1991 verstorbenen deutschen Parapsychologen Hans Bender auszudrücken: „Die Interpretation der Jenseitserlebnisse, wie sie die Todesnähe-Forschung offenlegt, geschieht meistens auf der Basis kaum hinterfragter weltanschaulicher Grundpositionen."[6] Bender weist treffend darauf hin, daß der Mythos der Nahtoderfahrung seinen Grund in der Weltanschauung hat. Genauer betrachtet, enthält er mehrere Glaubenssätze, die in diesem Buch in Frage gestellt werden.

Zunächst: Der angenomme *Standardcharakter der Nahtoderfahrung* selbst. Anhand von Beispielen aus der Geschichte, aus anderen Kulturen und von Berichten von Menschen, mit denen ich selbst gesprochen habe, wird sich nämlich sehr deutlich zeigen lassen: Nahtoderfahrungen sind keineswegs immer gleich. Offenbar gleichen viele Erfahrungen, die in den Vereinigten Staaten gemacht werden, den zitierten Beschreibungen der Standarderfahrung. Doch wenn wir den Kern des Phänomens erfassen und angemessen beschreiben wollen, muß unsere Wahrnehmung in geschichtlicher und geographischer Hinsicht breiter sein. Nicht nur mittelalterliche Erfahrungen, sondern auch moderne Nahtoderfahrungen aus dem deutschsprachigen Raum weisen aber oftmals offensichtliche Unterschiede zu den aus den USA berichteten Erlebnissen auf. Es gibt sogar klare Hinweise darauf, daß Ostdeutsche andere Nahtoderfahrungen machen als West- und Süddeutsche. Vor allem aber muß betont werden: Gerade heutzutage scheint es, als durchlebte jeder Betroffene seine eigene und für ihn eigentümliche Erfahrung.

Zweifel sind auch an einem anderen Glaubenssatz ange-bracht: *Der Behauptung vom schönen Tod.* Folgt man den Schilderungen Moodys, Rings und anderer, dann erscheint der Tod in einem bezaubernden Licht, so daß manch kernge-sunder Mensch sich ihn geradezu herbeisehnen möchte. (In der Tat kam es schon zu Selbstmorden, die auf dieser Sehn-sucht beruhten.) So beruhigend und deswegen erwünscht dieses Wissen auch für diejenigen sein mag, die den Tod bald vor sich haben: Daß Nahtoderfahrungen schrecklich sein können, ja, daß – wie wir aus mittelalterlichen Berichten wis-sen – manche Menschen sogar wortwörtlich ,die Hölle' erlebt haben, will dieser Glaubenssatz kaum zulassen.

Auch eine dritte verbreitete Annahme entpuppt sich als Mythos. Das mag auf den ersten Blick fast wie ein Wider-spruch in sich klingen. Denn behauptet wird, daß vor allem die Menschen eine Nahtoderfahrung machen, deren Organis-mus *im biologischen oder im medizinischen Sinn („kli-nisch") tot* ist. Vor allem auf der Grundlage einer breit ange-legten gesamtdeutschen Umfrage fanden wir aber heraus, daß es sich bei denjenigen, die – biologisch oder klinisch – tot wa-ren, als sie eine Nahtoderfahrung machten, um eine kleine Minderheit handelt. Noch überraschender ist die Erkenntnis, daß die meisten Menschen, die eine Nahtoderfahrung ma-chen, sich dabei nicht einmal in der Nähe des – biologischen oder medizinisch definierten – Todes befinden.

Wir werden uns in diesem Buch keineswegs bloß mit der Kritik bzw. der Widerlegung dieses Mythos aufhalten. Es geht in erster Linie darum, eine neue, nicht von Klischees oder einer bestimmten Weltanschauung verstellte Sicht auf dieses Phäno-men zu gewinnen. Denn auch wenn wir einige Vorurteile aus dem Weg räumen müssen, die Nahtoderfahrung ist keineswegs als Täuschung oder ideologisches Schattenspiel zu diskreditie-ren. Sie ist vielmehr, so behaupte ich, auch ein „postmoderner" Mythos, zeitgemäß im durchaus positiven Sinne.

■ Nahtoderfahrung – die Einräumung des Jenseits

Zeitgemäß ist der Mythos schon deswegen, weil er den Tod wieder zu einem Problem der Lebenden macht. In der gesamten Epoche, die wir als Moderne bezeichnen, wurde der Tod verdrängt. Zwar starben mehr Menschen denn je, doch der Tod wurde ausgelagert in Friedhöfe und Krematorien. Das Thema wurde zu einem Tabu, das keinen Ort außerhalb der Friedhofsmauern haben durfte. Im Denken der modernen Menschen hatte der Tod keinen Platz. Leben, Fortschritt und Wachstum waren die Leitmotive, die den Tod zur Sinnlosigkeit verurteilten. Zerfall, Verwesung und Verenden wurden aus dem Blick geschafft und als Problem der öffentlichen Hygiene behandelt. Einige große Denker in unserem Zeitalter, wie Sigmund Freud, Norbert Elias oder Philippe Ariès, gaben zu bedenken, daß wir den Tod verdrängen. Ungeachtet dessen schienen unsere großen technischen Fähigkeiten, die wir in der Medizin, aber auch in der Kriegführung erworben haben, den Tod zu etwas gemacht zu haben, das von den Lebenden in dieser Welt „behandelt" werden kann. Jenseits des Todes, so schien es, war nichts mehr – und nichts mehr von Interesse.

Es ist deswegen auch nur folgerichtig, daß an die Stelle des religiösen Glaubens an eine jenseitige Welt zunehmend ein Materialismus trat, der den Tod lediglich als Zerfall und Ende des lebenden Organismus ansieht. Jenseitsvorstellungen hatten in den Augen vieler einen Zug des Kindlich-Naiven, der aufgeklärten modernen Menschen nicht gut anstand. Auch aus diesem Grund machte es wenig Sinn, sich ernsthaft Gedanken über den Tod zu machen, und wenn er sich in unserer kleinen Lebenswelt mit Wucht bemerkbar machte und eine geliebte Person von uns nahm, dann wurde das vielfach nur noch als ein psychologisches Problem der Lebenden behandelt (und entsprechend therapiert).

Doch in den letzten Jahren sind die Klagen über die Verdrängung des Todes so laut geworden, daß damit geradezu eine Umkehrung dieser Entwicklung eingeleitet wurde. Immer mehr Menschen entdecken das ungelöste Problem des Todes. Immer größer wird die Zahl derer, die sich ihrer eigenen Erfahrung mit dem Tod zuwenden. Der Tod wird ein Thema für die Medien, und immer mehr Menschen wagen es, darüber zu reden. Unterstützt wird diese wachsende Aufmerksamkeit für den Tod durch die Bemühungen in der Hospiz-Bewegung, die sich um die Sterbebegleitung kümmert. Auch die wachsende Solidarität mit Aids-Opfern spielte eine große Rolle bei dieser Entwicklung. Und nicht zuletzt ist es eben auch das Reden über die Nahtoderfahrung, das dazu beiträgt, den in der jüngeren Zeit verschwiegenen Tod wieder zur Sprache zu bringen.

Indem die eigene Nahtoderfahrung zur Sprache gebracht und durch die Berichte zahlreicher Individuen zu einem öffentlichen Thema in unserer Kultur gemacht wird, schafft sich unsere Zeit gleichzeitig einen neuen Mythos, der auch in seiner Blickrichtung dem Charakter der Gegenwart entspricht. Denn er blickt nicht mehr zurück auf die Vorgeschichte, in der die Menschen in Berührung mit den Göttern standen. Dieser postmoderne Mythos wirft seinen Schatten in die Zukunft voraus. Er berichtet von dem, was uns dereinst geschehen wird: das Jenseits, das uns nach dem Tod zu erwarten scheint. Während der klassische Mythos uns Menschen in der Vergangenheit der Götter verwurzelt, wirft der gegenwärtige Mythos der Nahtoderfahrung seine Anker in die offene Zukunft voraus – und verbindet uns mit einem Jenseits, das aus unserem modernen Leben ausgetrieben schien. Die Nahtoderfahrung ist in diesem Sinn der Mythos einer Kultur, die sich wieder darauf besinnt, daß sie im Angesicht des Todes lebt.

Postmodern ist dieser Mythos insofern, als ja offenbar gerade die Moderne durch die Verdrängung des Todes ausgezeichnet war: Das Projekt der Moderne, die Welt objektiv zu erfassen, mathematisch zu vermessen und rational zu verändern, bezog sich nicht nur auf die Natur und den Menschen, sondern auch das Leben. Für den Tod war dabei kein Platz. Gerade gegen diese Ausblendung aber wendet sich der neue Mythos, an dessen Gestaltung die Nahtoderfahrung maßgeblich beteiligt ist. Er räumt dem Tod einen prominenten Platz in der Wirklichkeit ein. Das Jenseits bekommt wieder einen Raum in der Welt – eine Wirklichkeit, die nicht nur aus dem Materiellen besteht und die viele Dimensionen kennt. Die zeitgemäßen Züge dieses wieder eingeräumten Jenseits erweisen sich in der Wiederentdeckung einer Spiritualität, die eine transzendente Dimension des individuellen Menschen beansprucht und damit verbunden ist mit der Ausbreitung einer Religiosität, die außerhalb von Kirche und kanonisch dogmatisierter Festlegung steht.

▨ Populäre Spiritualität

War die Nahtoderfahrung im Mittelalter noch eine vorwiegend auf die kleine Elite der religiösen Spezialisten beschränkte Erscheinung, so zeichnet sie sich in unserer Zeit durch das aus, was man als Demokratisierung bezeichnen könnte. Die Erfahrung des Jenseits im Angesicht des Todes ist nicht mehr auf diejenigen beschränkt, die sich intensiv und lange mit den religiösen Lehren des Christentums beschäftigt haben. Die Nahtoderfahrung kann vielmehr jeden Menschen ereilen, und sie scheint sich sogar besonders diejenigen Menschen auszusuchen, die in bestenfalls losem Kontakt zum christlichen Glauben stehen. Dabei handelt es sich keineswegs um eine vernachlässigbare Minderheit, die kaum in Erscheinung tritt. Die Betroffenen sind zahlreich, und sie machen sich auch in aller Deutlichkeit und öffentlich bemerkbar. Daß sie das tun, kann als Zeichen einer neuen Form der Spiritualität angesehen werden. Dabei verstehe ich unter Spiritualität eine besondere Form der Religiosität. Alle Formen der Spiritualität sind religiös, aber nicht jede Form der Religiosität ist spirituell. Im Anschluß an die Arbeiten des Konstanzer Religionssoziologen Thomas Luckmann verwende ich einen sehr breiten Begriff der Religiosität. Religiosität in diesem Sinne besteht keineswegs nur aus dem, was in den Kirchen, in Sekten und anderen religiösen Organisationen stattfindet. Sie bezieht sich vielmehr auf die besondere Fähigkeit des Menschen, einen Bezug zu einer transzendenten Wirklichkeit herstellen zu können.[7] Wie am Schluß dieses Buches noch einmal erläutert werden wird, bietet die Nahtoderfahrung zweifellos ein konkretes und sehr anschauliches Beispiel für eine solche Transzendenz. Diese Transzendenz nicht nur als wirklich anzusehen, sondern der allein in der Erfahrung (und nicht in religiösen Lehren) begründete Glaube daran, leibhaftig der transzendenten Wirklichkeit des Todes begegnet zu sein, macht nun das aus, was ich ganz allgemein als Spiritualität bezeichnen möchte.

Transzendent sind alle Erfahrungen, die über sich selbst hinausweisen. Im Grunde trifft diese Aussage auf alle menschlichen Erfahrungen zu. Denn alle Erfahrungen sind mit einem Sinn verknüpft, der über die körperlichen Prozesse im menschlichen Organismus hinausgeht. In unserem Zusammenhang jedoch reden wir von den transzendenten Erfahrungen, die auf andere Wirklichkeiten verweisen als die, in der wir alltäglich leben. Alle diese Erfahrungen können wir in einem weiteren Sinne als religiös bezeichnen. Vor diesem Hintergrund rechne ich zur Spiritualität eine Reihe verschiedener Phänomene, die heute wieder sehr häufig auftreten, etwa das „Reden in Zungen" von Menschen, die den Eindruck haben, der Heilige Geist ergreife von ihnen Besitz. Dazu zählt z. B. auch die Begegnung mit Engeln, die uns persönlich zu begleiten scheinen – eine Erfahrung, von der immer mehr Menschen berichten. In diesem Kontext steht sicherlich auch die Nahtoderfahrung. Es handelt sich hier um eine Religiosität, die im individuellen Menschen gesucht wird und die seinen ganz persönlichen Erfahrungen, Erlebnissen und Gedanken innezuwohnen scheint. Zur Spiritualität gehört nicht nur, daß individuelle Menschen die Erfahrung einer transzendenten Wirklichkeit machen, die sie am eigenen Leib verspüren. Der Begriff Spiritualität meint auch die Besinnung auf diese Erfahrungen und schließt also Menschen ein, die sich mit diesen Erfahrungen bei anderen Menschen beschäftigen, sich darüber informieren – allerdings auch dies seltener in der Kirche und bei Seelsorgern, sondern vor allem in den Medien, in Büchern und Seminaren.

Damit ist eine zweite, sehr öffentliche Seite der modernen Spiritualität angesprochen, die auch für die Nahtoderfahrung zutrifft. Denn das Erleben der Transzendenz am eigenen Leib setzt nicht nur eine ausgeprägte Individualität voraus. Spiritualität ist eine Religiosität, die zwar nicht notwendig in einer Kirche oder in einer Gemeinschaft bzw. Institution verankert ist. Dennoch handelt es sich nicht bloß um eine „unsichtbare Religion". Diese Spiritualität ist vielmehr sichtbar und öffentlich. Durch die Medien und die Kommunikation über das Thema ist sie faktisch sehr verbreitet. Die Religiosität der Nahtoderfahrung wird nicht von Experten monopolisiert, die den Betroffenen erklären, was sie erfahren haben. Sie ist sozusagen ein allgemein verfügbares Gut. In diesem Sinne also können wir sie als populäre Spiritualität bezeichnen. Die genannten Aspekte der Nahtoderfahrung zeugen nicht nur von der zunehmenden Offenheit der westlichen Kultur gegen den Tod. Sie deuten auch an, daß wir uns in Richtung auf eine neue Form der Religion, der religiösen Sinngebung zubewegen, die ihren Ort in der populären Kultur hat.[8]

Spiritualität ist meist etwas Sinnliches. Um nicht abstrakt darüber reden zu müssen, wenden wir uns nun am besten direkt derjenigen Ausdrucksform zu, die auch im Mittelpunkt des vorliegenden Buches steht. Wir werden uns zunächst detailliert damit beschäftigen, wie sich die Nahtoderfahrung im Laufe der Zeit gewandelt hat und welche Ausprägungen sie in den verschiedenen Kulturen – auch unserer eigenen – annehmen kann. Erst dann können wir uns ausführlicher den einleitend angeschnittenen Fragen zuwenden: Wie verstehen wir diese Erfahrung? Und wie können wir sie erklären?

2 ■ Von Himmeln und Höllen: Zur Geschichte der Todesnäheerfahrungen

Wer hat nicht schon die faszinierenden Gemälde des niederländischen Renaissance-Malers Hieronymus Bosch gesehen? Seine Darstellungen furchterregender Fabelwesen und grauenvoller Szenarien haben die Vorstellung vieler Menschen von dem geprägt, was wir im Deutschen als Hölle bezeichnen. Die Popularität solcher Darstellungen ist sicherlich auch schuld daran, daß viele befürchteten, nach dem Tod in eine solche Hölle zu geraten. Weil wir uns jedoch mit Nahtoderfahrungen beschäftigen, sollten wir nicht übersehen, daß diese Darstellung selten auf selbst gemachten Erfahrungen beruhen, die sie sozusagen nur ins Bild setzten. Aus diesen Bildern spricht vielmehr das Wissen einer langen Tradition von Gelehrten, die sich auf literarische, philosophische oder theologische Weise mit der Frage beschäftigten, was nach dem Tode kommt.

So schildert etwa der in seiner Wirkung kaum zu überschätzende Renaissance-Dichter Dante Alighieri in seiner „Göttlichen Komödie" auf poetische Weise die Wanderung durch die Tiefen der Hölle, die einer klaren Ordnung folgt: Vom Vorhof der Hölle aus, in dem Feige und Unentschlossene eingesperrt sind, gelangt man in die obere Hölle, die vor den Mauern der Stadt Dis liegt. Hier sind die zu finden, die gegen die Enthaltsamkeit gesündigt haben: die Heiden und Ungläubigen, die Schamlosen und Lasterhaften, die Fresser und Prasser, die Geizigen und die Verschwender und schließlich die Zornigen. Durchschreitet man den Styx-Sumpf, dann kann man die Stadt Dis betreten. Innerhalb der Mauern trifft man auf die positiven Sünder, also Gotteslästerer und Gewalttätige und, in der Mitte, schließlich Verräter.

■ Literarische Jenseitsreisen und Nahtoderfahrungen

An der klaren Ordnung einer solchermaßen beschriebenen Hölle kann man schon ersehen, daß hier kein Erfahrungsbericht vorliegt. Auch wenn Dante, wie man weiß, den Bericht über die Erfahrungen eines scheintoten Jungen in seine Schilderungen einbezog, so ist seine Hölle doch weitaus mehr das Produkt einer genialen literarischen (und theologischen) Begabung. Ebenso wie Hieronymus Bosch kann auch Dante auf geformte und prägende Vorbilder zurückgreifen: Vergil etwa, den großen lateinischen Dichter, der die Höllenfahrt des Aeneas literarisch beschrieb. Die Ursprünge der Jenseitsschilderungen datieren jedoch viel weiter zurück.

Schon im 7. Jahrhundert v. Chr. finden sich bei den Sumerern Jenseitsbeschreibungen, die vieles von dem enthalten, was wir auch später finden werden. Die Reise ins Jenseits wird in Begleitung eines Führers gemacht. Zwischen dem Erdenleben und dem guten oder schlechten Los im Jenseits herrscht ein enger Zusammenhang.

Eine gewisse Berühmtheit hat das aus der Mitte des 2. Jahrtausends v. Chr. stammende Gilgamesch-Epos erlangt, in dem es auch um Beschreibungen des Jenseits geht. Nach dem Tod seines Freundes und Dieners, des Riesen Enkidus, läßt Gilgamesch ein Loch in die Erde graben, damit der Geist Enkidus' heraufsteigen kann. Im alten Mesopotamien ging man davon aus, daß die Geister der Toten wieder in die Welt der Lebenden zurückkehren können. Auf diesem Hintergrund ist zu verstehen, daß dieser Geist in einem längeren Zwiegespräch dann aus dem Jenseits berichtet.

Als ebenso bedeutsam wie das Gilgamesch-Epos wird das ägyptische Totenbuch aus dem Mittleren Reich (ab 2051 v. Chr.) angesehen. Das Jenseits erscheint hier als eine Wohnstätte der Toten, die in Seligkeit leben und ihr Stück Land bestellen. (Damit sie im Jenseits keine niederen Arbeiten verrichten müssen, werden ihren Gräbern kleine Figuren von Fronarbeitern beigelegt.) Vor dem Eintritt in das Totenreich steht aber die Wägung der Seelen auf der Waage des Wägemeisters, das Totengericht und die negative Beichte: Wenn der Tote dem Gericht des ägyptischen Totengottes Osiris vorgeführt wird, legt man das Herz (bzw. die Seele des Toten) auf eine Waagschale. Auf der anderen Schale liegt die Gottheit der Wahrheit. An der Waage lauert ein Untier, das Herz zu fressen, falls es für zu leicht befunden wird. Im anderen Falle nähert sich der Tote dem Gott Osiris. Eine weitere Voraussetzung, um ins Jenseits zu gelangen, ist die negative Beichte, die aus einer Serie von achtunddreißig Sünden besteht. („Nie habe ich Gott gelästert. Den Armen habe ich nicht bedrückt ... Ich habe nicht gemordet ...") Zudem muß der Verstorbene eine umfassendere Beichte ablegen, und er muß versuchen, alle seine Sünden vor einem Tribunal zu bestreiten.

Das ägyptische Totenbuch hat einen nachhaltigen Einfluß auf die abendländischen Vorstellungen vom Jenseits ausgeübt. Dies gilt auch für einen weiteren Text, der zwischen 750 bis 650 v. Chr. niedergeschrieben wurde: die Odyssee des griechischen Dichters Homer, selbst wiederum ein Stoff, der auf mündlicher Überlieferung basierte. Der Held Odysseus macht sich auf den Weg in den Hades (eigentlich der Name für den König der Unterwelt). Nach der Umsegelung des mythischen Flusses Okeanos erreicht er den Hades, betritt ihn aber nicht. Vielmehr kommen die Seelen der Toten auf ihn zu: sein kurz zuvor verunglückter Gefährte, der auf seine Bestattung hofft, seine verstorbene Mutter, die den Sohn nicht erkennen kann, und der Seher Teiresias, der ihm von den Freiern berichtet, die zu Hause seine Frau bedrängen. Odysseus trifft noch auf mehrere bekannte Seelen, aber er sieht auch die höllischen Seiten des Hades: Tantalus etwa, der bis zum Kinn in einem Weiher steht, aber nie trinken kann, weil das Wasser mit seinen Bewegungen sinkt, und der nie essen kann, weil er nie ganz an die über ihm hängenden Früchte herankommt. Oder Sisyphus, der einen mächtigen Steinblock unter Schmerzen auf einen Hügel zu wälzen versucht, doch immer wieder neu beginnen muß, weil der Felsblock vor dem Gipfel fortgerissen wird und talabwärts rollt. Das Entsetzen vor einer ungeheuren Schar von Verstorbenen, die sich ihm nähern, veranlaßt Odysseus jedoch zur Rückkehr, und auf dem selben Weg, auf dem er kam, verläßt er den Hades.

Das Gilgamesch-Epos, das ägyptische Totenbuch und die Odyssee sind Beispiele für eine lange Liste phantasievoller Literatur, in der das Jenseits eine so einprägsame sprachlichbildhafte Gestalt findet, daß wir sie noch heute mit großer Faszination lesen. Selbst noch neueste abendfüllende amerikanische Spielfilme über das Leben nach dem Tode greifen darauf zurück, und in vielen Büchern werden diese literarischen Menschheitstexte als Beleg für wirkliche Nahtoderfahrungen angeführt.

Für eine solche Einschätzung ist allerdings Vorsicht geboten: Bei diesen Texten handelt es sich eben um – großartige – schöne Literatur, um Mythen und um Sagen, nicht aber um Erfahrungsberichte. Gilgamesch etwa ist ja kein normal Sterblicher, dessen Schicksal das Epos wirklichkeitsgetreu dokumentieren wollte: Er ist zu zwei Dritteln Gott und nur zu einem Drittel Sterblicher. Das ägyptische Totenbuch wiederum ist mehr eine Anleitung für Sterbende als ein Bericht aus dem Jenseits. Und auch bei Odysseus sollten wir beachten, daß er eine Sagengestalt ist, die übrigens auch in der Sage nie eine Todesnäheerfahrung macht, sondern nur eine lange Schiffahrt unternehmen mußte, um in den Hades zugelangen. Gerade weil wir uns im folgenden mit *Nahtoderfahrungen* beschäftigen wollen, sollten wir diese sehr genau von solchen literarischen *Jenseitsschilderungen* unterscheiden. Das bedeutet keineswegs, daß diese literarischen Schilderungen für unser Thema bedeutungslos seien. Ganz im Gegenteil: Wir werden sehen, daß die Schilderungen großer Dichter tiefe Spuren noch bei denen hinterlassen, die Jahrhunderte später in die Nähe des Todes gerieten. Die literarischen Darstellungen des Jenseits erscheinen zuweilen wie ein zeitübergreifendes kollektives Gedächtnis, an das sich auch noch die *erinnern*, die viele Generationen später solche Erfahrungen machen und sich dabei gleichsam diese Darstellungen zurückrufen – ohne daß sie diese literarischen Texte unbedingt selbst gelesen haben müssen. Das hat weder mit Gedankenübertragung noch mit Archetypen menschlichen Denkens zu tun. Vielmehr treten die literarischen Darstellungen des Jenseits in zeitgemäßen Varianten, in Andeutungen und in einzelnen Ausschnitten nahezu allgegenwärtig in unserer Kultur auf. In diesem Sinne prägt die Kultur auch so tiefgreifende und elementare Erlebnisse wie die Nahtoderfahrung.

Zugleich sollten wir auch beachten, daß nicht alles, was Dichter schilderten, auch Inhalt der Erfahrungen von Menschen war, die sich wirklich in der Nähe des Todes befanden. Die Erfahrung überwältigt nicht nur die davon betroffenen Menschen, sie zwingt ihnen auch Inhalte auf, die keineswegs einem kulturell festgelegten Schema folgen.

■ Der Mythos vom Soldaten Er

Nicht alle klassischen Texte über das Jenseits sind aber literarisch fingierte Schilderungen. Einige hundert Jahre nach Homers epischer Erzählung über die Reise Odysseus' nimmt sich ein anderer großer Grieche des Gegenstandes an. Vielleicht haben wir es dabei sogar mit einer der ersten Beschreibungen einer Todesnäheerfahrung zu tun – und der Hölle. Der Text findet sich beim Philosophen Plato, der im 5. und 4. Jahrhundert v. Chr. vor allem in Athen gelebt und gewirkt hat. In seinem Hauptwerk über den Staat („Politeia") berichtet Plato von einem Soldaten namens Er. Obwohl manche diesen Bericht auch als „Mythos des Er" bezeichnen, scheint es sich dabei um keine literarisch erfundene Geschichte zu handeln. Denn Plato identifiziert den Soldaten als einen historischen Menschen: Er sei ein Sohn des Armenios und stamme aus Pamphylien, also jenem Gebiet, das vom heutigen türkischen Ferienort Antalya bis Kap Anamur reicht.

Der Soldat Er, so berichtet Plato, sei einst im Kriege getötet worden. Nach zehn Tagen sei er zusammen mit schon verwesten Leichen nach Hause gebracht worden, um bestattet zu werden. Als er nach zwei weiteren Tagen verbrannt werden sollte, regte er sich plötzlich wieder. Zu den Lebenden zurückgekehrt, berichtete Er, was er erlebt hat. Weil diese Darstellung in nur wenigen Punkten dem ähnelt, was wir von den heutigen Berichten kennen, will ich ihn gerafft wiedergeben: Die Seele des Soldaten hat den Körper verlassen, ist mit vielen anderen gewandert und schließlich an einen wunderbaren Ort gekommen. Hier hat Er in der Erde zwei aneinandergrenzende Spalten gesehen, und der gegenüberliegende Himmel war ebenfalls gespalten. Zwischen den Spalten saßen strenge Richter, die die armen Seelen in Gerechte und Ungerechte schieden und sie dann entweder nach oben in den Himmel oder auf den Weg nach unten schickten.

Als Er hinzutrat, boten sie ihm an, alles anzuhören und anzusehen. Er sah also, wie Seelen durch den Spalt am Himmel und den an der Erde gingen. Aus den anderen Spalten aber kamen ebenfalls Seelen hervor. Die aus der Erde kommenden Gestalten waren voller Schmutz und Staub, die anderen dagegen waren rein. Nach ihrer langen Wanderung verweilten alle auf Matten und bildeten eine festliche Versammlung. Bekannte und Freunde grüßten einander und berichteten, wie es ihnen erging.

Plato erwähnt, daß der Bericht noch weitaus ausführlicher sei, doch könne er nicht alles wiedergeben. Wichtig erscheint ihm vor allen Dingen, daß für alle Ungerechtigkeiten Strafen verteilt wurden: Wer Städte verraten, Heere in die Knechtschaft gestürzt oder anderes Elend verschuldet hat, müsse dafür sühnen. Andererseits beschreibt Plato auch eine in allen Farben des Regenbogens schillernde Lichtsäule von außerordentlicher Helligkeit: Die „Spindel der Notwendigkeit", die alle Seelen zur Wiederverkörperung zieht. Doch geht er in seiner Schilderung vor allem der höllischen Qualen im Jenseits sehr ins Detail. (Gläubige Christen können bei der Lektüre schwerlich übersehen, in welchem Ausmaß sie ihre Vorstellungen des Jüngsten Gerichtes diesem heidnischen Philosophen verdanken.)

Insgesamt handelt es sich im Kern wohl schon um eine Erfahrung, die Er selbst gemacht hat, auch wenn Plato in Ers Bericht Vorstellungen einflicht, die seiner Philosophie entstammen (der tausendjährige Reinigungszyklus der Seele, die Wiedergeburt und die Wahl, die die Seele hierbei in eigener Verantwortung treffen muß).

■ Die Apokalypse des Paulus und die Todesnäheerfahrung im Christentum

Einige hundert Jahre später finden wir einen anderen Bericht über einen selbsterlebten Tod im Urchristentum. So heißt es bei Paulus: „Ich weiß einen Menschen in Christus, der vor vierzehn Jahren – ob im Leibe, ich weiß es nicht, ob außer dem Leibe, ich weiß es nicht, Gott weiß es – entrückt wurde bis in den dritten Himmel. Und ich weiß, daß dieser Mensch – ob mit dem Leibe oder außer dem Leibe, ich weiß es nicht, Gott weiß es – in das Paradies entrückt wurde und unsagbare Worte hörte, die ein Mensch nicht aussprechen darf" (2. Kor. 12, 1–4).

Stand bei Plato die Hölle im Vordergrund, so bezieht sich der unbekannte Christ, von dem hier berichtet wird, auf den Himmel. Doch Paulus hält sich nicht mit ausführlichen Beschreibungen des Paradieses und der verschiedenen Himmel auf. Gerade weil er nur so kurz auf diesen Fall eingeht, ist erwähnenswert, daß er besonders betont, die Erfahrung könne „in" oder „außerhalb des Leibes" stattgefunden haben. Damit scheint er nicht nur auf die „Out-of-Body"-Erfahrung anzuspielen, die so häufig im Zusammenhang mit der Todesnäheerfahrung auftritt. Ebenso vernehmbar klingt seine eigene theologische Lehre durch, nämlich die Unterscheidung zwischen geistigem Leib („soma pneumatikon") und irdischem Leib.

Die theologischen Deutungen dieser Passage gehen freilich so weit auseinander, daß es durchaus fraglich ist, ob Paulus tatsächlich auf das anspielt, was wir als die Erfahrung kennengelernt haben, bei der man den Eindruck hat, als befände man sich außerhalb des eigenen Körpers. Allerdings wurde ein solches Verständnis anscheinend schon bald nach Paulus durchaus vertreten. Denn schon im 3. Jahrhundert n. Chr.

wird eine „Apokalpyse des Paulus" verfaßt, dessen Autor jedoch nicht mit dem Apostel verwechselt werden darf. Diese Verwechslung ist durchaus naheliegend, denn diese „Visio Pauli" beginnt mit den oben zitierten Worten aus dem Korintherbrief. Sie betont die jenseitige Deutung, denn sie fährt fort mit einer detaillierten Schilderung des Jenseits. Demnach trennt sich die Seele vom Leib. Die guten Seelen werden von den Engeln jubelnd empfangen, gegen Angriffe der bösen Engel verteidigt und – angeführt vom Erzengel Michael – in den Paradiesgarten geführt. Bösartige Seelen werden dagegen von den Dämonen, die sie besessen hatten, aufgenommen. Die mit Sünden Behafteten fallen in einen siedendheißen Strom, in dem sie – je nachdem, wie schwer sie sich versündigt haben – unterschiedlich tief einsinken. Am Ende steht der Ort der ewigen Qual, ein unendlich tiefer Brunnen, aus dem es kein Entrinnen gibt. (Übrigens werden sonntags die Peinigungen ausgesetzt.)[1] Diese Paulus-Apokalypse gilt als sogenannte „apokryphe" Schrift, d. h., daß sie nicht in den biblischen Kanon aufgenommen wurde. Dennoch wurde sie im 5. Jahrhundert ins Lateinische übersetzt und übte einen großen Einfluß auf die mittelalterlichen Schilderungen des Jenseits aus.

In der ausgehenden Spätantike und vor allem im einsetzenden Mittelalter finden wir eine stark zunehmende Zahl an Berichten aus dem Jenseits, die auf persönlichen Erfahrungen beruhen. Ein bekanntes Beispiel stammt von Papst Gregor dem Großen (6. Jahrhundert), der unter dem Eindruck der Apokalypse des Paulus stand. Als bedeutender Papst hatte er großen Einfluß auf seine Zeitgenossen wie auch auf spätere Generationen (besonders im Klerus). Er machte diese Erfahrungen in kirchlichen Kreisen sozusagen „hoffähig".

In seinen „Dialogen" versucht Gregor zahlreiche Beweise für die Unsterblichkeit aufzuführen. Darunter befindet sich auch der Bericht eines Soldaten, der starb und danach wieder ins Leben zurückkehrte. Als er tot war, so berichtet der Soldat, habe er eine Brücke gesehen, „unter welcher ein schwarzer, düsterer Strom dahinfloß, der einen Nebel von unerträglichem Gestank ausdünstete. Über der Brücke waren freundliche, grünende Wiesen, mit wohlriechenden Blumengebüschen geziert, auf welchen weißgekleidete Menschen beisammenzustehen schienen. Solcher Wohlgeruch herrschte an jenem Ort, daß die daselbst Lustwandelnden und Wohnenden ganz davon erfüllt waren. Dort hatte jeder seine Wohnung von herrlichem Licht durchglänzt. Dort wurde ein wunderbar herrliches Haus gebaut, zu dessen Errichtung man goldene Ziegel zu gebrauchen schien. (...) Auch an dem Ufer des erwähnten Stromes standen einige Wohnungen, aber die einen wurden von dem sich erhebenden übelriechenden Nebel berührt, die anderen dagegen berührte der vom Strom aufsteigende abscheuliche Geruch nicht. An dieser Brücke fand die Prüfung statt: Wenn ein Ungerechter über sie gehen wollte, fiel er in den düsteren, übelriechenden Fluß; die Gerechten aber, welche von keiner Schuld behaftet waren, gelangten mit sicherem, freien Schritt zu den freundlicheren Wohnplätzen."[2]

Der Bericht gipfelt in der Darstellung des Schicksals eines bekannten Kaufmanns namens Stephanus, auf den sowohl die Mächte des Guten wie die des Bösen einwirken wollen.

Auch in dieser Schilderung findet also eine Art Gericht statt. Es wird eine Brücke geschildert, ein Motiv, das auch später häufig auftreten wird. Vor allem aber erscheint das, was der Soldat sieht, als deutlich zweigeteilt: Die Welt des Guten befindet sich im selben Erfahrungsfeld wie die Welt des Schlechten, und der Soldat scheint nur ein distanzierter Beobachter zu sein.

■ Mönche und Nonnen: Die Nahtodvision im Mittelalter

Zum Ende des 7. Jahrhunderts tritt die Visionsliteratur auch in unseren Breiten in Erscheinung. Die Frage lautet: Handelt es sich hier um literarische Erfindungen? Haben einige Mönche und Priester versucht, die wenigen Hinweise auf das Jenseits im Christentum durch anschauliche Schilderungen zu ergänzen, die sich jedoch bloß ihrer Einbildungskraft verdanken? Oder haben wir es hier tatsächlich mit Berichten von Menschen zu tun, die eine Nahtoderfahrung am eigenen Leib gemacht haben?

Der österreichische Historiker Peter Dinzelbacher[3], der sich sehr intensiv mit den Nahtoderfahrungen des Mittelalters beschäftigt hat, bestätigt uns in der Auffassung, daß vor allem die Berichte aus dem frühen Mittelalter auf selbsterlebten Sterbeerfahrungen beruhen. Als ein Musterbeispiel dafür kann man etwa die Vision des irischen Mönches Fursa ansehen, der gegen 650 bei Paris verstarb:[4] „Als er von einer Krankheit befallen war, wurde er (...) dem Körper entrissen und durfte, vom Abend bis zum Hahnenschrei des Körpers entledigt, sowohl den Anblick der Engelsscharen genießen als auch ihre herrlichen Lobgesänge hören." Fursa aber erlebt auch die „größten Kämpfe der bösen Geister, die ihm unverschämt durch zahlreiche Anklagen den Weg zum Himmel abzuschneiden versuchten". Am beeindruckendsten aber ist das flammende Inferno, das er aus der Höhe erblickt, als er auf die Welt zurückschaut: „Als er die Blicke nach unten richtete, sah er gleichsam ein finsteres Tal tief unter sich, er sah auch vier Feuer in der Luft, nicht weit voneinander entfernt." (Die vier Feuer bedeuten Lüge, Begierde, Zwietracht und Ruchlosigkeit.) Die Engel, die ihn begleiteten, schützten ihn vor den Flammen, doch sah er „Teufel durch das Feuer fliegen und die Brände von Kriegen gegen die Gerechten entfachen".

Weniger als hundert Jahre später berichtet der aus Britannien stammende Bonifatius, der in Friesland, Hessen und Thüringen missionierte und deswegen auch der „Apostel der Deutschen" genannt wird, über die Jenseitserfahrung eines anderen britischen Mönches.[5] Auch in dieser Schilderung spielt das Feuer eine wichtige Rolle: Der Mönch wurde von Engeln aufwärts getragen und sah, wie die Seelen in lodernden Flammen wie schwarze Vögel herumflatterten und jammerten. Andere Seelen gingen auf einer schwankenden Brücke über einen Fluß aus Flammen. Manche fielen hinein. Diejenigen, die das andere Ufer erreichten, gingen hellglänzend in den Himmel ein.

Unschwer erkennen wir das Motiv der „Brücke" wieder, die schon Gregor erwähnt hatte und die als „Brücke der Prüfungen" eine noch viel längere Vorgeschichte hat. Wir sollten aber besonders darauf achten, daß die Mönche keineswegs das Paradies erleben. Im Vordergrund ihrer Beschreibungen stehen die Hölle, Dämonen mit Pranken und Klauen, stinkende Gewässer und tierisches Gewimmel.

Dabei sollte auch hier nicht der Eindruck erzeugt werden, alle diese mittelalterlichen Nahtoderfahrungen seien gleich ausgefallen und hätten immer dieselbe Hölle geschildert. Blicken wir deswegen auf eine Schilderung, die aus dem frühen deutschen Mittelalter stammt, und zwar von der Insel Reichenau, einem der Horte der frühen christlichen Kultur in Deutschland. Im Oktober 824 durchlebt der Vorstand der dortigen Klosterschule, der Benediktinermönch Wetti, eine Nahtoderfahrung, die zum Eindrucksvollsten gehört, was wir von solchen Visionen wissen.

Nach Tagen des Unwohlseins zog sich Wetti in seine Zelle zurück. Mit geschlossenen Augen sah er plötzlich neben seinem Bett einen Geistlichen stehen, dessen Augenhöhlen leer waren. In den Händen hielt er Marterwerkzeuge, mit denen er Wetti foltern wollte. Da erschien eine Schar böser Geister mit Spießen und Schilden und mauerte Wetti ein. Der fühlte sich beengt und dachte, er müsse sterben. Auf einmal saßen würdige Mönche im Zimmer und forderten die bösen Geister auf zu gehen. Als sie verschwunden waren, trat ein leuchtender Engel ans Bett und sprach: „Ich komme zu dir, meine liebste Seele." Wetti war nun klar, daß seine Lage ernst war. Er ließ sich aus dem vierten Buch der Dialoge Gregors des Großen vorlesen (das oben erwähnt wurde) und sprach dann ein lateinisches Schuldbekenntnis. Nachdem er kurz eingeschlafen war, überkam ihn seine zweite Vision, bei der er, begleitet von seinem Schutzengel, durch das Jenseits wanderte. Rund um das Jenseits herum fließt offenbar ein Feuerstrom, in dem unzählige Verdammte, darunter auch einige Bekannte, ihre Strafen abbüßen müssen. Zahlreiche befleckte Priester sieht er auf eine Folter gespannt, während ihre Buhlerinnen bis zu den Geschlechtsteilen in den Fluß eingetaucht sind. Wetti sieht sogar seinen eigenen, kurz zuvor verstorbenen Abt Waldo, der zur Läuterung Sturm und Regen ertragen muß. Ein hoher Herr, vermutlich Karl der Große, wird an seinen Schamteilen von Tieren zerfleischt (wohl um seine ungezügelte Sexualität zu büßen).[6]

Wetti aber sieht nicht nur Höllisches. Er gelangt auch in überaus schöne Gefilde, deren Glanz das Auge kaum erfassen kann. Unermeßlich hohe Bögen von Gold und Silber bilden ein Gewölbe, an dem der Herr mit den Heiligen vorbeizieht. Da eröffnet ihm plötzlich der Engel, er werde am folgenden Tag sterben und solle deswegen um Barmherzigkeit bitten. Er bittet um Fürsprache, doch vernimmt er vom ewigen Thron her den Vorwurf, er habe kein Beispiel der Erbauung gegeben. Dann muß er vor seinen Schülern und Freunden seine Fehler eingestehen. Der Schutzengel erläutert, was am Klosterleben falsch sei, und befiehlt ihm voller Zorn, er möge dies seinen Mitbrüdern mitteilen. Zu diesem Zweck erhält Wetti noch einmal Aufschub.

Am nächsten Morgen wachte er auf und begann mit großer Energie, seinen Mitbrüdern und Freunden mitzuteilen, was er erfahren hatte. Weil er glaubte, daß die Lebenden Einfluß auf das Schicksal der Verstorbenen nehmen können, rief er seine Mitmönche zusammen und bat sie um Fürsprache und Gebete. Wetti war nicht der erste Reichenauer Mönch, der solche Schreckensbilder als Fieberphantasien abgetan hatte. Obwohl ihm noch versichert wurde, er werde wieder gesund, bewahrheitete sich seine visionäre Erfahrung: Der Aufschub war offenbar verstrichen. Am folgenden Tag fällt er um und ist tot.

Wettis Bericht ist zweifellos ein Zeugnis sowohl für das kulturelle Gedächtnis wie für den Einfluß seiner Zeit. Wir erkennen nicht nur die Spuren der Berichte Gregors des Großen, die Wetti in seiner Mönchsklause gelesen hatte. Auch Zeitgenossen treten auf, und vor allem seine Mönchsgemeinschaft, die ihn im Kloster umgeben hatte und die ihn im Jenseits ebenso wieder zu erwarten scheint.

Trotz der Ähnlichkeiten mit Gregors Berichten wäre es sträflich, die Berichte der Mönche über einen Kamm zu scheren. Um uns über die Vielfalt bewußt zu werden, brauchen wir das Kloster Reichenau nicht einmal zu verlassen. Fast zweihundert Jahre nach Wetti erlebte dort nämlich der weise Reichenauer Mönch Hermann der Lahme eine „Jenseitsvision" – kurz vor seinem Tod im Jahr 1054. Im Unterschied zu Wetti blieben dem ungewöhnlich gelehrten Mann jedoch lange Wanderungen durchs Jenseits erspart. Vielleicht zeigt kein anderes Beispiel, wie sehr die Lebensumstände der Betroffenen in die Nahtoderfahrung eingehen. Denn Hermann der Lahme, der sein Leben mit Lesen verbracht hatte, blieb auch während seiner Nahtoderfahrung gewissermaßen in seiner Studierstube: Ihn überkam die Vision eines verlorengegangenen Werkes des großen römischen Dichters Cicero und eines unvollendetes Gedichts für die Buchauer Nonnen, die er Wort für Wort lesen konnte, „so genau und bewußt, wie wir das Vaterunser sagen".[7]

Schon lange hatten Mönche und Nonnen immer wieder über ihre Erfahrungen aus dem Jenseits berichtet. Doch in dem Maße, wie das europäische Mittelalter sich entfaltete, berichteten immer häufiger auch Laien über Todesnäheerfahrungen. Dinzelbacher ist sogar der Meinung, daß sie zu den begehrtesten Geschichten gehörten, die in den Städten, Dörfern, an den Höfen und vor allen Dingen in den Klöstern erzählt wurden. Deswegen verwundert es nicht, daß sie immer einfallsreicher ausgestaltet wurden. Im Hochmittelalter wurden Todesnäheberichte zum Gegenstand literarischer Verzierung. Die Dichter übertrafen sich in der Erfindung von Jenseitsszenarien, denen jedoch gerade das abging, was uns interessiert: die Authentizität der persönlichen Erfahrung. Sie waren reine Fiktion.

Eine der berühmtesten, noch als authentisch geltenden Nahtoderfahrungen des Mittelalters ist der seltene Fall eines holsteinischen Bauern, Gottschalk mit Namen. Er lebte im 12. Jahrhundert in einem Dorf bei Neumünster. Während die anderen Dorfbewohner ihn schon für fast tot hielten, erschienen ihm zwei Engel, die ihn zum Mitkommen aufforderten. Wie vornehme Herrschaften begleiteten sie ihn dann wortlos ins Jenseits. An einer Heidefläche voller Dornen und Stacheln angekommen, muß er barfuß weitergehen. Erst nachdem er zu Boden stürzt, erbarmt sich der Engel seiner und gibt ihm Schuhe. Mit zerkratzten und zerschnittenen Füßen muß er dann über einen schmalen langen Balken balancieren. Er stapft durch einen morastigen und stinkenden Hohlweg und gelangt schließlich zu einem unerträglich heißen Flächenbrand. (Man bedenke, daß Gottschalk die großen Rodungen noch erlebt hatte, mit denen Holstein urbar gemacht wurde.) Gottschalk darf die schrecklichen Qualen des Höllenfeuers schauen. Die Engel führen ihn dann auf dem immer breiter werdenden, grünen Mittelweg in das Gelobte Land. Noch bevor er geht, sieht er ein mächtiges Kloster und eine herrliche Stadt mit breiten, geraden Straßen und einer riesigen steinernen Kirche.[8]

Auf seiner Reise begegnen Gottschalk zahlreiche andere Wanderer, die, wie er, weder verdammt noch selig sind. Unbekannte befinden sich darunter, adlige und geistliche Herren, gute und böse, ab und an auch ein Landsmann, einige Bekannte: ein Koch, den er aus Neumünster kennt, bekannte Knechte und Mägde. In der Hölle sieht er die Verbrecher, und auf dem Weg zum Paradies entdeckt er sogar seinen alten Grafen Adolf von Holstein. Auf dem Rückweg – Gottschalk erfährt nicht, warum er umkehren muß – trifft er auf einen Bauern aus seinem Pfarrsprengel, den er noch als Kranken gesehen hatte und der ihm eine Botschaft für seinen Sohn mitgibt. Die Botschaft aber hat er vergessen, als er wieder aufwacht.

So authentisch sie auch ist, so zehrt Gottschalks Vision doch von den Bildern seiner Zeit: Das Jenseits, das er erlebt, ist die Welt seiner Zeitgenossen. Himmel und Hölle sind geprägt von den Welten des Mittelalters, und er selbst ist neben den vornehmen Engeln gewandert wie ein Bauer seiner Zeit – demutsvoll neben einem noblen Herrn. Geblieben sind ihm deswegen vor allen Dingen die Fußschmerzen von der langen Wanderung. Und auch sein Bericht wird behandelt wie der eines „gemeinen Mannes": Gottschalk erzählte seine Vision seinem Beichtvater, der sie auch aufschrieb. Weil sie aber von einem Bauern stammte, erregte sie wenig Aufmerksamkeit und geriet lange Zeit in Vergessenheit. Bis weit in die Neuzeit hinein wurden eben vor allem Nahtoderfahrungen von Klerikern ernst genommen. Auch wenn andere beanspruchten, das Jenseits erfahren zu haben, – dessen „Offenbarungen" fielen unter das nahezu ausschließliche Monopol der religiösen Experten und Expertinnen, also der Priester, Mönche und Nonnen. Nahtoderfahrungen waren nicht „volkstümlich". Das bedeutet selbstverständlich nicht, daß religiöse „Laien" nicht solche Erfahrungen gemacht hätten. Gottschalk bietet uns ja ein gutes Beispiel dafür. Doch nur wer über die entsprechende Definitionsmacht verfügte, konnte beanspruchen, eine Nahtoderfahrung gemacht zu haben. Diese Beschränkung vorwiegend auf religiöse Experten und politisch Mächtige bildet erst den Hintergrund, um die Besonderheit der gegenwärtigen Entwicklung wahrzunehmen.

Besonders in der hochmittelalterlichen religiösen Bewegung, die wir heute die Mystik nennen, wird das Gesagte deutlich. Eine der bekanntesten Mystikerinnen, Mechthild von Magdeburg (1207–1282), durchlebte eine Reihe von Visionen, in denen sie des Jenseits ansichtig wurde.[9] Diese Visionen erinnern sehr stark an die Beschreibungen der Apokalypse des Paulus, die wir kurz angeschnitten hatten: Ihr Jenseits setzt sich aus vielen Örtlichkeiten zusammen. Neben dem Fegefeuer beobachtet Mechthild mehrere Himmel, die übereinanderliegen. So sieht sie etwa in einer Vision, wie Seelen vom Fegefeuer in den Himmel wechseln. Alle erhalten sie Kronen, manche sogar von Gott selbst. Die Seligen tanzen und singen zur Verehrung der Dreifaltigkeit, die den Gesang mit einer warmen Lichtflut belohnt. Der unzugänglichste Ort ist zweifellos auch der anziehendste: das Paradies, ein prachtvoll angelegter Garten mit Bäumen, sanft dahinfließenden Bächen und einer von Wohlgerüchen erfüllten Luft. Im dritten Himmel schließlich findet ein leidenschaftlicher Gottesdienst statt. Hier befindet sich der Thron Gottes, sein Palast und das Brautgemach Christi. Hier wohnt niemand anders als Gott selbst.

Im Unterschied noch zu den frühmittelalterlichen Erfahrungen des Papstes Gregor und des Mönches Wetti ist Mechthilds Himmel explizit christlich. Einmal begegnet sie Christus selbst, als er auf dem Thron sitzt. Allerdings sind diese christlichen Vorstellungen mit Motiven der mittelalterlichen Minne durchsetzt: Sie kniete vor Christus nieder. Er nahm seine göttlichen Arme, legte seine Hand auf ihre Brust und schaute in ihr Antlitz. In einer Vision wird Mechthild sogar von ihrem Tod unterrichtet, so daß wir von einer Nahtoderfahrung sprechen können. Doch selbst wenn die „mystischen Verzückungen" Mechthilds vermutlich nicht in der Nähe des Todes gemacht wurden, sind sie schon deswegen von Interesse, weil wir das von ihr geschilderte idyllische Natur-Bild des Paradieses noch bei vielen gegenwärtigen Nahtoderfahrungen antreffen werden.

■ Von der Hölle zum Lebenspanorama

Waren bis zum 12. Jahrhundert die Betroffenen im Jenseits und berichteten dann, ins Diesseits zurückgekehrt, über ihre Erfahrungen, so kommt es danach immer häufiger vor, daß sich jenseitige Wesen – vor allem Jesus und Maria – im Diesseits zeigen. Die Erscheinung Christi, die immer häufiger Frauen widerfährt, erinnert mehr an eine ekstatische Minne, die als eine große Gnade erfahren wird.

Doch die Grundstimmung der Todesnäheerfahrung verändert sich im Laufe der Zeit. Der Tod gilt zunehmend als ein schrecklicher Augenblick. Denn der Sterbende, so befürchtet man, gerät in die Gewalt der Finsternis. Ihn erwarten fürchterliche körperliche Schmerzen, die Gefahren der Hölle und die Gemeinheiten der Teufel. (Freilich geschieht dies besonders in den Zeiten der reformatorischen Wirren, als die Kirchen mit allen Mitteln versuchen, ihre „Schäfchen" bei sich zu halten.) Zunehmend wird das Jenseits von der Hölle beherrscht, die auf furchterregende Weise geschildert wird.

In einer Vision der Teresa von Avila erscheint der Eingang der Hölle wie ein niedriger Backofen. Der Boden der Hölle ist schlammig und schmutzig. Sie verströmt einen widerlichen Gestank. Überall wimmelt es von giftigen Reptilien. Teresas Seele brannte in einem entsetzlichen Feuer, und die Teufel quälten sie und verursachten ihr die entsetzlichsten Schmerzen.

So grauenvoll und schrecklich dieses Erlebnis für Teresa gewesen sein muß, ihre dramatische Schilderung aus dem Jahre 1560 gilt als die letzte große Schreckensvision der Hölle. Zwar schüren viele spätere Prediger bis tief ins letzte Jahrhundert die Höllenangst des Volkes noch mit ihren Flammenseen, brennenden Höllenschlunden und greulichen Gespenstern. Doch je mehr es der Moderne entgegengeht, um so mehr entfernen sich die Nahtoderfahrungen von der Hölle.

Das mag auch mit einer weiteren Veränderung zu tun haben: Hatten bis dahin vor allem die besonderen Erfahrungen der Kleriker die Aufmerksamkeit der Schriftkundigen genossen, so rückten mit dem Ende des Mittelalters – und der Reformation – auch die Laien in das Rampenlicht der sich rasant ausweitenden lesenden und schreibenden Öffentlichkeit. Deutliche Belege für diese entscheidenden Veränderungen kennen wir aber erst wieder aus dem 18. und 19. Jahrhundert. Berichte über Todesnäheerfahrungen werden nun auch von Menschen verfaßt, die keine besondere religiöse Ausbildung genossen haben. Es ist keineswegs verwunderlich, daß diese Ausweitung im Zusammenhang mit den damals „neuen Medien" des Buchdrucks und der Zeitung steht, durch die die Berichte erst populär werden konnten.

Ein Beispiel für eine frühe „massenmediale" Verbreitung von Todesnäheberichten ist der Fall des Admirals Francis Beaufort, der als Kind 1795 aus einem Schiff in das Hafenbecken von Portsmouth fiel und beinahe ertrank. Beaufort selbst beschrieb seine Erfahrungen mit den folgenden Worten:[10]

„Alle Hoffnung wich von mir, alle Anstrengung hatte geendet, ein ruhiges Gefühl der vollkommensten Gelassenheit verdrängte die vorhergehenden ungestümen Empfindungen – man könnte es Apathie nennen, gewiß nicht Resignation, denn das Ertrinken schien nicht länger ein Übel zu sein. Ich dachte nicht mehr daran, gerettet zu werden, noch spürte ich irgendwelche körperlichen Schmerzen. Im Gegenteil, meine Empfindungen waren jetzt von einer eher angenehmen Art, wie etwa die trübe aber zufriedenstellende Art des Gefühls, das dem von Erschöpfung hervorgerufenen Schlaf vorangeht. Die Sinne waren zwar gedämpft, nicht so jedoch der Verstand; seine Aktivität schien in einem Maße belebt zu sein, die jeder Beschreibung spottet, denn der Reihe nach überkam mich Gedanke um Gedanke in einer Geschwindigkeit der Abfolge, die nicht nur unbeschreiblich, sondern wahrscheinlich sogar unbegreiflich ist für jedermann, der sich nicht selbst einmal in einer ähnlichen Situation befunden hat. Den Kurs dieser Gedanken kann ich auch heute noch in großem Maße nachvollziehen – das Ereignis, das soeben stattgefunden hatte, die Ungeschicklichkeit, die es produziert hatte, die hastige Geschäftigkeit, die es verursacht haben muß, den Effekt, den es auf den liebevollsten Vater haben würde und tausend andere Umstände, die mit dem Zuhause zu tun hatten, auf das sich die erste Serie der Rückschauen bezog. Sie dehnten sich sodann aus – unsere letzte Seefahrt, eine vorangegangene Reise und ein Schiffswrack, meine Schule, die Fortschritte, die ich dort gemacht hatte, und die Zeit, die ich verschwendet hatte und sogar alle meine kindischen Unternehmungen und Abenteuer. So rückwärts reisend schien jedes vergangene Ereignis meines Lebens in meiner Erinnerung in rückläufiger Reihenfolge vorüberzuziehen; nicht jedoch bloß schemenhaft, so wie ich es hier wiedergebe, sondern mit

54

vielen minuziösen und bis in alle Einzelheiten gehenden Bildern gefüllt; kurz gesagt schien die vollständige Periode meiner Existenz vor mir in eine Art panoramische Rückschau gelegt zu werden, und jede einzelne Handlung von einem Bewußtsein von recht oder falsch oder von einer Reflexion auf deren Ursache oder dessen Konsequenzen begleitet zu sein; in der Tat viele belanglose Fälle, die lange vergessen gewesen waren, schossen dann mit dem Eindruck aktuellster Vertrautheit in meine Phantasie."

■ Nahtodberichte in Zeitungen und Literatur

Beauforts Bericht ist ganz offenkundig schon ein modernes Zeugnis. Ähnlich wie in den früheren Nahtoderfahrungen das Leben sozusagen gerichtlich bewertet wird, blickt auch er auf sein Leben zurück. Doch keine Seele wird gewogen, es findet kein Gericht statt: Fast schon wie ein Photograph sieht der Schreiber sein Leben in einzelnen Bildern, jedes für sich minuziös und detailreich. Und noch eines fällt auf: Es gibt auch keinen Richter; und die Person, die ihr Leben noch einmal rückblickend, aber nicht wertend oder gar richtend betrachtet, ist Beaufort selbst.

Das Moderne an diesem Bericht macht sich auch an einem ganz äußerlichen Merkmal fest. Er erschien am 15. Januar 1858 in der *Londoner Daily News*. Keine klerikale Niederschrift, keine religiöse Publikation und keine wissenschaftliche – die bürgerliche Öffentlichkeit mit ihren Zeitungen und Zeitschriften hatte sich des Phänomens angenommen. Diese damals neuen Medien hatten gerade für solch intime Ereignisse wie Nahtoderfahrungen sehr weitreichende Folgen. Wer schreiben konnte, mochte seine Erfahrungen anderen zugänglich machen, sofern sie des Lesens kundig waren. Und weil sich der Kreis der Schreibenden und Lesenden rasant ausweitete, entwickelte sich unter anderem eine dem Tod gewidmete Literatur, die man als durchaus populär bezeichnen konnte. Dies geschieht jedoch vorwiegend im englischsprachigen Raum. Auch die Mormonen, auf die wir noch zu sprechen kommen, verbreiten ihre Berichte über Nahtoderfahrungen. Um den wachsenden Zweifel am christlichen Himmel zu bekämpfen, versprechen vorwiegend protestantische Geistliche den Trauernden, vor allem trauernden Eltern, die spätere Vereinigung mit den Verstorbenen. Zur selben Zeit feiert eine Reihe von Autorinnen große Erfolge mit trostspendenden Texten, in denen sie einen Himmel schildern, der sehr stark an unsere irdische Welt erinnert. Und schließlich erleben im 19. Jahrhundert die Sterbe-Bücher eine Renaissance. Im Unterschied zu ihren mittelalterlichen Vorläufern, die in die Kunst des Sterbens einwiesen, versuchten diese jedoch den Beweis zu erbringen, daß das Sterben nicht notwendigerweise schmerzhaft sei. Wie hörten sich nun die Himmelsbeschreibungen in diesen Texten an?

Um uns ein Bild davon zu machen, mag es sinnvoll sein, sich den speziellen Beschreibungen der Mormonen zuzuwenden. Bei dieser Bewegung handelt es sich um eine zu Beginn des 19. Jahrhunderts von Joseph Smith begründete christliche Sekte, die üblicherweise nach dem für sie richtunggebenden „Buch Mormon" benannt wird. Ihr genauer Name lautet „Die Kirche Jesu Christi der Heiligen der Letzten Tage". Diese Sekte, die heute vor allem in den USA mehrere Millionen Mitglieder zählt, ist für uns von besonderem Interesse. Denn sie legt nicht nur großen Wert auf das Jenseits. Einige ihrer Anhänger, die in der Nähe des Todes waren und Erfahrungen damit am eigenen Leib gemacht hatten, verfaßten Berichte darüber. Von Anfang an (1830) werden diese Berichte regelrecht kultiviert. Die Mormonen erhoffen sich dadurch einen Einblick in die Welt, die sie nach ihrem Tode erwartet.

Im Jahre 1852 schrieb ein 16jähriges Mormonenmädchen seine Erfahrungen nieder. Es hatte seine verstorbene Mutter in die Geisterwelt begleitet. Dort sah es ein im Bau befindliches Gebäude. Das Mädchen wurde darin in ein wunderschönes Schlafzimmer geführt, wo es einen kleinen Jungen sah und einige andere Menschen, die es kannte. In einem anderen Raum erblickte es den Begründer der Mormonen-Kirche, Joseph Smith, wie er mit gesenktem Kopf ging, als ob er nachdächte, und mehrere Männer beim Schreiben. Ihre verschiedene Mutter erzählte dem Mädchen, daß sie ihr Kleid vom Herrn empfangen habe und daß sie sich nun in der Küche an ihre Arbeit mache.

1891 machte ein anderes Mormonenmädchen, das an Scharlach erkrankt war, die Erfahrung, wie sein Geist den Körper verließ. Es versuchte sich zu wehren, denn es konnte das Weinen und Trauern ihrer Familie sehen. Doch sobald das Mädchen einen Blick auf die andere Welt geworfen hatte, wollte es dorthin gehen, denn seine Sorgen und Ängste fielen von ihm ab. Es konnte Musik und Gesang hören. Es betrat einen großen Saal, in dem viele Menschen waren, auch viele Verwandte und Freunde. Es habe sich mit ihnen unterhalten und dabei bemerkt, daß sie richtig glücklich gewesen seien, erzählte sie später. Einige erkundigten sich nach ihren Freunden und Verwandten auf der Erde. Außer einer Person waren alle in Weiß gekleidet. Das Mädchen betrat einen anderen Raum, der voller Kinder war, die wie in der Sonntagsschule perfekt nach Alter und Größe angeordnet waren. Während es die Kinder singen hörte, wurde ihm mitgeteilt, es müsse zurückkehren. Als es durch den großen Saal ging, sagte es den Leuten, daß es auf die Erde zurückgehe. Sie schienen es behalten zu wollen, doch es befolgte den Befehl, auch wenn es selbst diesen schönen Ort nicht verlassen wollte.[11]

Solche Himmelsschilderungen waren den Menschen im angelsächsischen Raum derart vertraut, daß der amerikanische Schriftsteller Mark Twain sich zu einer Parodie mit dem Titel „Auszüge aus Kapitän Stormfields Reise zum Himmel" veranlaßt sah. In der Tat bleiben Jenseitsreisen auch ein Thema der modernen Literatur. So hatte etwa Henry Fielding, der Autor des „Tom Jones", in einem Roman über die „Reise von dieser Welt in eine andere" im Jahre 1747 beschrieben, wie Verstorbene mit der Kutsche in die jenseitige Welt gebracht werden. Dort begegnet man auch einem Totenrichter, und das Leiden tritt in sinnbildlicher Gestalt als Person auf.

Hundert Jahre später, im Jahre 1845, scheint der für seinen schwarzen Humor so berühmte amerikanische Autor Ambrose Bierce schon konkretere Vorstellungen von der Todesnäheerfahrung zu haben. In einer Kurzgeschichte schildert der Erzähler seinen Versuch, einen Sterbenden durch Hypnose so lange wie möglich am Leben zu erhalten, um ihn dann über seine Erfahrungen zu befragen. Als das Medium geweckt werden soll, tritt bei ihm die körperliche Verwesung ein.

In der Erzählung „Lilith" des schottischen Geistlichen George MacDonald aus dem Jahre 1895 tritt der Ich-Erzähler dann selbst in eine jenseitige Welt ein: Nebel umgibt ihn, er befindet sich plötzlich in einer Heidelandschaft. Gedachtes und Vorgestelltes verschwimmen. Ein kalter Wind weht. Er sieht Tote in mannshohen Krügen lagern wie reifenden Wein, doch ob er selbst tot ist, läßt sich nicht beurteilen. Die Literatur jedenfalls verfolgt also eigene Wege, wenn es um die Schilderung des selbst erfahrenen Jenseits geht.

■ Die himmlischen Abstürze von Schweizer Bergsteigern

Im deutschsprachigen Raum finden wir in der Literatur wenig von solchen Erfahrungen. Auch die Wissenschaft schweigt weitgehend. Als einer der ersten modernen deutschsprachigen Sammler – man darf durchaus auch sagen: Erforscher – der Todesnäheerfahrungen tritt ein Geologe namens Heim in Erscheinung, der jahrzehntelang Berichte von Bergsteigern sammelte, die Abstürze überlebt hatten. Heim, ein Schweizer, sammelte jedoch keineswegs aus rein wissenschaftlichem Interesse. Er selbst war im Frühjahr 1871 hoch über dem Bodensee am Säntis abgestürzt und knapp dem Tode entronnen. Über seine Erfahrung hatte er im Jahr 1892 bezeichnenderweise im „Jahrbuch des Schweizerischen Alpenclubs" berichtet.

Seine Sammlung nun sollte beweisen, daß es sich bei seiner darin beschriebenen außergewöhnlichen Nahtoderfahrung keineswegs um einen Einzelfall handelte. Nicht nur das: Heim macht in den Berichten ein einheitliches Schema aus, das er wie folgt charakterisiert: „Es wird kein Schmerz empfunden, ebensowenig lähmender Schreck, wie er bei kleinerer Gefahr (Brandausbruch etc.) erscheinen kann. Keine Angst, keine Spur von Verzweiflung, keine Pein, vielmehr ruhiger Ernst, tiefe Resignation, beherrschende geistige Sicherheit und Raschheit. Die Gedankentätigkeit ist enorm, wohl auf die hundertfache Geschwindigkeit oder Intensität gesteigert, die Verhältnisse der Eventualitäten des Ausganges werden weit hinaus objektiv klar überblickt, keinerlei Verwirrung tritt ein. Die Zeit erscheint sehr verlängert. Man handelt blitzschnell und überlegt richtig. In zahlreichen Fällen folgt ein plötzlicher Rückblick in die ganze Vergangenheit. Zuletzt hört der Stürzende oft schöne Musik und fällt dann in einen herrlichen blauen Himmel mit rosenfarbenen

Wölklein hinein. Dann erlischt das Bewußtsein schmerzlos – gewöhnlich im Momente des Aufschlagens, das aber höchstens noch gehört, niemals schmerzend gefühlt wird."[12]

Wie ein weiterer Fall zeigt, gehört zu diesem Tod das, was wir als Panorama-Erfahrung kennengelernt haben: „Unsere im Gebirge totgestürzten Freunde haben im letzten Momente ihre eigene Vergangenheit in Verklärung geschaut." Insgesamt, so schließt Heim, sei „der Tod durch Absturz ein schöner Tod".

Die Berichte der Bergsteiger bilden offenbar keine Ausnahme. Am 20. Juni 1891 erscheint im Schweizerischen Protestantenblatt der Bericht eines Reisenden, der in ein Zugunglück verstrickt wird. Er verspürte noch, wie sich alles nach unten bewegte, und klammerte sich krampfhaft an seinen Sitz. Arme und Beine funktionierten geradezu automatisch, das Ganze ähnelte dem, was man auch als Flußerfahrung bezeichnet: Ohne bewußte Kontrolle und fast instinktiv wichen die Körperteile den hereinbrechenden Brettern, Stangen und Bänken aus. Während dies geschah, ging ihm in aller Ruhe eine Flut glasklarer Gedanken durch das Gehirn. Er war sich gewiß, dem „grimmen Tod" ins Gesicht zu schauen. Dennoch zeigte ihm eine Reihe von Bildern „in rascher Folge alles Schöne und Liebe, das ich auf dieser Welt erlebt, und dazwischen tönte wie eine gewaltige Melodie die Predigt, die ich am Morgen von Herrn Obersthelfer gehört hatte: Gott ist allmächtig, Himmel und Erde ruhen in seiner Hand; seinem Willen müssen wir stillhalten. Unendliche Ruhe überkam mich bei diesem Gedanken, mitten unter all dem furchtbaren Getümmel." Währenddessen verspürte er trotz schwerer Verletzungen keinen Schmerz. Nach dem Aufprall konnte er sich aus dem Trümmerhaufen durch ein Fenster herausarbeiten.

Das auffälligste Merkmal dieser modernen Berichte ist sicherlich ihr durchweg positiver, ja, euphorischer Charakter. Keine Hölle wird erfahren, wie wir sie aus den mittelalterlichen Berichten kennen, und statt eines Gerichts erleben die Menschen in der Moderne einen Überblick in – dem photographischen Zeitalter angemessenen – Einzelbildern, der gefolgt wird von Motiven der Entrückung. So heißt es in einem der Berichte: „Erhabene und versöhnende Gedanken beherrschten und verbanden die Einzelbilder, und eine göttliche Ruhe zog wie herrliche Musik durch meine Seele. Mehr und mehr umgab mich ein herrlich blauer Himmel mit rosigen und besonders mit zart violetten Wölklein." Denn nicht nur Verklärung, auch Versöhnung, himmlische Klänge, Friede und Herrlichkeit werden erlebt: „Sie haben der Ihrigen noch liebend gedacht, sie waren schon erhaben über körperlichen Schmerz, reine, große Gedanken, himmlische Musik, das Gefühl des Friedens und der Versöhnung beherrschte sie, sie fielen in einen blauen und rosigen, herrlichen Frieden hinein, so sanft, so weich, so selig – und dann war plötzlich alles still."[13]

◼ Nahtoderfahrungen in der Moderne

„Der Tod – mein schönstes Erlebnis" – das scheint die Tendenz zu sein, die sich in den modernen Todesnäheerfahrungen durchsetzt und in dem mündet, was wir in der Einleitung als „Standarderfahrung" kennengelernt haben.

Daß Menschen sich im Anblick des Todes vor dem Gericht sehen, verschwindet jedoch noch nicht ganz. So diskutiert der Psychoanalytiker Oskar Pfister Anfang der dreißiger Jahre den Fall eines 45jährigen Offiziers, der 1917 einen Volltreffer in seinem Schützengraben überlebte. Alle seine Kameraden starben dabei, nur er blieb unverletzt. Dieser Mann schilderte Pfister folgende vier Erinnerungen: In der ersten sieht er sich als etwa zweijähriges Kind. In der zweiten hat er das Gefühl, hinunterzustürzen. Dabei denkt er: „So bist du schon einmal gestürzt. In Wirklichkeit wurde ich aber jetzt nur durch den Luftdruck vornüber geschleudert." Und in der dritten hat er das Gefühl, er habe „etwas abzubitten, weiß aber nicht, was es sei". Dies klingt tatsächlich noch wenigstens in Andeutung nach dem Gericht, das wir schon von Platos Bericht über den Soldaten Er kennen. Der moderne Soldat jedoch macht noch eine weitere Erfahrung, die Er offenbar fremd war: „Ich fahre in der Eisenbahn oder im Auto durch eine herrliche Gegend; das Leben ist mit einem Worte schön für mich."[14]

Es ist kein Zufall, daß es ein Psychologe ist, der sich mit dem Fall des Soldaten beschäftigte. Schon mit Heims Studie setzt das wissenschaftliche Zeitalter an, was die Verarbeitung der Todesnäheerfahrung angeht. Zwar hat sich die öffentliche Meinung immer weniger mit dem Tod beschäftigt, ihn zum Tabu erklärt und auch die Todesnähe deswegen nicht sonderlich beachtet. Doch parallel dazu beginnen sich die Wissenschaften systematisch mit der Todesnähe zu befassen. Hervorzuheben ist dabei besonders die Parapsychologie, die sich 1882 in London als wissenschaftliche Vereinigung organisiert. Vor der Jahrhundertwende sind es die Sterbebettvisionen, die auf großes wissenschaftliches Interesse stoßen. Denn manche Menschen, die vor ihrem Tod Visionen haben, können vom Tod anderer Menschen berichten, obwohl sie davon keine Kenntnis haben können.

In Anlehnung an einen berühmten Fall wird in diesem Zusammenhang auch vom „Peak-in-Darien"-Phänomen gesprochen. Es handelt sich dabei um mehrere Sterbebettvisionen, die von der englischen Schriftstellerin Frances Power Cobbe vor mehr als hundert Jahren geschildert wurden.[15] In all diesen Sterbebettvisionen hatten die Sterbenden kurz vor ihrem Tod Erscheinungen, in denen sie verstorbenen Bekannten oder Verwandten begegneten. Solche Fälle werden wir auch im späteren Verlauf noch kennenlernen. Die Besonderheit dieser Erscheinungen besteht darin, daß die Sterbenden auf „gewöhnliche" Weise nicht wissen konnten, daß diese Bekannten oder Verwandten tatsächlich gestorben waren. In Anlehnung an den Titel des Buches „Peak in Darien" wurde dieses Phänomen entsprechend benannt.

Ebenso hatte die Nahtoderfahrung, der sich die Parapsychologie aber erst später zuwandte, für diese Disziplin einen besonderen Reiz: Konnte sie doch als Beweis für die Überlebens-Hypothese (mit der wir uns im 4. Kapitel beschäftigen) angesehen werden: daß Menschen sich aus ihrem Körper hinaus bewegen, ja, ihren eigenen Tod überleben können.

Wenn wir uns die Berichte in Erinnerung rufen, die wir einleitend zitiert haben, sehen wir zwar einige unverkennbare Gemeinsamkeiten. Man mag in manchen von ihnen eine Art des Lichts entdecken, wie wir es aus der Standarderfahrung kennen. Manche mögen auch der Auffassung sein, daß man bestimmte Merkmale in einigen dieser Berichte mit dem vergleichen kann, was als Tunnelerfahrung bezeichnet wird. Und die in den Nahtoderfahrungen auftretenden Wesen können durchaus auch mit dem recht ungenauen Begriff des Geistwesens belegt werden. Doch wer alle Berichte genau gelesen hat, kann mit größerem Recht behaupten, daß sie sich überhaupt nicht ähnlich sind. Zwischen Platos Beschreibungen der Jenseitserfahrungen eines griechischen Soldaten und den Erfahrungen eines modernen Bergsteigers ist der Fortgang der Geschichte kaum zu übersehen: Wo die Menschen der Moderne in eine Art romantisches Paradies geraten, haben es die Griechen noch mit einem Jenseits zu tun, das Himmel wie Hölle enthält. Und während die Alten noch die Guten von den Schlechten, die Ungerechten von den Gerechten scheiden, wird in der Moderne kaum mehr gerichtet, nicht gestraft und nicht verurteilt. Oder, wie es die amerikanische Nahtodforscherin Carol Zaleski ausdrückt: „Vorbei ist es in den modernen Überlieferungen mit dem qualvollen Tod, mit dem mitleidlosen Jüngsten Gericht, den Torturen des Fegefeuers und dem höllischen Martyrium, das die mittelalterlichen Visionen beherrscht; das moderne Jenseits ist ein vergleichsweise ansprechender Aufenthaltsort, eine Demokratie, eine Stätte kontinuierlichen Lernens und ein Garten unirdischen Entzückens."[16]

Das Jenseits dient offenbar nicht mehr dazu, die Lebenden als ständige höllische Drohung zur Disziplin anzuhalten. Es stellt die Lebenden nicht mehr vor ein Spiegelbild der Welt, das von fortwährendem Grauen, Schmerz und Elend geprägt ist. Man könnte deswegen auch vermuten, das Jenseits entledige sich der Moral. Doch sollte man mit solchen Urteilen vorsichtig sein. Eine konventionelle Straf-Moral ist in diesem Jenseits zwar nicht mehr verankert, aber ganz frei von Moral ist auch dieses Jenseits nicht.

Einen guten Hinweis darauf gibt uns der unauffällig erscheinende Wechsel der Perspektive: Während die frühen Berichte gewissermaßen aus der Distanz beobachten und berichten, was anderen geschieht, steht in den modernen die Person im Vordergrund, die die Todesnäheerfahrung macht. Und während das Jenseits eines mittelalterlichen Mönches wie Wetti oder des Bauern Gottschalk aus einer Gemeinschaft besteht, die ihre diesseitige dörfliche oder klösterliche Umwelt im Jenseits quasi fortsetzt, sterben die Modernen in einer individuellen Welt: Einige den Betroffenen sehr Nahestehende mögen zwar auftreten, doch kann das Jenseits ohne Mitmenschen auskommen. Es dreht sich um die einzelne Person. Das Individuum ist das Zentrum, um das sich nicht nur das Leben dreht, sondern auch das Leben nach dem Tod. Dieser Wechsel der Perspektive ist deswegen schwer zu erkennen, weil sich die modernen Nahtoderfahrungen – im Vergleich mit den historischen Fällen – durch ein weiteres, sehr viel augenfälligeres Merkmal auszeichnen: Sie erscheinen in höchstem Maße abstrakt. An die Stelle konkreter Szenerien treten abstrakte Formen, die von der Besonderheit der Personen stärker absehen. Keine Kollegen und keine Teufel, kein Heiliger und keine Richter treten mehr auf. Vielmehr werden Licht, Tunnel, Lichtwesen oder ein Hochgefühl sondergleichen wahrgenommen. Gerade in dieser Abstraktheit aber sind diese Erfahrungen auch besonders modern. Vergliche man sie mit Entwicklungen in der bildenden Kunst, so könnte man fast sagen: Hieronymus Bosch wird durch die abstrakte Malerei ersetzt.

Auch und gerade wenn wir uns auf die wirklichen Erlebnisse in der Nähe des Todes beschränken: Ihr historischer Vergleich zeigt, daß Menschen keineswegs immer dasselbe erlebten, wenn sie dem Tode ins Auge blicken. Um in der Einschätzung des Phänomens sicherzugehen, sollten wir nun auch die Erfahrungen von Menschen in Betracht ziehen, die in anderen Kulturen leben.

3 ◼ Das erlebte Jenseits der anderen: Todesnäheerfahrungen im Kulturvergleich

Viele sind der Auffassung, die Nahtoderfahrung gebe uns Hinweise darauf, wie es im Jenseits – oder wenigstens an der Schwelle zum Jenseits – aussieht, und sie versuchen, die Nahtoderfahrungen der verschiedensten Menschen zu vergleichen. Die beim Vergleich erkennbaren gemeinsamen Elemente, über die diese Menschen aus der Nähe des Todes berichten, werden dann als Merkmale des Jenseits angesehen. Angesichts der Unterschiede, die wir im letzten Kapitel kennengelernt haben, wirft eine solche Annahme aber Zweifel auf. Gibt es zwischen den Erfahrungen des Soldaten Er und denen des Admirals Beaufort überhaupt gemeinsame Elemente? Und wenn ja: Erfahren wir vielleicht Ähnliches, weil wir dasselbe kulturelle Erbe teilen? Weil wir alle Plato, Hieronymus Bosch und die Göttliche Komödie kennen – oder weil deren geistesgeschichtliche Wirkung wenigstens alles beeinflußt, was wir als selbstverständlich betrachten? Um dies zu klären, müssen wir uns nur anderen Kulturen zuwenden, die unsere Tradition nicht teilen. Wenn auch die Erfahrungen von Menschen, die mit ganz anderen Vorstellungen der Welt, des Jenseits und des Todes aufgewachsen sind, Ähnlichkeiten mit denen in unserer Kultur aufweisen, dann könnte man doch vermuten, daß es sich dabei um Merkmale des Jenseits handelt – oder zumindest um Erlebnisse, die alle Menschen machen, wenn sie mit dem Tod in Berührung kommen.

Die Völkerkunde beschäftigt sich mit diesen Fragen schon seit geraumer Zeit, und so verfügen wir tatsächlich über eine stattliche Zahl von Berichten. Wenn wir aber von Kulturvergleich reden, sollten wir uns freilich im klaren darüber sein, daß diese ganz anderen Kulturen, von denen die Völkerkundler noch vor wenigen Jahrzehnten berichteten, heute im Grunde nicht mehr bestehen. Hatte schon die christliche Missionierung auf viele dieser Kulturen in geistlicher Hinsicht gewirkt, so machte das Abendland während der Kolonialisierung seinen kulturellen Einfluß mit Hilfe von Macht und Gewalt geltend. Eine vielleicht noch größere Veränderung aber haben die modernen Kommunikationsmittel und der Tourismus zur Folge: Der sprichwörtliche Fernseher findet sich nun auch im Tipi, und es wundert heute nicht mehr, wenn Touristen an der Kachina-Zeremonie der Hopi-Indianer teilnehmen oder Yanomami-Indios aus dem Regenwald in deutschen Fernsehshows auftreten. So wie wir beim Erzählen ein historisches Präsens kennen, also Vergangenes in der grammatischen Form der Gegenwart schildern, redet die Völkerkunde deswegen vom ethnographischen Präsens: Wir sprechen über die anderen Kulturen zwar in der Gegenwartsform, als bestünden sie noch in ihrer Eigenheit, in Wahrheit aber sind die Besonderheiten, die für jede Kultur so eigentümlich sind, weniger deutlich oder gar nicht mehr sichtbar.

Neben dem Problem der Durchmischung der verschiedenen Kulturen stellt sich dem Kulturvergleich von Nahtoderfahrungen noch eine zweite Schwierigkeit in den Weg. Zwar hat die Völkerkunde schon seit ihren Anfängen die Jenseitsvorstellungen der unterschiedlichsten Ethnien sehr detailliert untersucht. Allerdings gilt auch hier, was wir schon zu den literarischen Schilderungen des Jenseits gesagt haben: Jenseitsvorstellungen *können* auf Nahtoderfahrungen zurückgehen, müssen es aber nicht. Sie können beispielsweise auf Metaphern und Analogien beruhen, die in der jeweiligen Landessprache angelegt sind und ausgebaut werden, wenn Vorstellungen des Unsichtbaren formuliert werden müssen. Sie können auf dem Interesse von Magiern, Zauberern und Priestern beruhen, die ihre eigenen Glaubensüberzeugungen sozusagen im Jenseits verankern wollen. Sie können ferner zur Sicherung der Vorherrschaft etwa von Familienclans dienen, die mit einer Jenseitsreise ihre enge Verbindung mit den Göttern nachzuweisen versuchen.

Ein drittes Problem sollte nicht unerwähnt bleiben: Auch wenn viele behaupten, daß Nahtoderfahrungen universell seien, so verfügen wir doch nur über Berichte aus einer verhältnismäßig kleinen und überschaubaren Zahl an (immerhin recht verschiedenen) Kulturen. Angesichts des Umstands, daß es auf der Erde insgesamt (noch) mehrere tausend Kulturen geben dürfte, handelt es sich um eine faktisch so kleine Zahl, daß man auf die Frage, ob Todeserfahrungen in *allen* Kulturen auftreten, nur mit einem bescheidenen Schweigen antworten kann.

■ Schamanistische Jenseitsreisen

Im Unterschied zu literarischen Jenseitsreisen handelt es sich bei der Nahtoderfahrung um etwas, was am eigenen Leib erlebt wird. Doch gerade wenn wir einen Kulturvergleich anstreben, läßt sich die Abgrenzung der Todesnäheerfahrung nicht mehr ganz scharf vornehmen. Denn ähnliche Erfahrungen werden in vielen Kulturen gemacht, ohne daß von Nahtoderfahrungen die Rede ist: Hexen, Zauberer und auch Priester berichten von Ausflügen ins Jenseits, ohne daß dies jedoch in einem direkten Zusammenhang mit dem Tod stehen muß. Innerhalb der Nahtodesforschung werden jedoch besonders die Schamanen hervorgehoben. Kenneth Ring vertritt sogar ausdrücklich die Auffassung, die Nahtoderfahrung sei eine schamanische Erfahrung und die davon Betroffenen daher regelrechte moderne Schamanen.[1]

Der Grund für diese seine Annahme mag darin liegen, daß der Schamanismus eine „archaische Ekstasetechnik" ist – wie es der rumänische Religionswissenschaftler Mircea Eliade formuliert.[2] Als eine Form der Religion, die hauptsächlich in Mittel- und Nordasien, aber auch in Teilen Ost- und Südasiens sowie in Mittel- und Südamerika auftritt, wird der Schamanismus von Personen – Frauen wie Männern – betrieben, die sich durch besondere Fähigkeiten auszeichnen: Wenn sie initiiert werden oder Krankheiten ihrer Mitmenschen behandeln, können sich Schamanen in eine außergewöhnliche Trance versetzen, in der sie eine Jenseitsreise antreten. Sie gehen davon aus, daß Krankheit durch den Verlust einer Seele verursacht wird. Deshalb versuchen sie, die verlorene Seele wieder ausfindig zu machen. Der Körper bleibt zwar dort, wo die anderen sind, doch steigt die Seele der Schamanen in den Himmel auf (in manchen Fällen auch in die Tiefe des Erdinnern hinunter), und sie durchleben all die Begleiterscheinungen einer Reise. Daß sie „unterwegs" sind, können ihre Mitmenschen nur an ihren Verhaltensweisen ablesen, die sie während der Trance an den Tag legen. Diese Verhaltensweisen sind zuweilen sehr dramatisch – und sie weisen Begleiterscheinungen auf, die eine gewisse Verbindung zum Tod haben. So berichtet der schwedische Anthropologe Hultkrantz über einen nordamerikanischen Medizinmann: „Der in ekstatische Träume versunkene Medizinmann scheint tot zu sein, bewegt sich nicht und zeigt alle Anzeichen eines Atemstillstandes."[3] Und die Schamanen der Inuit-Eskimos erzeugen zur Initiation z. B. Visionen von Skeletten, um sich gegen den Tod abzuhärten.

Schamanen sind also Experten für Jenseitsreisen, die nicht als literarische Visionen auftreten, sondern – wie die

Nahtoderfahrung – am eigenen Leib erfahren werden. Sie durchleben eine „ekstatische" Reise ins Jenseits, die vielleicht das Paradebeispiel für eine „Außerkörperlichkeitserfahrung" ist. Damit enden freilich auch die Parallelen. Denn Schamanen führen diese ekstatischen Zustände – zum Zwecke der Heilung oder zur Überwindung der Todesangst – bewußt herbei.[4] Im Unterschied dazu wird die Nahtoderfahrung, auf die wir uns in diesem Buch konzentrieren, den Betroffenen durch die damit verbundenen dramatischen gesundheitlichen Einbrüche auferlegt und von ihnen erlitten. Ein Vergleich zwischen Nahtoderfahrung und Schamanismus mag deswegen zwar nützlich sein. Doch sollten wir darüber nicht die Fälle von Nahtoderfahrungen übersehen, die auch in anderen Kulturen auftreten, ohne daß Schamanismus im Spiel ist.

■ Indianische Nahtoderfahrungen in der Traumzeit

Indianische Kulturen stoßen im Abendland seit langem auf ein großes Interesse. Während jedoch Exotik und Andersheit lange Zeit dieses Interesse motivierten, blickt man seit einigen Jahrzehnten auf die Indianer, um ihre besondere Spiritualität zu erkunden: Ihre intime und ganzheitlich gelebte Verbindung mit der Natur, ihre Fähigkeit zur Erfassung einer umfassenderen Wirklichkeit als die, die uns das wissenschaftliche Weltbild lehrt, und ihre tiefe Moralität, die Handeln im Einklang mit der Natur erlaubt. Als exemplarisch für dieses Bild indianischer Kulturen gelten die Hopi, ein kleiner, in Arizona lebender Pueblo-Indianerstamm, der für seine besondere Friedfertigkeit, für seinen eigenwilligen Mangel an sprachlichen Zeitkategorien und für die Orientierung am Sein (wie Erich Fromms Charakterisierung lautet) berühmt ist.[5]

Aus dieser Kultur stammt einer der ältesten und detailliertesten Berichte über eine Nahtoderfahrung, die uns von nordamerikanischen Indianern bekannt sind. Erzählt ist er vom Hopi-Indianer Talayesva, als Teil einer ausführlichen Biographie, die kurz nach der Jahrhundertwende aufgezeichnet wurde. Talayesva sieht plötzlich einen großen Menschen in Tanzrock und Schärpe an seinem Bett stehen, der sich als sein Schutzgeist entpuppt. Talayesva fühlt sich mit einem Mal gesund und stark. Er hat den Eindruck, als schwebe er mit dem Wind aus der Tür hinaus in Richtung des nächsten Gebirges. Dort sieht er seine Mutter, die seinem Vater die Haare kämmt. Doch sie reagieren nicht auf ihn, genausowenig wie sein Großvater. Er schwebt weiter und erreicht einen prächtigen Treppenbau, dessen Glocken im ganzen Gebirge widerhallen. Als das Läuten stärker wird, entdeckt er einen gehörnten, mit Wildleder bekleideten Mann: Es ist ein ehemaliger Häuptling, dessen Aufgabe darin besteht, die guten Menschen auf die glatte Straße zu weisen und die schlechten auf den holprigen Weg. Traurige Gestalten kämpfen sich auf dem Pfad vorwärts, von ihrer Last erdrückt. Stachlige Kakteen sitzen an ihren empfindlichen Körperstellen fest. Talayesva aber wird auf einen breiten Weg gewiesen, der zu einer Hochebene führt. Wie ein Pfeil schießt er hinauf und erblickt dort eine Blumenwiese und Narren, die wie Tiere bemalt sind. Die bemerken, daß sein Schutzgeist ihn noch bewacht. Darauf schwebt er zurück. Unterwegs wird ihm die Hölle gezeigt: Menschen werden in flammende Gruben gestoßen und verwandeln sich in Käfer, die am Grunde der Grube hausen. Talayesva bewegt sich wieder in Richtung seiner Krankenstatt. Als er dort ankommt, hört er plötzlich, wie jemand sagt: „Sein Puls schlägt." Als er später wieder zu sich kommt, bemerkt er überrascht, daß seine Verwandten schon alle Vorbereitungen für seine Beerdigung getroffen haben.

Wie die genaueren Beschreibungen zeigen, ähnelt das Jenseits sehr der Landschaft, in der dieser Hopi-Indianer lebte. Auch die Architektur und die Menschen stammen von den Hopis. Andere Züge dieser Beschreibungen erinnern an einige der Beschreibungen, die wir aus dem Abendland kennen: das Motiv des Gerichts, dem wir in Ägyptern begegnet sind, die zwei Wege, die auch Platon beschrieben hat, das grausame Schicksal mancher Stammesgenossen, das uns eher an den mittelalterlichen Bauern Gottschalk gemahnt. Ungeachtet dieser Parallelen und Unterschiede, ist es bezeichnend für die spirituelle Einstellung der Hopi, daß dieser Bericht keineswegs als eine durch Krankheit verursachte geistige Verwirrung betrachtet wurde. Talayesva galt vielmehr als jemand, der tatsächlich das Reich der Toten gesehen hat. Und so wurde seine Erzählung auch von anderen aufgenommen und ehrfurchtsvoll weitererzählt.

Dies trifft auch auf den Bericht zu, der einige Jahrzehnte später vom amerikanischen Anthropologen Hallowell in den vierziger Jahren dokumentiert wird. Im Jahr 1932 hatte er sechs Monate bei den Salteaux-Indianern verbracht, die in Kanada nahe des Winnipegsees leben.[6] Unter den Salteaux sind Nahtoderfahrungen nicht selten. Im Unterschied zu einfachen Träumen werden diese Erfahrungen aber als wahrhaftige Reisen in das „Geisterland" angesehen. Der indianische Erzähler berichtet Hallowell von einem Stammesmitglied: „Ich sah einen Mann, der tot war und zwei Tage dalag. Er hat mir erzählt, was er erlebt hat. Er spürte nie Schmerz. Er dachte, er würde schlafen gehen. ‚Plötzlich', sagte er, ‚merkte ich, wie ich auf einem guten Weg ging. Ich folgte ihm und kam zu einem Wigwam. Dort sah ich einen alten Mann. Er fragte mich: ‚Was tust du hier?' Ich sagte ihm, ich ginge hier entlang. – ‚Du hältst besser an und ißt etwas', sagte er. Ich sagte ihm, ich hätte keinen Hunger, und ging wieder los. Er begleitete mich. ‚Ich zeige dir, wo deine Eltern sind', sagte er.

Während wir gingen, sahen wir plötzlich einen ganzen Haufen Wigwams. So weit ich sehen konnte – lauter Wigwams. Der alte Mann zeigte auf eines. ‚Dahin gehst du‘, sagte er, ‚da leben dein Vater und deine Mutter.‘

Ich ging also dorthin. Im Wigwam fand ich meinen Vater. Er schüttelte mir die Hände und küßte mich. Meine Mutter war nicht da. Bald aber kam sie herein und begrüßte mich auf dieselbe Weise. Sie befragten mich über die Menschen auf der Erde. Sie wollten auch etwas über ihre Freunde erfahren. Ich berichtete ihnen, daß sie nicht krank seien. Dann wurde mir etwas zu essen angeboten. Aber ich konnte nicht essen. Bei einigen Leuten, die mich besuchen kamen, wuchs Moos auf ihrer Stirn. Sie waren schon vor Jahren gestorben.

Während ich sprach, hörte ich vier Schläge einer Trommel. Sie waren sehr schwach, und ich konnte sie gerade noch hören, denn sie waren so entfernt. Plötzlich dachte ich ans Zurückgehen. Ich gedachte meiner Kinder, die ich zurückgelassen hatte. Ich ging aus dem Wigwam, ohne meinen Eltern etwas zu sagen. Ich ging denselben Weg wieder zurück, den ich vorhin gegangen war. Als ich zum Wigwam des alten Mannes kam, war er nicht da. Ich ging weiter auf dem Weg. Dann hörte ich, wie jemand mich rief. Ich konnte die Stimme kaum hören und nicht erkennen, von wem sie war. Dann wurde die Stimme klarer. Ich wußte, daß ich näher kam. Als ich noch näher kam, konnte ich meine Frau und meine Kinder weinen hören. Dann wurde ich bewußtlos. Ich hörte nichts mehr.

Als ich meine Augen aufmachte, war es heller Tag. Doch das Tageslicht hier ist nicht so hell wie in dem Land, das ich besuchte. Ich hatte zwei Tage gelegen. Aber ich hatte in dieser Zeit viel Weg zurückgelegt. Man braucht nicht um seine Lieben zu trauern, denn sie befinden sich an einem guten Ort. Es geht ihnen dort gut. Deswegen erzähle ich allen, sich nicht vor dem Sterben zu fürchten.“

So bekannt uns viele Aspekte der Geschichte anmuten –
die Wanderung, der Führer, das Treffen auf Verwandte und
die Helligkeit –, handelt es sich in vielen Merkmalen unübersehbar um eine spezifisch indianische Erfahrung. Zu den
Odjibwa gehören auch die Salteaux-Indianer, von denen das
eben erzählte und auch das folgende Beispiel von einem an-
geschossenen Odjibwa-Häuptling vom Anfang des 19. Jahrhundert stammt. Dieser macht zuerst eine Außerkörperlichkeitserfahrung (OBE), dann reist er durch eine dunkle Leere.
Doch bleibt es nicht bei diesen beiden Elementen, die wir
schon aus anderen Nahtoderfahrungen kennen. Denn im Jenseits trifft er zudem auf zwei sehr indianische Wesen: einen
Mokassin bzw. eine flachköpfige Schlange und einen Kriegs-
adler.[7]

Die Hopi teilen mit den Salteaux-Indianern eine spirituelle Weltsicht, die der Völkerkundler Hans-Peter Duerr mit
dem Begriff der Traumzeit charakterisiert. „Für die Salteaux
wurden gewisse wichtige Ereignisse nicht auf einer Skala von
Zeitpunkten eingeordnet. Sie waren nicht vorher oder nach-
her. Man könnte eher sagen, daß diese Indianer sich auf
‚Löcher‘ in der Zeit, auf Zeitloses zu- oder von ihm wegbe-
wegten. Die Zeit, die während dieser Bewegung verlief,
wurde nicht gezählt, etwa in Tagen und dergleichen, und es
ist auch nicht zutreffend zu sagen, diese Zeit sei eine Spanne
zwischen wiederkehrenden Ereignissen gewesen. Vielmehr
kamen die Indianer immer wieder auf dasselbe ‚Zeitloch‘ zu
und entfernten sich von ihm."[8] In ein solches Weltbild fügt
sich die Nahtoderfahrung gut ein.

Im Süden Amerikas sind solche Zeugnisse selten. Dort
fand Gomez-Jeria einen einzigen Todesnähebericht, und zwar
bei den Mapuche-Indianern, die vor allem in der Provinz
Cautin in Chile ansässig sind. Demnach galt der alte Indianer
Fermin bei seiner Familie zwei Tage lang als tot. Als er doch
wieder erwachte, berichtete er, er sei in einer ganz anderen

Welt gewesen. Er habe alle seine Bekannten, seine eigenen Eltern, seine Kinder, seine Frau und viele Kinder, die er nicht kannte, getroffen. Er sei auch auf einen deutschen Herrn gestoßen, der dicke Bücher las und darin schrieb. Als ihn der Deutsche sah, fragte er, was er wolle. „Ich folge meinem Sohn", sagte der alte Man. „Wie heißt er?" fragte der deutsche Herr. „Francisco Leufuhue", antwortete er. Darauf rief der Deutsche die Wache und befahl ihr, Francisco zu benachrichtigen. Nachdem er durch mehrere Tore gegangen war, stieß Fermin auf seinen Sohn, der ihm berichtete, seine Zeit sei noch nicht gekommen. „Wenn die Zeit kommt, gehe ich auf die andere Seite des Hauses und schaue nach dir. Dann wirst du kommen. Jetzt aber geh." Als er zurückkehrte, berichtete er seiner Frau, er sei zu einem Vulkan gegangen. „Ich habe alle die Toten darin gesehen. Ich war bei meinem Sohn und bei meinen Großeltern. Sie sind alle beisammen und sehr glücklich. Sie warten auf mich, aber es ist noch nicht Zeit für mich."[9]

Auch hier spielt die besondere Kultur und Gesellschaft derer, mit denen der Verstorbene lebte, eine große Rolle im Jenseits. Es ist nicht verwunderlich, daß in dieser Erzählung auch ein Deutscher auftritt: Die Mapuche lebten in einem Gebiet, in das seit der Mitte des letzten Jahrhunderts viele Deutsche eingewandert waren. Und weil die Deutschen wie Kolonialherren auftraten, nehmen sie offenbar in der Nahtoderfahrung die Rolle des Richters ein.

▧ Australien und Melanesien

Ganze Erdteile bilden weiße Flecken auf der Landkarte der Nahtodesforschung. Afrikanische Berichte etwa sind kaum auszumachen. Wurden schon im Süden Amerikas Berichte nur sehr punktuell gesammelt, so müssen wir uns von der einen Seite des Pazifik auf seine andere Seite begeben, um die nächsten Fälle zu finden. Aus Melanesien etwa sind uns einige Interviews über Todesnäheerfahrungen überliefert. So erzählt ein Angehöriger der Kaliai-Volksgruppe im Jahre 1981 die folgende Geschichte: Seine Verwandten hatten ihn für tot erklärt und die Bestattungsfeierlichkeiten vorbereitet. Während dieser Vorbereitungen brach nun eine Frau aus demselben Dorf zusammen und starb auf dem Dorfplatz. Sie wurde am selben Tag begraben.

Es ist diese Frau, die der wieder zum Leben zurückkehrende Andrew in seinem Todesnähebericht erwähnt:

„Am Tag, als ich starb, war ich sehr krank und schlief in meinem Haus. Ich starb am Mittag und kam um sechs Uhr am Abend zurück zum Leben. Als ich starb, war da eine Frau, die noch nicht gestorben war. Sie kochte Essen und verteilte es. Als ich aber starb, traf mein Geist den ihren am Weg.

Als ich starb, war es sehr dunkel. Ich ging durch ein Blumenfeld, und als ich herauskam, war wieder alles klar. Ich ging weiter und kam an eine Abzweigung, an der zwei Männer standen, jeder an einem Weg. Jeder befahl mir, seinem Weg zu folgen. Da ich keine Zeit hatte, darüber nachzudenken, folgte ich einem von ihnen.

Der Mann nahm mich bei der Hand, und wir betraten ein Dorf. Dort fanden wir eine lange Leiter, die in ein Haus führte. Wir bestiegen die Leiter, aber als wir oben ankamen, hörten wir eine Stimme sagen: ,Deine Zeit ist noch nicht gekommen. Bleib da. Ich schicke ein paar Leute, die dich zurückbringen sollen.' Ich hörte die Stimme, aber ich konnte weder das Gesicht noch den Körper sehen. Ich ging herum, um ihn zu sehen, aber ich konnte es nicht. Aber ich sah die tote Frau, die ich am Weg getroffen hatte. Ich wollte ihr zurufen: ,He, komm zurück!', doch ich konnte es nicht, denn das Haus drehte sich im Kreis. Ich konnte den Mann nicht sehen, der zu mir sprach, aber ich sah die Kinder über den Fenstern und Türen. Als ich herumging und alles zu sehen versuchte, hielten sie mich und brachten mich die Treppen hinunter. Ich wollte zurück in das Haus, aber ich konnte nicht, weil es sich drehte, und ich erkannte, daß es nicht auf Pfählen stand. Es hing einfach in der Luft und drehte sich, als wäre es an einer Achse befestigt. (...)

Ich wollte zurück, aber es gab keinen Weg, dem ich folgen konnte. Da sprach die Stimme: ‚Laßt ihn gehen.' Dann gab es einen Lichtstrahl, und ich lief auf ihm. Ich ging die Treppen hinunter, als ich mich umdrehte, sah ich nichts als Wald. (...) So ging ich auf dem Lichtstrahl wie auf einem schmalen Pfad durch einen Wald. Ich kam zu meinem Haus zurück und erzählte meinem Vater über meine Erfahrung, da er nicht wußte, was passiert war. Ich starb am Mittag und kam um sechs abends zurück. Ich war lange um dieses Haus gelaufen, bevor sie mich zurückgeschickt hatten."

Obwohl diese Geschichte aus einem sehr entlegenen Teil der Welt stammt, trägt sie nicht nur die Züge ihrer eigenen Kultur. Daß auch Elemente aus der westlichen Tradition vorkommen, ist freilich nicht verwunderlich, da Teile des Gebietes zu der Zeit katholisch missioniert wurden, als sich das Geschilderte ereignete.

Vielleicht ist es auf diesen westlichen Einfluß zurückzuführen, daß in einem anderen melanesischen Bericht ein Lebensrückblick als Teil der Nahtoderfahrung vorkommt, wie wir ihn ja schon aus den Berichten der schweizerischen Bergsteiger (im letzten Kapitel) kennen. Allerdings ist in keinem der melanesischen Berichte vom Tunnel die Rede. Vor dem Hintergrund dessen, was wir über den Schamanismus gehört haben, mag noch etwas anderes überraschen. Niemand hatte das Heraustreten aus dem Körper erfahren, das so gerne als Indiz für die Trennung von Leib und Seele angesehen wird.[10]

In Berichten über australische Ureinwohner bzw. „Aborigines" finden sich immer wieder verschiedene Versionen einer Todesnäheerfahrung. Die folgende Geschichte ist in ihrer Originalfassung allerdings ungewöhnlich lang und kann deswegen nur sehr gerafft wiedergegeben werden: Yawalngura war mit seinen zwei Frauen beim Schildkröteneiersuchen. Er aß einige Eier, legte sich dann hin und „starb". Später kehrten die Frauen von ihrer Suche zurück und fanden ihn tot. Sie brachten seinen Körper ins Lager und bauten ein Totengerüst. Danach kehrte Yawalngura zum Leben zurück und berichtete, daß er das Land der Toten kennengelernt habe. Er hatte ein Kanu gebaut, um dorthin reisen zu können. Er legte ab und reiste mehrere Tage und Nächte. Dann erreichte er eine Insel, wo er die traditionellen Geister (den Schildkrötenmännergeist) und Tote traf, die erkannten, daß er lebendig war. Deswegen mußte er zurückkehren. Die Geister tanzten für ihn und gaben ihm Geschenke, wie etwa ein Morgensternemblem und Süßkartoffeln. Yawalngura erzählte allen von seiner phantastischen Reise. Zwei oder drei Tage später aber starb er wieder, nur dieses Mal für immer.

Auffällig an dieser Geschichte ist, daß sie nicht in der „Traumzeit" angesiedelt ist, die für australische Ureinwohner so typische Wirklichkeit ist und die wir auch schon von den Salteaux-Indianern her kennen. In dieser Zeit mischen sich Traum und Wachzustand, geträumte und alltägliche Wirklichkeit. Die Ureinwohner berichten über wirkliche Geschichten von Menschen, die das Land der Toten besuchen. Dieses Land ähnelt jedoch nicht dem abendländischen Totenreich, sondern ist, wie an dem Bericht deutlich wurde, mit den Elementen der eigenen kulturellen Mythologie bestückt.[11]

■ Mormonen in Amerika

Wie schon angedeutet, stammen viele der geschilderten Fälle aus Kulturen, über die wir nur noch im ethnographischen Präsens reden können. Mittlerweile sind sie Teil einer globalisierten Kultur geworden, was auch zu einer stärkeren Durchmischung der charakteristischen Eigenheiten geführt hat. Manche befürchten fast, es komme zu einer Auflösung der einzelnen Kulturen. Andererseits müssen wir nicht immer bis ans Ende der Welt reisen, um auf Fremdes zu treffen. Es gibt auch eigenständige Kulturen in den westlichen Gesellschaften, die vielen von uns nicht vertraut oder nicht zugänglich sind. Eine dieser Kulturen haben wir schon im letzten Kapitel kennengelernt: die „Kirche Jesu Christi der Heiligen der Letzten Tage", kurz: die Mormonen. Für uns ist sie von besonderem Interesse, weil sie großen Wert auf die Nahtoderfahrung legt. Aus diesem Grunde verfügen wir auch über eine große Zahl von Berichten. Tatsächlich ist sogar Betty Eadie, deren (von einem Journalisten mitverfaßtes) Buch über ihre eigene Nahtoderfahrung innerhalb von zwei Jahren weltweit fünf Millionen Mal verkauft wurde, eine Mormonin. Sie ist beileibe nicht die einzige.

Eine andere Mormonin wurde im Jahre 1976 bei einem Autounfall schwer verletzt. Sie sah sich einen steilen Abhang hinauf an verschiedenen Menschen vorbeigehen. Eine in Weiß gekleidete Dame sagte ihr, sie müsse in ihren Körper zurückkehren, da der Krankenwagen komme. Sie erwiderte, daß sie tot sei und daß es etwas zu spät sei für den Krankenwagen. Da wurde ihr bedeutet, daß sie noch einiges zu tun habe und daß sie später Anweisungen bekommen werde. Man befahl ihr, in ihren Körper zurückzukehren. Als sie zurückging, sah sie ihren Körper am Boden neben ihrem Auto. Um sie herum standen eine Menge Leute. Dann betrat ihr Geist wieder ihren Körper, und sie kam zu Bewußtsein.

Die Mormonin erlebt in diesem Bericht das, was wir schon im ersten Kapitel als OBE kennengelernt haben: Sie verläßt ihren Körper. Allerdings schwebt sie nicht über sich, sondern bewegt und äußert sich weiterhin ebenso selbstverständlich wie eine Lebende. Spezifischer für die Mormonen dürfte der autoritäre Ton sein, mit dem sie von den Geistwesen angesprochen wird. Im Unterschied jedoch zu den historischen Berichten der Todesnähe aus dem Mormonen-Umfeld, in denen man sich im Jenseits mit verstorbenen Familienmitgliedern wiedervereint und weiterarbeitet, wo Regierungsgebäude stehen und wo auch der Begründer der Kirche, Joseph Smith, auftritt, ähnelt der Typus dieser Erfahrung schon deutlicher dem, was wir in der Einleitung als Standard-Modell kennengelernt haben: Auf die Überzeugung zu sterben folgt eine OBE; dann hat die betroffene Person den Eindruck, durch einen Tunnel zu gehen, trifft auf andere, oft schon Verstorbene, betritt eine (häufig lichtdurchflutete) überirdische Welt und sieht ihre eigene Vergangenheit in einem panoramaartigen Rückblick.

Das wird noch deutlicher in einem weiteren Bericht, der auf eine Erfahrung im Jahr 1972 zurückgeht. Eine Mormonin war ebenfalls bei einem Autounfall schwer verletzt worden. Sie erinnerte sich, daß sie das Gefühl hatte, ihr Körper falle aus dem Bett. Dann ging sie durch eine Art Tunnel, der sie an ein dunkles Treppenhaus erinnerte. Als sie das Ende des Tunnels erreichte, spürte sie einen Zwang, zurückzukehren, doch sie konnte dem Gefühl des Fallens oder Getriebenwerdens nicht widerstehen. Sie dachte bei sich: Jetzt sterbe ich, und sah sich selbst aus einer anderen Perspektive.[12]

Die Erfahrung dieser Mormonin ähnelt weniger denen, die ihre Glaubensbrüder- und schwestern hundert Jahre davor gemacht hatten. Sie erinnert vielmehr an die typischen Erfahrungen von Licht, Tunnel, OBE usw., die wir von ihren amerikanischen Zeitgenossinnen berichten. Diese wiederum, so wird häufig behauptet, weisen große Gemeinsamkeiten mit Nahtoderfahrungen aus einer ganz anderen Kultur auf. Es handelt sich um das „tibetanische Totenbuch", Bardo Thödol (tibetisch: Bar-do'i-thos-grol).

■ Das tibetanische Totenbuch

Auch beim tibetanischen Totenbuch handelt es sich um eine alte Quelle: Einige nehmen an, es sei im 8. Jahrhundert von einem buddhistischen Mönch verfaßt worden, der als Inkarnation Buddhas angesehen wurde. Andere vermuten, daß es aus dem 14. Jahrhundert stammt. Das Buch war lange Zeit verschollen. Bekannt wurde es erst wieder vor wenigen Jahrzehnten, als es über Indien, angelsächsische Übersetzungen und einen Kommentar C. G. Jungs den Westen erreichte – auch im geistigen Sinne. Denn gerade amerikanische Forschung sah in diesem Buch die Bestätigung für ihre Vermutung, die Nahtoderfahrung sei universal: Das, was moderne Menschen in Todesnähe erleben, gehöre zum Weisheitswissen der Menschheit, wie es im tibetanischen Totenbuch enthalten sei. Schon deswegen mag es nützlich sein, sich damit kurz zu beschäftigen.

Tatsächlich handelt es sich beim Bardo Thödol nicht um Berichte, sondern gewissermaßen um Anleitungen für Sterbende: Geistliche Führer, also Mönche, Nonnen oder auch qualifizierte Laien, lesen den Sterbenden daraus vor, damit sie wissen, wie sie die bevorstehenden Visionen zu interpretieren haben. Das Bardo Thödol ist also kein Bericht über eine Todesnäheerfahrung, sondern sozusagen ein liturgischer Text, der das Sterben rituell begleitet. Zugleich aber enthält er eine Reihe von Aussagen über die Visionen, die im Prozeß des Sterbens auftreten können. Noch mehr: Er entwickelt auch sehr konkrete Vorstellungen, wie sich dieser Prozeß abspielt.

„Bardo" nämlich bezeichnet genau diesen Prozeß, also den Zwischenzustand. Der Begriff bezieht sich keineswegs nur auf den Tod. Es gibt auch ein Bardo der Geburt, der Träume, der Meditiation – insgesamt existieren sechs verschiedene solcher Zwischenzustände. Drei davon treten beim Tod auf. Der Zwischenzustand, der vor dem Tod eintritt, wird durch ein helles Licht – das klare Urlicht – eingeleitet. Wer dem Licht folgt, erlangt die sofortige Befreiung. Im Augenblick vor dem Tod ziehen sich die Lebenskräfte zusammen und treten aus dem Körper aus: „Je nach dem guten oder schlechter Karma, das einer hat, flieht die Lebenskraft entweder in den rechten oder linken Nerv und tritt durch irgendeine Öffnung des Körpers aus. Darauf folgt eine helle Geistesverfassung ... Wenn das Bewußtseinsprinzip (aus dem Körper) heraustritt, sagt es zu sich selbst: ‚Bin ich tot oder bin ich nicht tot?' Es kann es nicht bestimmen. Es sieht seine Verwandten und Angehörigen, wie es zuvor gewohnt war, sie zu sehen. Es hört sogar die Wehklagen."[13]

Wie dieser kurze Auszug schon zeigt, kennt das tibetanische Totenbuch die Lichterfahrung und die OBE, bei der die um den verstorbenen Körper Versammelten aus einer Beobachterperspektive wahrgenommen werden. Weil es schließlich auch das Treffen mit Verstorbenen enthält, die der Seele aus dem Diesseits bekannt sind, ist es verständlich, daß auf die Ähnlichkeiten von modernen Nahtoderfahrungen mit „Visionen und Beobachtungen des tibetischen Textes" hingewiesen wird.[14]

Doch sollten wir vorsichtig sein: Diese Ähnlichkeit bleibt oberflächlich, denn die eigentlichen Visionen setzen erst mit dem zweiten Bardo ein, in den derjenige gerät, der dem Licht nicht folgt. Das tibetanische Totenbuch nennt diese Visionen Trugbilder. (Es ist übrigens die Aufgabe des geistlichen Führers, den Sterbenden davor zu warnen, damit er sich nicht von diesen Trugbildern täuschen läßt.)

Betrachten wir uns diese Trugbilder etwas genauer: Zunächst nimmt der Sterbende seine Umgebung noch wahr. Zugleich aber nimmt er eine andere Welt wahr, die ihm Angst und Schrecken einjagt. Unter rollendem Donner trifft er auf eine Reihe von Erscheinungen: verschiedene Buddhas, Lichter in wechselnden Farben, Pretas, also kleine hungrige Geister mit winzigen Mündern. Je länger es geht, um so schreckeinflößender werden die Gestalten. Die versammelten Gottheiten haben nun auf der Unterlippe beißende Zähne, glasige Augen, riesige Bäuche und dünne Hälse, sie schlürfen Gehirne aus und reißen die Köpfe von den Körpern und die Eingeweide aus den Bäuchen heraus. Wenn der Sterbende die Täuschungen nicht erkennt und ignoriert, daß er tot ist, trifft er zunächst auf Bekannte und Verwandte und wird dann einem unangenehmen Totengericht ausgesetzt: Mit dem Strick um den Hals wird der Gestorbene vor den Totengott gezerrt.

Zwar erkennen wir hier wieder das Gericht, von dem auch in den griechischen und christlichen Berichten die Rede war. Und wie bei den westlichen Standarderfahrungen vom Tunnel, so wird auch hier von einer dunklen Leere gesprochen, die die Sterbenden betreten, von einer natürlichen Landschaft, die farben- und sogar blumenreich und lichtdurchflutet ist, und von einem Palast oder einer Stadt in der anderen Welt und Geistern. Der Totengott aber heißt Yama, bei den Buddhas handelt es sich um Vairochana, den im Tibet und in Japan vorkommenden Sonnenbuddha und um mehrere Meditationsbuddhas, und bei den Geistern handelt es sich um Pretas, wie wir sie möglicherweise von Bildern aus Indien her kennen. Die Unterschiede sind noch zahlreicher: Tibetische Buddhisten sehen kein goldenes, sondern klares Licht, das sie im übrigen nicht anzieht. Himmlische Musik spielt keine Rolle, und während in den westlichen Nahtoderfahrungen im Jenseits angeblich geistige Führer auftreten, bleiben die tibetanischen Seelen im Jenseits alleine.[15]

■ China

Wie wir an den jüngeren mormonischen Erfahrungsberichten sehen konnten, sind diese klassischen tibetanischen Vorstellungen heute im Westen sehr verbreitet. Ganz anders sieht es dagegen in China aus. Denn durch den Einfluß des Kommunismus herrscht dort schon seit Jahrzehnten eine materialistische Kultur, die vehement bestreitet, daß es ein Jenseits gibt – und natürlich auch, daß ein solches erfahrbar sei. In der chinesischen Geschichte allerdings haben Nahtoderfahrungen eine lange Tradition. So untersuchte der Sinologe Carl Becker die Biographien dreier schon vor langer Zeit verstorbener chinesischer Mönche, die Todesnäheerfahrungen bzw. Totenbettvisionen hatten. Ein Ergebnis: In keinem der Berichte war von einer Tunnelerfahrung die Rede, und auch Außerkörperlichkeitserfahrungen oder Lebenspanoramen wurden nicht genannt. Dagegen begegneten alle drei religiösen Figuren in übernatürlichen Umgebungen.[16]

Um uns ein Bild von den Nahtoderfahrungen im alten taoistischen China zu machen, können wir auf einen Bericht zurückgreifen, der von Du Xie, dem Gouverneur einer chinesischen Provinz, aus dem 4. Jahrhundert nach Christus stammt. Du Xie war vergiftet worden, konnte jedoch von seinem taoistischen Meister Dong Feng wiederbelebt werden. Einige Tage nach der Wiederbelebung berichtete er ihm von seinen Erlebnissen: „Als ich starb, war es plötzlich, als hätte ich einen Traum. Ich sah ein Dutzend schwarzgekleideter Männer auf mich zukommen und mich auf einen Karren laden. Wir fuhren los, in ein großes rotes Tor hinein, das wir durchfuhren, um mich in ein Gefängnis zu bringen. Alle Verliese hatten eine Tür. Jede Tür hatte gerade genug Platz, um nur eine Person durchzulassen. Sie taten mich hinein und versiegelten das Gefängnis von außen mit Erde, so daß ich kein Licht von außen sehen konnte. Plötzlich hörte ich draußen Männerstimmen, die sagten: ‚Taiyi [das große Eins, eine Gottheit] hatte Boten gesandt, um Du Xie vorzuladen.‘ Ich hörte auch, wie sie die Erde, die die Tür verschloß, weggruben. Nach einer Weile wurde ich herausgezogen, und ich sah drei Männer auf einem Pferdewagen mit einem roten Baldachin. Der Älteste trat mit einem Bericht in der Hand ein und rief: ‚Xie, geh auf den Wagen!‘ Sie führten mich zurück, und als ich das Tor erreichte, wachte ich auf.“[17]

Ganz offenkundig stehen hier die höllischen Elemente im Vordergrund. Und dabei spielen auch die spezifischen kulturellen Eigenheiten eine Rolle. Das chinesische Wort für Hölle nämlich lautet „Erdgefängnis“, und diese Metapher scheint auch die Nahtoderfahrung Du Xies entscheidend zu prägen: Er findet sich in Verliesen wieder, die mit Erde bedeckt werden.

Während diese Erfahrung in der klassischen chinesischen Tradition als redliche Erkenntnis transzendenter Wirklichkeiten angesehen wurde, galt die Nahtoderfahrung im kommunistischen China häufig als bloße Einbildung – reduzierbar auf das Opium der Religion oder andere Quellen der Täuschung. Dieser Einfluß der materialistischen Weltanschauung auf die gesellschaftliche Anerkennung der Nahtoderfahrung wird uns auch noch beschäftigen, wenn wir den Unterschied zwischen Ost- und Westdeutschland behandeln. Was China angeht, steht uns eine Umfrage zur Verfügung, die der australische Völkerkundler Kellehear bei Chinesen und im Kontrast dazu bei weißen Nordamerikanern durchgeführt hat.[18] Die Unterschiede sind beachtlich: So betrachtet über die Hälfte der amerikanischen Befragten (58 %) die Nahtoderfahrung als Beleg für ein Leben nach dem Tod – in China sind es ganze 9 %. Dagegen wird sie von ebenso vielen Chinesen (58 %) als Halluzination oder als Traum eingestuft, und 5 % sind sogar der Auffassung, sie bezeichne den Beginn einer Geisteskrankheit. Der gesellschaftlich herrschende Materialismus bewirkt also offenbar, daß die Menschen Erfahrungen gewissermaßen als Fehlleistungen des Gehirns und der Seele ansehen, die in pluralistischen Gesellschaften als Fingerzeige einer anderen Wirklichkeit, als Ausdruck einer spirituellen Beziehung mit der selbsterlebten Transzendenz gelten.

Trotz des im heutigen China bestimmenden Materialismus treten dort auch heute noch Nahtoderfahrungen auf. Leider teilen die Forscher selten die ausführlicheren Berichte mit, die die Betroffenen selbst formulieren, sondern beschränken sich meist auf statistische Zahlenangaben. In einer anderen Untersuchung befragte der schon erwähnte australische Anthropologe Kellehear mit seiner Forschungsgruppe die Chinesen und Chinesinnen nach den Inhalten ihrer Nahtoderfahrungen.[19] Die Ergebnisse stützten nach Ansicht dieser Wissenschaftler die Annahme, daß die chinesischen Erfahrungen denen sehr ähneln, die wir aus dem Westen kennen. Diese Interpretation verwundert allerdings nicht sonderlich, denn abgefragt wurden diejenigen Merkmale, die den Forschern mit Blick auf die Standarderfahrung bedeutsam erschienen.

Genauere Informationen vermittelt eine chinesische Untersuchung. Die beiden Physiker Zhi-ying und Jian-xun führten 81 Interviews mit Menschen, die das gewaltige Erdbeben im Jahre 1976 überlebt hatten, bei dem viele Menschen umkamen. Dabei setzten sie einen Fragebogen ein, den sie aus amerikanischen Veröffentlichungen übernahmen. Folgerichtig erhielten die Forscher Resultate, die den amerikanischen entsprachen: Sie enthielten Motive wie Außerkörperlichkeit, Tunnel, Friedfertigkeit, Lebenspanoramen usw. Im Unterschied zu diesen vorgegebenen Antwortmöglichkeiten hatten sie ihre Befragung aber offen angelegt, so daß die Befragten auch andere Angaben machen konnten als die, die im Fragebogen vorgegeben waren. Das verblüffende Ergebnis: Die befragten Chinesen und Chinesinnen gaben an, daß sie den Eindruck hatten, die Erde sei ausgelöscht worden. Andere fühlten sich schwerelos, wieder andere nahmen eigenartige Gerüche wahr. Einige der Befragten meinten gar, eine andere Person geworden zu sein. Vorherrschend war bei vielen daneben das Gefühl, fremd im eigenen Körper zu sein, so als ob er jemand anderem gehöre.

Diese Merkmale, so schließen die beiden chinesischen Forscher zu Recht, unterscheiden sich nicht nur von dem, was wir aus dem Westen kennen. Sie sind so einzigartig und spezifisch für ihre Kultur, daß sie sich auch gegen die Nahtoderfahrungen der an China angrenzenden indischen hinduistisch geprägten Kultur abgrenzen.[20]

■ Indien – auf der Kuh in den Himmel

Eine der umfassendsten Untersuchungen der Nahtoderfahrung wurde von den beiden Parapsychologen Karlis Osis aus Lettland und dem Isländer Erlendur Haraldsson in Indien unternommen. Sie führten Hunderte von Interviews durch, allerdings nicht mit den Betroffenen, die von solchen Erfahrungen berichten konnten, sondern mit Angestellten indischer Krankenhäuser über ihre Erfahrungen mit Sterbenden.[21] Dabei stießen sie in 64 Fällen auf Todesnäheerfahrungen. Sie bemerkten zwar eine Reihe von Unterschieden zwischen den indischen und amerikanischen Erfahrungen, betonten aber die Gemeinsamkeiten ebenso. In ihren Berichten war von Außerkörperlichkeitserfahrungen die Rede, wobei jedoch bedacht werden muß, daß diese Berichte nicht von den Betroffenen, sondern von Außenstehenden stammen. (Eine besonders auffällige Folge dieses Zugangs ist, daß in den Berichten behauptet wird, die Betroffenen sprächen während ihrer Erfahrung laut mit den Anwesenden, insbesondere mit dem interviewten Pflegepersonal. Üblicherweise nämlich erscheinen Nahtoderfahrende für die Umstehenden als bewußtlos und können mit den Anwesenden während der Erfahrung nicht kommunizieren. Die Behauptung gründet vermutlich im Versuch der Befragten, ihren Aussagen das Gewicht des Authentischen zu verleihen.)

Vor nicht allzu langer Zeit führten die Nahtodforscher Pasricha und Stevenson ebenfalls in Indien eine Reihe von Interviews durch. Die Berichte waren äußerst vielgestaltig, doch war der spezifisch indische Einschlag kaum zu übersehen. Ein Patient, der schon bewußtlos war und zu sterben schien, kam wieder zu Bewußtsein. Er berichtete dann, daß er von Boten in weißer Kleidung abgeholt worden und an einen schönen Ort gebracht worden sei. Dort sah er einen Mann in weißer Kleidung, der ein Rechnungsbuch hielt. Dieser sagte zu den Boten, sie hätten den Falschen gebracht, und er müsse zurückgehen, obwohl er bleiben wollte. Dann befahl er, den Patienten zurückzubringen.

Es verwundert nicht, daß in einem Land, das für seine Bürokratie und Buchhaltung bekannt ist, ein Buchhalter über das letzte Schicksal entscheidet. Dabei steht dieser Patient keineswegs allein. Ähnlich erging es einem Inder namens Chhajju Bania, damals Mitte dreißig, der im Jahre 1975 so schweres Fieber hatte, daß seine Verwandten schon seine Verbrennung vorbereiteten. Allerdings genas er wieder, und er berichtete dann, daß er von vier schwarzen Boten abgeholt worden sei. Sie nahmen ihn und setzten ihn neben Gott. Sein Körper war sehr klein geworden. Auch eine ältere Dame saß da, die einen kleinen Stift in der Hand hatte. Vor ihr standen ein paar Buchhalter, die einen Stapel Bücher vor sich liegen hatten. Chhajju Bania wurde aufgerufen, und einer der Buchhalter sagte: „Wir wollen Chhajju Bania – den Händler – nicht, wir wollen einen anderen Chhajju, nämlich Chhajju Kumhar, den Töpfer. Nehmt diesen zurück und bringt den anderen Mann. Er, Bania, hat noch etwas Leben übrig." Der aber bat die Buchhalter, ihm etwas Arbeit zu geben, ihn aber nicht zurückzuschicken. Doch trotz seiner Bitten wurde er hinuntergestoßen – und überlebte.[22]

Auch hier sind die jenseitigen Wesen als bürokratisch und stümperhaft charakterisiert. Doch handelt es sich bei den Bürokraten keineswegs um das einzige wiederkehrende spezifisch indische Motiv. Ein berühmtes Beispiel aus der Untersuchung von Osis und Haraldsson ist die Geschichte einer Dame, die auf eine Penizillinspritze so schwer allergisch reagierte, daß sie das Bewußtsein verlor. Als sie wieder zu sich kam, erzählte sie, „daß ein religiöses Wesen zu ihr gekommen sei und sie aufgefordert hätte, es zu begleiten. Sie wurde auf einer Kuh in den Himmel gebracht. Der Weg dorthin war schön geschmückt. Sie gelangte an einen Ort, an dem viele Menschen versammelt waren. Dort entdeckten sie, daß sie die Falsche war. Sie wurde auf dieselbe Art zur Erde zurückgebracht. Sie erzählte diese Geschichte ein paar Minuten, nachdem sie das Bewußtsein wiedererlangt hatte." Auch hier kommt es zu einem „Justizirrtum", in dessen Folge die Dame wieder zurückgeschickt wird. Doch berühmt ist dieses Beispiel, weil die Dame auf einer Kuh in den Himmel gebracht wird, während in einem vergleichbaren Fall ein amerikanischer Betroffener aus New York die Vision hat, mit einem gelben Taxi dorthin zu fahren. Denn gerade der Vergleich dieser beiden Beispiele macht deutlich, daß Nahtoderfahrungen sehr unterschiedliche Merkmale aufweisen. (Erstaunlicherweise ziehen Osis und Haraldsson einen anderen Schluß daraus: Im Kern seien die Nahtoderfahrungen über die Kulturen hinweg gleich. Am Ende stünden alle vor einem „wohlwollenden Herrscher mit einer Aura der Heiligkeit um sich".)

Indessen sind die Unterschiede der indischen zu den westlichen „Standarderfahrungen" nicht gering – ganz zu schweigen von den anderen Erfahrungen, von denen wir im nächsten Kapitel hören werden. Es treten andere Wesen auf, und häufig kommt es zu einem „Irrtum", der als Grund für die Rückkehr erscheint. Dabei entscheidet oft eine Person, die Papier oder ein Buch in der Hand hält. Wie in den chinesischen fehlen in den indischen Berichten Außerkörperlichkeitserfahrungen. Tunnelerfahrungen sind selten, und die Empfindung eines Panoramas, bei denen das bisherige Leben wie in einem Rückblick erscheint, treten zwar auf, doch werden hier zumeist die Lebenstaten von jemandem verlesen; ein Motiv, das auf eine traditionelle hinduistische Vorstellung zurückgeht.

Osis und Haraldsson sprechen ausdrücklich davon, daß sie einen Vergleich zwischen indischen und „westlichen" Erfahrungen angestellt haben. Dabei unterstellen sie wie selbstverständlich, daß die nordamerikanischen ohnehin identisch seien mit den Nahtoderfahrungen, die in Europa gemacht werden. Aber können wir diese Ansicht wirklich teilen, daß auch die Europäer genau dieselben Erfahrungen machen wie Nordamerikaner? Oder ähneln die Todesnäheerfahrungen von Deutschen eher denen anderer Kulturen?

4 ▪ Blumenwiesen und Sensenmänner: Nahtodberichte aus dem deutschen Sprachraum

Als ich vor einigen Jahren begann, mich mit dem Phänomen zu beschäftigen, hatte ich selbst keine eigenen Erfahrungen mit Todesnäheerlebnissen. Wie viele andere hatte ich jedoch davon gehört: Ein Freund, der als Pfleger in einem Krankenhaus arbeitet, erzählte einmal von einem merkwürdigen Vorfall mit einer Patientin. Diese habe ihn in einer stillen Minute zur Seite gezogen und gefragt, ob er eine Erklärung für das habe, was ihr zugestoßen sei: Bei dem Autounfall, bei dem sie verletzt worden war, hatte sie auf einmal das Gefühl, sie schwebe. Dann hatte sie sich selbst von oben gesehen – und auch die Rettungskräfte und Ärzte, die sie aus ihrem zerquetschten Auto befreiten. Mein Freund wußte keinen Rat. Doch immerhin hatte ich nun zum ersten Mal davon gehört, daß es solche „Erfahrungen" gab. Mein Interesse war geweckt, und ich stieß bald auf die bekannte Literatur und die dort vorherrschende These, daß die Nahtoderfahrung im Kern immer dieselbe Form annimmt.

Während der weiteren intensiven Beschäftigung mit dem Thema ist mir immer klarer geworden: Wer sich mit den Inhalten beschäftigt, muß auf das eingehen, was ich eingangs als Mythos der Standarderfahrung bezeichnet habe. Rufen wir sie uns – und zwar dieses Mal am Beispiel des Musters von Raymond Moody – noch einmal ins Gedächtnis: Demnach beginnt die Nahtoderfahrung damit, daß die betroffene Person wahrnimmt, daß sie tot sei. (Etwa indem sie die Ärzte hört, die den klinischen Tod feststellen.) Darauf folgt ein *Geräusch* sowie das, was gemeinhin auch als *Tunnelerfahrung* bezeichnet wird. Danach bewegt sie sich aus dem physischen Körper hinaus, so daß sie ihren eigenen Körper beobachten kann. Dieses Phänomen der *Außerkörperlichkeitserfahrung* gehört ebenso dazu wie die *Begegnung mit anderen Wesen*, wobei es sich um bereits verstorbene Verwandte und Freunde oder um „Lichtwesen" handeln kann. Das eigene Leben wird bewertet in einem visuell wahrgenommenen *Lebensrückblick*, der auch als *Panorama* auftreten oder als eine Art Lebensfilm ablaufen kann. Die sterbende Person spürt auch, wie sie sich einer *Schranke* oder Grenze nähert, stellt jedoch fest, daß der Zeitpunkt ihres Todes noch nicht gekommen ist. Der erfahrene Zustand wird von außerordentlichen *Hochgefühlen der Freude, des Friedens und des Glücks* begleitet. Deswegen sträubt sich die betroffene Person auch gegen die Rückkehr, muß jedoch trotz ihres Widerstandes in ihren Körper zurückkehren und weiterleben.

Wir sollten uns auch in Erinnerung rufen, daß es sich bei der Beschreibung dieser Standarderfahrung um eine Übersetzung aus dem Amerikanischen handelt. Das ist keineswegs unwichtig. Nicht nur Moody, auch die Menschen, von deren Erfahrungen er berichtet, sind ja Amerikaner und Amerikanerinnen. Weil die Texte ins Deutsche übersetzt waren, schien dies allerdings wenigen aufzufallen. Ich selbst habe längere Zeit in den Vereinigten Staaten gelebt und ihre Eigentümlichkeiten ebenso wie ihre faszinierenden Besonderheiten kennengelernt. Was mich als Europäer dort vor allem verblüffte, war die tiefsitzende Religiosität in diesem riesigen Land. Im Vergleich dazu erscheinen Deutschland, die Schweiz oder Österreich als geradezu gottlos. In den Vereinigten Staaten glauben vergleichsweise viel mehr Menschen an Gott, den Heiligen Geist und die Wiederauferstehung.

Und weitaus mehr Menschen gehen dort regelmäßig zur Kirche und verfolgen auch im privaten Raum religiöse Aktivitäten. Zweifelsohne spiegelt sich das in ihrem Verständnis der Nahtoderfahrung wider, die unbestritten als eine Form der religiösen Erfahrung angesehen wird.

Wie wir gesehen haben, wird die Nahtoderfahrung in der abendländischen Tradition schon seit dem frühen Mittelalter als religiös, ja, als zutiefst christlich verstanden. Das gilt noch für fast alle Berichte der Bergsteiger, die Heim gegen Ende des letzten Jahrhunderts in seinem erwähnten Bericht untersucht hatte. Wie aber steht es damit heutzutage im deutschsprachigen Raum? Hier haben die Gesellschaften sich – wie einige andere in Europa – weiter von der Religion entfernt als der Rest der Welt. Die Frage mußte noch grundsätzlicher gestellt werden. Denn wer die bisherige Forschung über Nahtoderfahrung kennt, stellt bald fest, daß fast ausschließlich Beispiele aus dem angelsächsischen Sprachraum angeführt werden. Wie sehen die Nahtoderfahrungen bei uns überhaupt aus? Gibt es mehr Menschen mit solchen Erfahrungen als die, die im Fernsehen darüber berichten?

Vor diesem Hintergrund beschloß ich, auf eigene Faust zu suchen. Es hat lange gedauert, bis ich Menschen fand, die bereit waren, darüber zu sprechen. Darunter waren etwa Bekannte, an die ich verwiesen wurde, nachdem ich mit Freunden über das Thema gesprochen hatte. Die meisten aber waren mir völlig unbekannte Personen, die sich auf eine Anzeige hin gemeldet hatten. Der Hinweis auf den deutschsprachigen Raum, der in der Überschrift anklingt, muß mit gewissen Vorbehalten gelesen werden. Denn die meisten der persönlich geführten Interviews fanden im tiefen Süden Deutschlands statt, genauer: im südbadischen Raum und in der deutschen Schweiz. (Darunter befanden sich auch Menschen, die aus dem Osten und dem Norden Deutschlands stammen. Leider konnte ich kein Interview mit einem Österreicher oder einer Österreicherin führen, aber es ist nicht zu vermuten, daß die Nahtoderfahrungen dort völlig anders ausfallen als die, über die hier berichtet wird.[1]

Wären die Erfahrungen in allen Kulturen im Kerne gleich, dann sollte die geographische Besonderheit keine große Rolle spielen. Es dürfte auch keinen Unterschied machen, ob ich mit den Menschen im Süden oder im Norden, im Osten oder im Westen des deutschsprachigen Raumes rede: Ein großer Irrtum, wie sich in diesem und im nächsten Kapitel herausstellen wird! Auch soziale Merkmale sollten übrigens nach der gängigen Meinung keine Rolle dabei spielen, ob jemand Nahtoderfahrungen macht. Entsprechend unterschiedlich waren die Menschen, denen ich begegnete: Ich sprach mit älteren Damen, die vor Energie nur so sprühten, mit berufstätigen Männern und Frauen, mit Arbeitslosen und Hausfrauen, mit sehr alten und jungen Menschen, mit Künstlerinnen, Musikern und Wissenschaftlerinnen ebenso wie mit Hilfsarbeitern, Bäuerinnen und einer ehemaligen Magd.

Ich nahm zunächst – sozusagen als Forschungshypothese – an, daß alle diese Erfahrungen ein gleiches Muster aufweisen. Doch je mehr Gespräche ich führte, um so mehr geriet diese Meinung ins Wanken: Nicht nur, daß ich von einem Interview zum nächsten kaum mehr Gemeinsamkeiten wahrnehmen konnte. In der Vielfalt dessen, wovon die Menschen berichteten, waren selbst Ähnlichkeiten nur in mühsamer Kleinarbeit auszumachen. Im folgenden Kapitel kommen einige der Betroffenen, mit denen ich gesprochen habe, selbst zu Wort. Aus Platzgründen können nur Auszüge aus einigen der Interviews wiedergegeben werden. Einen Teil von ihnen werde ich – um der besseren Lesbarkeit willen – paraphrasieren. Es sind Auszüge ausgewählt, die mir exemplarisch für diese Berichte erscheinen. Wenn ich die unterschiedlichen Erfahrungen im folgenden nach Typen einordne, will ich die Betroffenen keineswegs in „Schubladen" stecken. Das soll vielmehr einer gewissen Ordnung und Übersichtlichkeit beim Lesen dienen.

Zunächst wenden wir uns einem ausführlichen Bericht zu, der eine Reihe der verschiedensten Elemente enthält, die in den Erzählungen über Nahtoderfahrungen auftreten. Dann werden wir die einzelnen Typen betrachten.

■ Frau Maiers Sturz

Bei der ausführlichen Darstellung der Nahtoderfahrung der Frau Maier verwende ich – wie in allen folgenden Fällen – ein Pseudonym[2]. Frau Maier ist eine ältere Dame, die ein bewegtes Leben hinter sich hat. Sie hatte zuletzt als Lehrerin gearbeitet, war nun aber seit langem pensioniert. Es mag als besondere Ironie erscheinen, daß sie Religion unterrichtet hat, da sie heute ihr Nahtoderlebnis (über dessen Bedeutung sie sich erst im Laufe der sechziger Jahre klarwurde) als einen wesentlichen Grund dafür sieht, daß sie sich von der kirchlichen Religion abkehrte. Bevor sie Lehrerin wurde, hatte sie lange Jahre im Ausland verbracht. Auch während des Krieges arbeitete sie fern ihrer Heimat als Hausmädchen auf einem Bauernhof. Während dieser Zeit will sie eines Tages einen Bekannten auf einem recht weit entfernten Hof besuchen und darf auf dem Pferd dorthin reiten. Während des Ritts bemerkt sie eine sehr große Müdigkeit. Mehr weiß sie nicht mehr. Sie spürt auch nicht mehr, wie sie vom Pferd fällt und sich am Schädel verletzt. Denn ihr wird es im selben Moment sehr dunkel vor Augen. Sie erwacht einmal kurz, spürt starke Schmerzen am Kopf. Dann, in der Dämmerung, sieht sie ein längliches Zimmer auf einem Bauernhof, das dem Zimmer gleicht, in dem sie zu der Zeit untergebracht ist. Nur der Schrank steht an einer anderen Stelle, und an der Wand hängt plötzlich ein großes Bild, auf dem ein Schutzengel abgebildet ist, der ein kleines Kind auf einer zerstörten Brücke über einen Wildbach führt – ein Bild, das nie in diesem Zimmer hing. Es wird wieder dunkel.

Als sie beim nächsten Mal erwacht, sieht sie einen Körper auf einem Auto liegen. Der Körper liegt auf der Pritsche des Wagens. Neben ihm sieht sie eine Milchkanne und eine andere Person. Dann sieht sie den Bauern in einem roten Auto näher kommen. Das Auto wirkt auf sie wie ein roter Marienkäfer, der durchs Gras hopst, denn sie beobachtet alles aus einer recht großen Höhe. Von dort oben sieht sie auch, wie der Bauer aussteigt und sie berührt. Sie selbst ist nämlich die Person, die sie auf der Pritsche neben der Milchkanne gesehen hatte. Der Bauer hebt ihre Augenlider hoch. „Ach", denkt sie bei sich, „hast du aber komische Augen. Man sieht ja gar keine Iris, sondern nur den weißen Augapfel." Der andere klopft sogar auf ihre Augen. „Was denkt der sich eigentlich?" entrüstet sie sich noch, als sie ihn plötzlich sagen hört: „Sie ist tot." Mit bewußter Entschiedenheit jedoch lehnt sie sich dagegen auf, läßt sich ganz langsam herunter und legt sich in ihren Körper hinein, auf eine Weise, wie man sich einen Anzug anzieht. Nachdem sie in ihrem Körper ist, wird es wieder dunkel, die Erinnerung bricht ab.

Als sie erneut erwacht, sieht sie ein in Weiß gekleidetes Wesen. Kein Geistwesen, wie sie zuerst denkt, sondern eine Krankenschwester. Sie versteht, daß sie gerade im Krankenhaus langsam zu sich kommt. Was allerdings tatsächlich passiert war, hatte sie vergessen. Erst später erfährt sie, daß sie vom Pferd gestürzt und mit dem Kopf auf einen Stein gefallen war. Woran sie sich allerdings erinnerte, war diese außergewöhnliche Erfahrung.

Handelt es sich um eine Todesnäheerfahrung? Das von Frau Maier beschriebene Zimmer mag in seiner Gewöhnlichkeit gar nicht in das Bild einer solchen Erfahrung passen. Ganz im Unterschied zu der von ihr begeistert geschilderten zweiten Episode, die einer geradezu klassischen OBE entspricht: Sie scheint über ihrem Körper zu schweben und sieht ihn von oben. Dennoch ist Frau Maier sich lange selbst nicht sicher, ob sie in der Nähe des Todes war. Immerhin liegt die Episode Jahrzehnte zurück, in den dreißiger Jahren, und in Frau Maiers Augen schien damals niemand zu wissen, daß es überhaupt solche Erfahrungen gibt. Zwar bleibt ihr diese Erfahrung für lange Jahre unauslöschlich und in aller Lebendigkeit im Gedächtnis, doch sie tut sie mit den starken Schmerzmitteln ab, die ihr damals verabreicht wurden. Als die ersten Herztransplantationen in den sechziger Jahren durchgeführt werden, hörte sie, daß es noch weitere Menschen gibt, die diese Erfahrungen gemacht haben. Damals wurde ihr klar, daß ihre Erfahrung kein durch Drogen verursachtes Trugbild war, sondern daß sie sich, wie sie selbst sagt, im Vorraum des Todes befunden hatte.

Ganz sicher aber ist sie sich erst, als sie – Jahrzehnte später – eine zweite Nahtoderfahrung macht: Als sie gemeinsam mit ihrem Sohn und einer Reisegruppe eine Fabrik im Ausland besichtigt, erleidet sie einen Kreislaufkollaps. Ihr Herz bleibt stehen. Eine anwesende Ärztin erklärt sie sogar für tot. Doch sie hört davon nichts. Sie geht an einer Mauer entlang auf eine Tür zu. Was sie dann wahrnimmt, ist ein überirdischer Geruch, der zu herrlich ist, als daß er beschrieben werden könnte. Hinterher hat sie ihn dennoch zu beschreiben versucht: Es war, als ob Himbeeren, Erdbeeren, Jasmin und alle süßen Düfte mit einem pikanten Säuregeschmack und etwas Ätherischem zusammengemischt würden. Als sie wider Erwarten die Augen aufschlägt, vermutet sie, die Ärztin habe ihr das duftende Elixier unter die Nase gehalten. Das jedoch stellt sich als Irrtum heraus. Den himmlischen Geruch hatte nur sie wahrgenommen, und nicht die Ärztin oder ihr Sohn. Trotzdem war sie sicher, daß es sich um keine Halluzination handelte. Diese Sicherheit teilt sie mit den meisten, die eine Nahtoderfahrung gemacht haben. Woher aber nehmen diese Menschen solche Sicherheit?

■ OBE und „reale" paranormale Erfahrungen

Schon das Beispiel Frau Maiers zeigt: Sie ist keineswegs von ähnlichen Erfahrungen anderer darauf gebracht worden, das was sie erlebt hat, als Nahtoderfahrung zu bezeichnen. Ganz im Gegenteil weiß sie, daß ihre Erfahrung einzigartig war: Sie allein hat den Geruch wahrgenommen. Ihre Sicherheit wurzelt in der Art und Weise der Erfahrung. Wie alle anderen bemerkt sie zwar die Ähnlichkeit zu Träumen: Hier wie da sind es bildhafte Erscheinungen, die das Bewußtsein in einem besonderen, scheinbar nicht wachen Zustand wahrnimmt. Bewußte körperliche Kommunikation mit anwesenden anderen Menschen ist während dieser Zeit unmöglich. Aber – wie übrigens alle anderen befragten Personen – betont auch sie den grundlegenden Unterschied dieser Erfahrung zu Träumen: Sie mag zwar von außen bewußtlos erschienen sein, selbst aber habe sie sich in einem höchsten Maße bewußt und wach gefühlt.

Auch Frau Stab, eine lebhafte Frau im vorgerückten Alter, hatte eine Nahtoderfahrung gemacht, als sie bewußtlos im Krankenhaus lag. Sie führte ein Traumtagebuch und fragte sich daher häufig selbst, ob diese Erfahrung nur ein Traum war. Sie bestreitet das, denn dazu war die Erfahrung zu außergewöhnlich, ganz anders als ihre sonstigen Träume. Während sie, wie viele andere, ihre gewöhnlichen Träume bald wieder vergißt, bleibt die Nahtoderfahrung „für immer" und vielfach auf eine lebendige Weise im Gedächtnis. Zwar hat auch sie kein anderes Wort dafür als „realistischen Traum", doch schwärmt sie, die Nahtodeserfahrung sei unvorstellbar gewesen! Auch andere reden davon: Sie waren bei vollem Bewußtsein, die Erfahrungen waren „glasklar" und von allerhöchster Intensität. Mit anderen Worten: Die Nahtoderfahrung zeugt von einer eigenen Wirklichkeit – für diejenigen, die Zeugen eines Nahtoderlebnisses sind, kaum zu erfassen.

Für manchen Betroffenen liegt diese Wirklichkeit im christlichen Jenseits. In den Worten einer Frau: „Gott, das ist das Jüngste Gericht. Ich glaube ja nicht daran. Aber als ich zurückgekehrt war, wußte ich: Der Herrgott wollte mich nicht haben." Eine solche Einschätzung treffen freilich nur wenige: Für andere ist diese Erfahrung auf eine besondere Weise „von dieser Welt".

In manchen Todesnäheerfahrungen werden nämlich gerade die Ausschnitte der alltäglichen Wirklichkeit erfahren, die die Betroffenen mit den anderen „normal" lebenden Personen teilen. Im Unterschied etwa zu Tagträumen oder Phantasien sind das zum Beispiel die Tische, an denen wir mit anderen sitzen, die Türen, durch die wir gemeinsam gehen, oder die Worte, die wir miteinander sprechen. Man könnte sie deswegen auch als „reale Nahtoderfahrungen" bezeichnen – wenn wir uns darüber im klaren sind, daß es sich dabei um eine paradoxe Formulierung handelt. Denn während jeder Nahtoderfahrung sind die Betroffenen sozusagen außer Gefecht: Sie erscheinen bewußtlos, haben eine sehr beeinträchtigte äußere Wahrnehmung und können auch nicht kommunizieren. Weil sich die Betroffenen dennoch über die allgemein erfahrbare Realität äußern, spricht man in diesem Zusammenhang auch von „paranormalen Wahrnehmungen".

Dabei nehmen die Betroffenen etwas aus dem Blickwinkel außerhalb ihres Körpers wahr, was ihnen als Bewußtlose gar nicht zugänglich sein kann. Um beim eingangs erzählten Beispiel zu bleiben: Während Frau Maier nach ihrem Sturz bewußtlos am Boden liegt, sieht sie ja zugleich aus der Vogelperspektive außerhalb ihres Körpers ein Auto. Sie kann es genau beschreiben – obwohl sie ihre Wahrnehmung aus dem Blickwinkel, in dem ihr physischer Körper sich befindet, gar nicht machen könnte. Andere beobachten Personen (z. B. Ärzte), die sie vor der Erfahrung noch nie gesehen hatten und die sie in der Situation nicht sehen konnten (weil diese Personen den Raum nie betraten). Nachträglich aber erkennen sie diese Personen wieder, kennen sie beim Namen oder können ihr damaliges Verhalten beschreiben. Die Parapsychologie faßt solche Phänomene in dem Begriff „paranormale Wahrnehmungen" zusammen.

Eine weitere solche Erfahrung erzählt Herr Hallot aus der Zeit des Zweiten Weltkrieges. Er selbst war wegen seines jugendlichen Alters nicht im Fronteinsatz. Sein Bruder aber, der Soldat war, galt zu der Zeit als vermißt, als das folgende geschah: Herr Hallot ging mit Freundinnen zum Baden an einen Fluß. Nachdem er ins Wasser gesprungen war, geriet er in einen starken Strudel, der ihn sofort in die Tiefe riß. Mit aller Kraft versuchte er, wieder hochzukommen. Er kämpfte um sein Leben. Doch mußte er zuviel Wasser schlucken. Er verlor das Bewußtsein. „Meinen Körper konnte ich zu der Zeit nicht mehr wahrnehmen. Eine Spirale zog mich mit hoher Geschwindigkeit nach oben. Dort sah ich ein helles, wunderschönes, goldfarbenes Licht. Dazu erklang eine Melodie, die mit dem Licht zusammen eine wohltuende und glückliche Stimmung erzeugte. Im Hintergrund vernahm ich eine Stimme, die mir bekannt vorkam. Es war die Stimme meines Bruders, der zu der Zeit vermißt war. Der war Soldat, aber man wußte nicht, wo er war. Mein Bruder hat mir erzählt, daß er mit seinem Flugzeug in einen Feuerball geraten war und abgestürzt sei. Er könne deshalb auch nicht wieder zur Familie zurückkommen. Aber ich sollte wieder dahin zurückkehren, wo ich hergekommen sei. In dem Augenblick wurde es wieder dunkel um mich herum, die Spirale fing an, sich rückwärts zu drehen, und ich verspürte einen Schlag in mein Gesicht. Und dann bekam ich mein Bewußtsein wieder – am Ufer dieses Flusses."

Herr Hallot hat also eine paranormale Wahrnehmung gemacht, denn was er in seiner Nahtoderfahrung erfährt, konnte noch niemand wissen: Sein Bruder war tatsächlich mit dem Flugzeug abgestürzt und gestorben. Aber das sollte sich erst später bestätigen.

Hatte er eine Nachricht aus dem Jenseits erhalten? Und hatte Frau Maier das Auto tatsächlich von einem Punkt außerhalb ihres Körpers wahrgenommen? Im folgenden werden wir auf weitere Fälle stoßen, in denen paranormale Wahrnehmungen eine Rolle spielen. Später werden wir sehen, daß solche Wahrnehmungen eine große Bedeutung für die Theorie haben, die die Nahtoderfahrungen als Belege für die Weiterexistenz der Seele nach dem Tode ansieht. Zunächst wollen wir aber nur die Beschreibungen solcher Erfahrungen und ihre besonderen Inhalte eingehend betrachten, die sich grob in verschiedene Typen unterscheiden lassen.

Während paranormale Wahrnehmungen in den unterschiedlichsten Berichten auftreten können, zeichnet sich ein erster Typ von Nahtoderfahrungen dadurch aus, daß er eine gewisse Ähnlichkeit mit dem hat, was wir als Standarderfahrung bezeichnen.

◼ Die etwas anderen Standarderfahrungen

Die außergewöhnliche Beobachtung des eigenen Körpers aus einem höheren Blickwinkel tritt keineswegs bei jeder Nahtoderfahrung auf. Und um es vorwegzunehmen: In vielen Nahtoderfahrungen, die mir berichtet wurden, tritt kein einziges der angeblich immer wiederkehrenden Elemente auf. Natürlich gibt es aber solche Erfahrungen, wie sie Kübler-

Ross, Moody oder Ring aus den Vereinigten Staaten berichtet haben, auch bei uns. Allerdings treten sie in einer „etwas anderen" Gestalt auf, wie der Titel schon andeutet.

Damit wir uns ein Bild von der Gestalt dieser Erfahrung machen können, betrachten wir uns ein Beispiel, wie wir es auch aus Funk und Fernsehen kennen. Es stammt von Frau Schiller, einer lebhaften Hausfrau mittleren Alters. In einer Talkshow des Fernsehens erzählt sie, wie sie auf einer Landstraße in Bayern fuhr und plötzlich von einem Scheinwerfer geblendet wurde: „Ich hatte nur noch das Gefühl, daß es mich dreht wie in einem Karussell. Dann hatte ich ein Geräusch im Ohr, etwa so, wie wenn Alufolie zusammengequetscht wird. Dann kam ich zum Stehen und hatte fürchterliche Schmerzen. Ich hatte fürchterliche Erstickungsangst, da ich keine Luft mehr bekommen hatte. Ich spürte einen fürchterlichen Schmerz, weil ich mir alles dort gebrochen hatte, wo der Gurt läuft. Ich wußte dann auch, wenn ich beim nächsten Atemzug keine Luft mehr bekomme, dann ist alles vorbei. Ich bekam dann keine Luft mehr. Und dann ist es plötzlich, wie wenn Sie in einen anderen Film kommen. Es war auf einmal total ruhig. Ich hatte keine Schmerzen mehr. Ich war so leicht, und ich hab' ein wunderschönes Licht gesehen. Das war so nahe bei mir, so wunderbar, so goldfarben wie ein schöner Sonnenuntergang. Und weiter in der Ferne ist das Licht immer heller und gleißender geworden. Aber es tat den Augen nicht weh, es tat bloß wohl. Ich war in dem Licht, habe mich darauf zubewegt. Es war einfach alles wunderschön, und Sie wissen, es muß einfach so sein. Es war ein Gefühl vollendeter Harmonie.

Dann sah ich meinen Vater vor mir, und ein bißchen weiter nach hinten versetzt sah ich meinen Bruder. Die sahen beide wunderschön aus. Es ist schwer zu beschreiben, weil man die Worte so schwer finden kann. Sie waren gesund, zeitlos, so, wie ich sie aus ihren besten Tagen in Erinnerung hatte. Mein Bruder hat mich angegrinst, so wie wir uns früher immer als Kinder angegrinst haben, wenn wir einen Streich gemacht hatten. Und mein Vater hat mich angeschaut mit einem speziellen Blick, den er immer dann hatte, wenn wir als Kind nicht folgen wollten. Und er hat zu mir gesagt: ‚Schrei!' Also ich hörte seine Stimme, und da sagt er ganz streng zu mir: ‚Schrei!' Und da hab' ich angefangen zu schreien. Ich wollte eigentlich weiter in dieses Licht gehen, das war wunderschön, und ich wollte zu den beiden hin. Dann hatte ich das Gefühl, als ob ich vor mir eine unsichtbare Mauer hätte. Da konnte ich mit der größten Willensanstrengung nicht durch, obwohl ich so gerne wollte. Und dann war alles sofort weg. Alles war weg. Die Schmerzen waren wieder da. Es war dunkel. Ich hatte fürchterliche Geräusche im Ohr. Aber durch das Schreien habe ich Luft bekommen, denn ich saß im Auto und habe geschrien."[3]

Frau Schillers Erfahrung ist sicherlich typisch für viele der Fälle, die wir zu den Standarderfahrungen rechnen: Sie sieht ein Licht, das ihr ebenso wunderschön erscheint wie die gesamte Erfahrung. Sie will auf das Licht zugehen. Sie trifft auf „Geistführer". Wie auch hier (Vater, Bruder) handelt es sich oftmals um schon verstorbene Bekannte oder Verwandte. Das stellt übrigens eine moderne Eigenart dar: Erinnern wir uns daran, daß der mittelalterliche Mönch Wetti vor allem seinen Mitbrüdern begegnete, und auch der Bauer Gottschalk erkannte im Jenseits verblichene Mitglieder seines bäuerlichen Dorfes, ja, auch Städter und andere Mitglieder seiner umfassenden Lebensgemeinschaft wieder. Dagegen hat man bei vielen modernen Nahtoderfahrungen den Eindruck, als habe sich die Gesellschaft aufgelöst. Die Gemeinschaft, auf die die Betroffenen im Jenseits treffen, besteht oftmals nur noch aus wenigen Nahestehenden.

Die verwandtschaftlichen Geistführer machen nun etwas, das wir schon von den modernen indischen Nahtoderfahrungen kennen (bei denen diese Rolle, wie wir gesehen haben, häufig von Bürokraten eingenommen wird): Sie schicken die betroffene Person zurück, obwohl diese dort bleiben will, wo sie ist. Denn sie erlebt ihren Zustand als höchst angenehm, empfindet häufig ein ungewöhnliches Glücksgefühl. Dieses Motiv der erzwungenen Rückkehr hat eine Dimension, die viele Nahtoderfahrungen (nicht nur des Standardtyps) prägt: Sie hat eine symbolische, ja, man möchte sagen, allegorische Bedeutung. Sie erlebt gewissermaßen bildlich das, was sie körperlich – und oft unwillentlich – erleidet und erduldet. Im Falle von Frau Schiller führt der gewissermaßen im Jenseits vernommene Befehl zur Rückkehr dazu, daß sie ihr Leben im Diesseits rettet: Sie schreit – und beginnt dadurch wieder zu atmen.

Betrachten wir dazu den folgenden Fall, den mir Frau Schulze erzählte, die zu einer Operation im Krankenhaus war: „Ja, ich wurde operiert, und am nächsten Tag auf einmal wird's mir ganz komisch, und da habe ich dann um Hilfe geschrien. Und dann weiß ich gar nichts mehr. Zuerst ist gar nichts gewesen. Und auf einmal denk' ich: ‚Was mach' ich denn unter der Decke?' Also es war, als wenn ich unter der Decke schwebte. Ich sah mich selbst unten im Bett liegen. Ich denk', hoppla, ist das komisch. Und dann seh' ich, wie der Arzt kam, und dann kam noch mal der Professor von der inneren Abteilung, den ich noch nie gesehen habe, und die Schwestern und die Ärzte. Die haben mich dann gar nicht aus dem Zimmer rausgefahren, sondern haben da irgendwas gemacht. Das konnte ich aber nicht sehen, weil die alle mit den Köpfen da drüber waren. Ich war immer noch da oben. Na, denk' ich, was machen die bloß? Wer ist das? Und was ist da unten los? Ich hab' also nicht gewußt, was los ist. Und auf einmal hab ich das Gefühl, ich verschwinde durch irgend so 'nen Schornstein oben raus. Und dann auf einmal steh ich auf einer grünen Wiese. Und da ist so ein wunderschöner Bach dazwischen. Auch auf der andern Seite geht die Wiese weiter. Dort waren Blumen. Nur dort, wo ich stand, waren keine Blumen. Und dann seh' ich mich so um – da steht ja meine Mutter! Wieso steht die da? Die ist doch schon lange tot. Und dann winkt die mich mit der Hand weg. Das macht sie ganz langsam, drei, vier Mal. Dann hab' ich gesagt, nein, noch nicht. Und da war alles vorbei auf einmal."

Frau Schulze schildert zunächst sehr anschaulich das, was wir als OBE bezeichnen. Sie macht dabei sogar eine paranormale Erfahrung: Sie sieht einen Professor der inneren Medizin, den sie aus der Perspektive ihres physischen Körpers, der bewußtlos und mit geschlossenen Augen auf dem Operationstisch liegt, gar nicht sehen könnte. Danach bewegt sie sich wie durch einen Schornstein, was man leicht mit einer Tunnelerfahrung vergleichen könnte. Darauf folgt jedoch kein Licht, sondern – was ebenso häufig erscheint – eine arkadische, paradiesische Landschaft mit Wiesen, Blumen und einem Bach. Hier tritt sogar ein Geistwesen auf: ihre verstorbene Mutter, die sie zurückwinkt. Man möchte fast den Eindruck haben, es handle sich hier um eine stereotype Erfahrung. Aber Vorsicht ist angebracht, denn der Teufel liegt im Detail. Um dieses Detail etwa hervorzuheben, betrachten wir uns zwei weitere Fälle.

Die Erfahrung von Frau Rast weist oberflächlich sehr große Ähnlichkeiten mit der auf, die Frau Schulze machte. Frau Rast wurde mit einer Medikamentenvergiftung ins Krankenhaus eingeliefert. Als es immer schlimmer wurde, hatte sie plötzlich den Eindruck, als ob ein Licht auf sie zukomme. „Es war ganz hell. Und wie ein Bienenschwarm flogen Engel in diesem Licht. Das Licht kam langsam auf mich zu, wie wenn jemand es schieben würde. Und ich wurde gezogen. Ich sagte: ‚Das ist das Jüngste Gericht. Jetzt kommt's doch.' Und ich habe mich gefreut, daß ich mitdurfte. Ich habe geschrien, ich darf mit. Es hat mich angezogen wie ein Magnet. Ich bewegte mich auf das Licht zu, und dann lösen sich diese Engel aus dem Klumpen, dem Gewimmel, dem Schwarm. Zwei Engel. Die kommen auf mich zu, ganz groß waren sie, übergroß, weit größer als der Mensch. Schneeweiß angezogen. Ob sie Flügel hatten, weiß ich nicht mehr. Sie kamen auf mich zu und blieben etwa drei Meter vor mir stehen. Ich war in freudiger Aufregung. ‚Ich darf mit, ich darf mit, ich darf mit!‘ Und da sah ich, wie die Engel den Kopf schütteln und sagen: ‚Nein, wir dürfen dich nicht mitnehmen. Dein Kleid ist nicht sauber.‘

Ich habe geweint. Ich habe geschrien. Ich bin nach Hause, wo ich herkomme in Norddeutschland, zu meiner Mutter. Ich habe geschrien: ‚Mama, Mama, gib mir mal ein anderes Kleid, ich brauche ein anderes Kleid, die nehmen mich nicht mit.‘ Wir haben gewühlt und gesucht nach dem neuen Kleid, und wie wir nach dem Kleid suchten, gehen diese Engel auf diesen Klumpen zu, ganz langsam, wie sie gekommen sind. Das Ganze zieht sich so zurück, und die Engel gehen, und die Helligkeit geht, und es war dunkel." Als sie wieder wach wurde, war ihr zum Heulen. Sie weinte, brüllte, und sie wußte: „Wenn die Engel mich mitgenommen hätten, wäre ich jetzt tot."

Frau Rast, heute schon im Rentenalter, erinnert sich nicht ungern an diese Erfahrung, die sie – wie viele andere auch – in der Erinnerung beinahe noch einmal durchlebt. Denn die Begegnung mit den Engeln löste bei ihr eine große Wonne aus. Dabei beschreibt sie sich nicht als besonders religiös. Sie glaubte schon damals, als sie ihre Erfahrung machte, kaum mehr, was ihre Kirche lehrte. Es ist also nicht ein vorausgehender Glaube, der ihre Begegnung mit Engeln herbeigeführt hat. Frau Rast sieht kein Bild, sie durchlebt eine Situation, die aber zugleich eine weniger erquickliche Seite hat. Zwar freut sie sich sehr, daß sie ihrer schon verstorbenen Mutter begegnet. Doch sie wird zurückgeschickt. Dieses Mal ist es nicht die nahestehende verstorbene Person (wie bei Frau Schulze der Bruder und der Vater), die zur Rückkehr rät, sondern es sind die Engel.

Von Engeln war bei Frau Schulze nicht die Rede. Frau Rast hinwiederum hat keine OBE gemacht. Sie erlebt vielmehr etwas Dramenähnliches, das auch in einem Märchen – oder einem psychologisch zu deutenden Traum – stehen könnte: Die Engel befinden, ihr Kleid sei zu schmutzig, und schicken sie deswegen zurück. Und gemeinsam mit ihrer Mutter sucht sie dann ein sauberes Kleid – und findet es nicht. Auch diese Episode hat in den Augen der Betroffenen die Dimension einer gelebten Allegorie: Wäre sie in der Erfahrung mit den Engeln mitgegangen, dann hätte sie ihr Leben in dieser Welt aufgegeben. Diese symbolische Dimension der Nahtoderfahrung, die sogar häufig allegorisch in Szenarien und Episoden ausgestaltet ist, kann als ein Ausdruck der Spiritualität angesehen werden, die das Verständnis dieser Erfahrungen für die Betroffenen prägt.

Zurück zu den verschiedenen Typen: In den bisher geschilderten Fällen erkennen wir zwar durchaus Elemente eines Schemas, das in einer gewissen Regelmäßigkeit wiederkehrt. Deswegen rechnen wir die in diesem Abschnitt ausgewählten Fälle einem eigenen Typus zu. Doch zugleich ist klargeworden, wie sehr diese Erfahrungen von den individuellen Besonderheiten zehren. Ich behaupte sogar: Die Nahtoderfahrungen leben mehr von den Besonderheiten als von den Gemeinsamkeiten. Für die Fälle, die ich hier vorstelle, gilt also: *Jeder Mensch erlebt die Nähe des Todes auf seine eigene, höchst individuelle Weise.* Diese Behauptung trifft nicht nur für die etwas ungewöhnlichen Berichte zu, auf die wir später eingehen werden. Sie zeichnet auch jene aus, die eher zu den Standarderfahrungen gezählt werden.

Ausgeprägt ist diese individuelle Note auch im folgenden Fall, den Frau Handler berichtet, eine Schweizerin, die nach einem schweren Autounfall ins Krankenhaus eingeliefert wurde. Frau Handler ist eine sehr lebhafte Frau, die als Psychologin arbeitet. Ihre Lebensfreude führt sie selbst zu einem Teil auf die Erfahrung zurück, die dem Autounfall folgte. Sie wurde, so erzählt sie, von irrsinnigen Schmerzen in der Bauchhöhle gequält. „Und ich habe so im Bett gelegen und dachte: So ist es also, wenn man stirbt. Die Schmerzen wurden immer unerträglicher, sie waren kaum mehr auszuhalten. Und dann weiß ich noch, daß ich mir dachte: Ich habe ein schönes Leben gehabt, ich habe es gut geführt – so ganz selbstzufrieden und gar nicht kritisch. Nur eine Sorge hatte ich: Was passiert mit meinem Kind?"

Nachdem die Eltern und der Bruder ihr am Krankenbett versprochen hatten, daß sie sich um das Kind kümmern würden, und die Schmerzen immer unerträglicher wurden, sei sie – so ihr Bericht weiter – „abgetaucht". Dort, wo sie sich nun befand, „ging ich einen steilen Weg aufwärts, ein sandiger Weg, der das Gehen beschwerlich machte. Nach den ganzen Schmerzen, dachte ich, ist es aber sehr angenehm, auf Sand und Kiesel zu gehen. Der Weg führte nach oben. Er ähnelte mehr einer Brücke, ja einem Grat. Links und rechts unten lag Nebel. Und oben links sah ich eine Gestalt, die mich an etwas erinnerte. Woran, fragte ich mich, erinnert mich diese Gestalt? Eine große männliche Gestalt in einem weißen Kleid. Ich habe ja immer mit Begeisterung Mozarts Zauberflöte gesehen, und Sarastro mit seiner tiefen Stimme hat mich immer ungeheuer beeindruckt. Diesem Sarastro ähnelte diese Figur, und ich wunderte mich, warum er da steht. Er rührte sich nicht, und ich lief einfach auf ihn zu und habe ihn angeschaut. Da war eine unglaubliche Helligkeit, es war sagenhaft: gar kein Schmerz, totale Erlösung, sagenhafte Freiheit, raumlos, zeitlos, unvorstellbar schön. Im Leben würde man es sicher orgiastisch nennen. Und das Licht wurde immer heller, wie bei einer Explosion, so daß ich

Angst hatte, ich könnte nichts mehr sehen, doch ging es dann doch noch. Niemand sagte etwas. Und auch die Musik war phantastisch. Es war Mozart oder einfach ein A-Dur-Akkord, so, wie ihn ein Freund von mir auf der Posaune spielt. Einfach reine, wunderschöne Töne, Sphärenklänge. Ich war wie schwerelos und ging einfach weiter und dachte: Mein Gott, ist das schön. Ich habe das einfach genossen. Lange Zeit blieb das so. Ich stand da, schaute und staunte. Ich konnte mich recht gut bewegen, und ich konnte auch denken. Ich hatte die Idee, daß das nie wieder aufhört, und ich war überzeugt davon. Als ich dann wieder erwachte, standen alle Ärzte um mich herum. Ich wußte gar nicht mehr, was los ist, bis der Arzt, ein guter Freund von mir, sagte: ‚Gott sei dank!' Und dieses ‚Gottseidank' hat mich erreicht, und ich hatte in mir ein Gefühl der Kraft und Energie, ich hätte das gesamte Krankenhaus wegtragen können – obwohl ich ja nicht einmal meine Finger bewegen konnte. Aber die innerliche Energie, die so sehr im Kontrast zur äußeren stand, war so groß, ich wäre schier geplatzt."

Obwohl die Schmerzen wiederkamen und Frau Handler noch lange Zeit zur Genesung brauchte, erinnerte sie sich Jahre später an dieses Ereignis, das aus ihrem übrigen Leben herausragt. Frau Handler hat sich später noch mit anderen Menschen unterhalten, die ähnliche Erfahrungen gemacht haben. Und es ist kaum zu übersehen, daß ihre Erfahrung einige Elemente aufweist, die auch in der Standarderfahrung auftreten: Sie ist am Rande des Todes, die Schmerzen verschwinden. Sie sieht ein Licht, sie trifft auf eine Figur, die man als Geistwesen bezeichnen könnte, und sie hat ein euphorisches Glücksgefühl, das noch im wirklichen Leben nachwirkt. Aber zugleich sehen wir die Besonderheiten: Das Geistwesen gleicht Sarastro, einer Figur aus der Oper, die Frau Handler sehr liebt. Die Sphärenmusik stammt von ihrem Lieblingskomponisten Mozart, und sie erklingt auf dem Instrument eines ihrer musizierenden Freunde. Die Erfahrung trägt also sehr individuelle Züge, wie sie in keiner anderen Nahtoderfahrung zu finden sind. Wenn wir uns diese pittoreske Schilderung vor Augen halten, ist unübersehbar, daß sie den Stempel der besonderen Kultur aufweist, in der die Schweizerin Handler lebt. Der Weg, den sie geht, trägt durchaus alpine Züge: Es könnte eine Brücke sein, aber im Grunde gleicht er einem Berggrat.

■ Schreckenserfahrungen statt Höllenbilder

Bei allen Eigenheiten teilen die bisher geschilderten Erfahrungen doch gewisse Merkmale mit den Berichten, die wir aus den Vereinigten Staaten kennen: Licht spielt eine große Rolle, manchmal auch der Tunnel, Geistwesen kommen vor, und vor allen Dingen handelt es sich um als äußerst positiv empfundene Erlebnisse. In den Gesprächen mit den Betroffenen aus Süddeutschland und der Schweiz zeigte sich aber: Nahtoderfahrungen können auch höchst unangenehm und von negativen Emotionen und Bildern begleitet sein.

Die Geschichte von Frau Herz, die eine eine schwere Operation hatte, illustriert dies. Sie findet sich in ihrer Erfahrung zunächst in einem Wasserstrudel wieder und muß darum kämpfen, nicht unterzugehen. Danach verschwindet der Eindruck. Frau Herz erinnert sich an Dunkelheit. Es folgt eine andere Wahrnehmung: Sie findet sich in einem heißen Land wieder, das ihr wie Ägypten erscheint, unter lauter fremden Menschen und will schreien, kann es aber nicht. In einer weiteren Situation ist sie in Polen, wo sie im „wirklichen" Leben noch nie war. Eine Rattenplage bedroht das ganze Land und macht auch ihr angst. Daß sie furchterregend sind, ist allen Erfahrungen gemeinsam. Zuweilen werden solche Erfahrungen auch als „höllische Nahtoderfahrungen" bezeichnet.[4]

Aber mit dem Begriff „Hölle" sollten wir vorsichtig sein, denn solche Erfahrungen haben selten mit den sehr ausführlichen traditionellen Höllen-Beschreibungen zu tun.[5] Häufig wird dieser Begriff mit der Vorstellung eines Ortes, mit Räumlichkeit verbunden. Was in unseren Berichten wichtig ist, sind die negativen Emotionen. Deswegen ist es verständlich, daß sogar Frau Herz, die ja grauenvolle Situationen durchleben mußte und ihre Erfahrung mit einem greulichen Märchen vergleicht, das Wort „Hölle" nie in den Mund nimmt.

Ein weiteres, inhaltlich unterschiedenes, aber in der emotionalen Struktur vergleichbares Beispiel zeigt, daß diese Erfahrung wenig Ähnlichkeiten mit den Höllenvisionen hat, die wir aus den mittelalterlichen Berichten kennen. Frau Laub, eine Betroffene aus Thüringen, kam sich in ihrer Erfahrung in der Nähe des Todes plötzlich „wie in einen Film versetzt" vor, in dem sie sich selbst beobachten konnte. Sie sah sich als etwa zehnjähriges Kind, im Verschlag eines Kellers eingesperrt. Neben sich sah sie ihre Freundin, die ebenfalls eingesperrt war. Beide versuchten verzweifelt zu entfliehen. Doch draußen wurden sie von ihren Müttern bewacht. Erst nach langem Hin und Her erbarmte sich Frau Laubs Mutter und ließ sie heraus. Daraufhin befand sie sich im Wald. Sie sah ein Reh, das jedoch gleich verschwand. Dann tauchte eine kleine häßliche Frau auf, die einer Krake ähnelte und ihr Maul öffnete, um sie fressen. Doch Frau Laub konnte wegrennen. Auch hier kann nicht von einer „höllischen" Erfahrung im Sinn des traditionellen Bildes gesprochen werden. Auch hier steht das negative Gefühl im Zentrum: Furcht, Schrecken, Grauen.

Der Schrecken beherrscht allerdings nur wenige Nahtoderfahrungen. Neben den in der Regel sehr euphorischen Erlebnissen mit Engeln, Licht und Geistwesen gibt es einen etwas
anderen Typ von Nahtoderfahrungen, der durch eine Reihe
von Berichten schimmert. Es handelt sich hier nicht um
„höllische", ja nicht einmal um negative Berichte, die ausdrücklich Schreckliches enthielten. Und doch scheint diesen
Erfahrungen all das zu fehlen, was gemäß der herrschenden
Meinung eine Nahtoderfahrung auszeichnet. Betrachten wir
dazu ein Beispiel.

Frau Mass, eine Schweizerin, steckt in tiefen Beziehungs-
problemen. Sie greift zur Flasche und trinkt so lange, bis sie
müde wird und sich ins Bett legt. „Morgens um vier erwachte
ich. Mir war so schlecht. Ich wollte mich aus dem Bett hin-
ausbewegen, aber ich hatte die Kraft nicht mehr. Es ging berg-
abwärts mit mir. Ich merkte, daß da etwas nicht stimmt. Ich
fühlte meinen Puls nicht mehr. Meine Hände wurden kalt bis
zum Oberarm. Ich spürte nichts mehr. Da wurde mir immer
klarer, daß das das Gehen bedeuten könnte. Und da habe ich
gleich angefangen, mit mir selbst ins klare zu kommen. Ich
habe ganz bewußt im Geiste von meinen Freunden und Bekannten Abschied genommen. Ich habe die mir bildlich vorgestellt, und sie waren einfach da, bei mir. Ich habe mit ihnen
gesprochen, und das haben auch die Bewohner in meinem
Haus gehört. Die haben fremde Stimmen gehört. Und dann
habe ich zwei Schatten gesehen, zwei dunkle Gestalten mit
einem schwarzen Sarg. Die kamen zu mir ans Bett. Und ich
konnte mich ja nicht mehr aus dem Bett bewegen, ich konnte
nicht mal mehr zum Telefon gehen. Die dunklen Gestalten
haben mich dann in meinem türkisfarbenen Bademantel, den
ich anhatte, in den Sarg gelegt. Das war meine Situation. Ich
hatte das Gefühl, ich werde erlöst, denn ich habe beinahe um

meinen Tod gebeten. Ich habe ganz klar gesagt – auch das muß man gehört haben –: Bitte erlöse mich. Ich habe lange genug gelebt. Ich mag das Leben nicht mehr ertragen. Es reicht mir, ich will eigentlich gehen. Nach drei Tagen bin ich dann irgendwie wieder zu mir gekommen."

Auch wenn Frau Mass noch nachschiebt, sie habe ihre Freunde „wie in einem Film" gesehen – einem Lebensfilm gleicht die Situation nicht. Und die Figuren, denen Frau Mass begegnet, haben wenig Ähnlichkeiten mit den Lichtgestalten der Geistwesen, die in aller Regel den Weg ins Jenseits leichtmachen sollen. So undeutlich sie erscheinen: Sie haben Ähnlichkeit mit solchen Figuren wie dem Sensenmann, die die Menschen (wie im berühmten Basler Totentanz bildlich dargestellt) aus dem Leben abholen.

Der Sensenmann muß keineswegs immer nur erahnt werden. In einigen Fällen ist er ausdrücklicher Teil der Erfahrung. So etwa bei Frau Witz, die häufig schwer erkrankt, sehr oft im Krankenhaus war und schon vier Nahtoderfahrungen hatte. Fast jedes Mal widerfährt ihr dasselbe. „Und zwar bin ich in einem Raum, also jedes Mal, wenn ich schwer krank war. Dann stehe ich in diesem Raum herum. Ich unterhalte mich mit anderen Leuten, so etwa wie bei einer Stehparty. Und dann kommt so etwas wie der Sensenmann. Gleichgültig, wie Sie ihn nennen wollen, also so ein Klappergestell, ein Knochengestell, ein Skelett. Der Sensenmann nimmt mich am Arm, hängt sich ein und sagt mir: ‚Es ist Zeit.' – Dann hab' ich zu ihm gesagt: ‚Muß das jetzt sein?' Der Sensenmann erwidert: ‚Ja.' – ‚Gut, also wenn du meinst, geh' ich halt mit'. Dann geh' ich mit ihm bis an die Tür, unter der Schwelle. Dort geb' ich ihm einen kleinen Schubs und sag': ‚Weißt was Du, ich hab' mir's nochmal überlegt, guck ein anderes Mal wieder rein, ich bleib' noch ein bißchen da.' Dann macht er immer so ein trauriges Gesicht, wie wenn er sagen wollte: ‚Was soll ich meinem Boß jetzt wieder sagen', so in

113

etwa. Hinter mir steht dabei mein Schutzengel. Der hat dicke Pausbacken und ist ein lächelnder Engel, ein freundlich lächelnder Engel. Der lacht immer, wenn ich dem Sensenmann einen Korb gebe. Und dann geh' ich. In dem Moment, wo ich wieder zurückgehe, bin ich wieder zurück, gell, bin ich aus dem Schneider, also wieder unter den Lebenden. Und dann werd' ich wach."

Das Wegstoßen des Sensenmannes kann an Märchen erinnern, in denen der Tod überlistet wird. Der Begriff der „gelebten Allegorie" ist freilich noch passender: Ein Vorgang, den sie in der Welt der Nahtoderfahrung durchlebt, findet in der alltäglichen Welt, in der ihr Körper leidend liegt, eine ins Bildhafte übertragene Entsprechung. Frau Witz stößt den Sensenmann weg und entscheidet sich damit für das Leben. Wieder tut sich klar die spirituelle Dimension vor uns auf – und Frau Witz ist sich sicher: Würde sie dem Sensenmann folgen, wäre ihr Leben beendet.

Kehren wir zu den Inhalten zurück. Frau Witz, die nicht nur den Sensenmann sieht, sondern auch einen Schutzengel, dessen Aussehen sie selbst an die Engel aus ihrem Poesiealbum erinnert, ist kein Einzelfall. Auch in dem Bericht von Herrn Sonder finden wir ähnliches. Herr Sonder, ein Schweizer um die Fünfzig, erleidet einen schweren Autounfall. Nach dem Unfall ist er bewußtlos. Dennoch sieht er sich plötzlich in einer Art luftleerem Raum in einem Kreis vieler Leute wieder, die um ihn herumstehen. Sie tanzen, fordern ihn auf, zu ihm zu kommen, ihnen die Hand zu geben, als sein Vater aus dem Kreis hervortritt und sagt: „Du mußt nicht mit. Du mußt die Hand nicht geben." Daran hält er sich dann auch, und die Szene blendet aus.

Auch hier finden wir nicht nur die allegorische Bedeutung wieder: Die Weigerung, mitzugehen, kommt einer Entscheidung gleich, weiterzuleben. Zugleich hat dieses Erlebnis für Herrn Sonder eine spirituelle Tiefe. Er versteht seine Erfahrung keineswegs als einen „Ausdruck" seines körperlichen Zustands. Er war in seinen Augen tatsächlich im Vorraum des Jenseits – und zog daraus später Konsequenzen für das Diesseits. Weil seine Erfahrung dem völlig zu widersprechen schien, was ihn die katholischen Kirche über das Jenseits gelehrt hatte, trat er einige Zeit später aus der Kirche aus.

Eine ähnliche Situation wie Herr Sonder erlebt Frau Lied, die während ihrer Schwangerschaft Komplikationen bekommt und mit großen Schmerzen ins Krankenhaus eingeliefert wird. Während der Operation macht sie eine seltsame Erfahrung. „Es war so, daß ich gesehen habe, wie die an mir herumschnippeln. Ich habe auch das Blut gesehen. Und auf der anderen Seite habe ich gesehen, wie die eine Party gefeiert haben – dieselben Leute, also das Personal, das an mir zugange war. Ich habe gesehen, die lassen mich da liegen und feiern mit ganz viel bunten Lichtern und Girlanden eine Fete. Aber sie waren durch ihre Kleidung teilweise noch immer als Ärzte oder Personal erkennbar. Und teilweise hatten sie auch faschingsmäßig so Hütchen auf. Das Komische war, es war auch der elfte November" (also der offizielle Beginn der Fastnacht).

Die Perspektive, die Frau Lied hat, kann zwar als OBE angesehen werden, denn sie erinnert sich daran, ihre eigene Wunde von oben gesehen zu haben. Die eigenartige Party aber, die sie übrigens mit durchaus euphorischen Gefühlen wahrnimmt, ähnelt am ehesten noch der Stehparty, von der Frau Witz berichtete. Daß es sich hier aber um eine Fastnachtsparty handelt, liegt nicht etwa daran, daß Frau Lied aus einer Narrenhochburg stammt. Ihre Erfahrung macht sie als Bürgerin der DDR, die damals noch bestand und die dem Karneval nicht zugeneigt war. Hängt es vielleicht mit der DDR und ihrer besonders atheistischen Kultur zusammen, daß bei Frau Lied weder ein Sensenmann noch ein Engel auftritt? Wir werden diese Frage im nächsten Kapitel ansprechen.

Während Frau Lied ebenso wie Frau Witz (die aus dem Südbadischen stammt) einer Art Stehparty beiwohnt, gibt es Hinweise darauf, daß eher Menschen aus dem katholischen Süden Erfahrungen machen, in denen eine Gestalt wie der Sensenmann vorkommt. Ein ausgeprägtes Beispiel dafür bietet Frau Bader, eine ehemalige Haushälterin, die nun Rentnerin ist. Zusammen mit ihrem Mann wohnt sie in einem kleinen Dorf in Südbaden.

Vor Jahrzehnten, so berichtet sie, lag sie im Wochenbett mit hohem Fieber. Es ging ihr sehr schlecht, sie hatte Schüttelfrost. Mit einem Male sieht sie eine Nonne, die schon längst tot ist, aber in Frau Baders Heimat noch immer wie eine Heilige verehrt wird: Schwester Ulrika. „Rechts von mir stand die Schwester Ulrika an meinem Bett. Ich habe sie glasklar gesehen, genau so, wie ich sie von den Bildern her kannte. Und dann links von mir stand der – der Fritze, also das Totengestell, der Sensenmann oder wie immer Sie ihn nennen wollen. Und der hat so mit den Händen nach mir gegriffen, und die Schwester Ulrika hat gesagt: ‚Jetzt tief einatmen. Du mußt für deine Kinder dasein.‘ Ganz monoton hat sie das gesagt, richtig monoton: ‚Du mußt für deine Kinder dasein. Du, jetzt kämpfe und hilf dir!‘ So oder so ähnlich, und währenddessen hat der Sensenmann immer wieder versucht, nach mir zu greifen. Und dann, nach einer Weile war das weg. Und ich habe das Bewußtsein verloren und war ganz weg." Frau Bader überlebte die Situation, und seither trägt sie das Bild der mittlerweile seliggesprochenen Ulrika immer auf der Brust.

Nahtoderfahrungen tragen offenbar nicht nur die individuellen Züge der Vergangenheit, der Biographie und der Umgebung der Betroffenen. Es ist auch unübersehbar, daß in diese Erfahrungen das besondere kulturelle Erbe der jeweils betroffenen Personen eingeht. Die Menschen haben eine unverkennbar individuelle Stimme – aber sie sprechen die Sprache ihrer Kultur.

Die geschilderten Berichte sind nicht die einzigen, die sich grundlegend von der eingangs erwähnten „Standarderfahrung" unterscheiden. Es gibt noch andere. Einige davon könnte man als „mystische Erfahrungen" bezeichnen.

Mystische Auflösung und andere Geschichten

Mystik gibt es – geschichtlich und im Blick auf die Erfahrungstypen – in vielen Varianten. Aber alle mystischen Erfahrungen zeichnen sich durch ein Merkmal aus, das man „Unaussprechbarkeit" nennen könnte: Die Betroffenen haben den Eindruck, daß die Sprache ihrer Erfahrung in keiner Weise gerecht wird. Ein weiteres besonderes Merkmal der Mystik, wie sie im Hochmittelalter bekannt war, ist wichtig: die Unio mystica. In einer Predigt erklärt der Straßburger Mystiker Johannes Tauler, was damit gemeint ist: In der Unio mystica „entfällt der Geist seiner eigenen Erkenntnis und seinem eigenen Werk, und Gott muß da alle Dinge in ihm wirken. Er muß in ihm erkennen, in ihm lieben, denn der Geist ist seiner selbst in dieser starken Liebe entsunken in den Geliebten hinein, in den er sich verloren hat wie ein Wassertropfen in das tiefe Meer, und er ist weit mehr mit Ihm eins geworden, als die Luft sich vereinigt mit der Klarheit der Sonne, wenn diese am hellen Tage scheint. Wie es da zugeht, davon kann man besser empfinden, als man davon zu sprechen vermöchte. Und was verbleibt denn hier in dem Menschen? Nichts anderes als ein grundloses Vernichten seiner selbst und ein völliges Verleugnen seiner ganzen Eigenheit im Willen und im Gemüte und in den Äußerungsweisen und im Leben."[6]

Es mag verwegen klingen, aber mindestens zwei Frauen, mit denen ich gesprochen haben, beschreiben ihre Erfahrung

auf eine Weise, die dieser Unio mystica zumindest nahe-
kommt. Allerdings erwähnen sie keinen Gott, mit dem sie
verschmelzen.

Frau Weg, die während einer längeren Krankheit plötzlich
die Erkenntnis hat, daß sie sterben wird, bereitet sich auf
ihren eigenen Tod vor: „Gerade noch im wachbewußten Zustand rutschte ich dann ganz sanft rüber." Als sie „drüben"
war, hatte sie ein „Gefühl der Leichtigkeit. Ich fühlte mich
unsichtbar und leicht wie Luft. Und ein Gefühl der Weite.
Unendlichkeit. Aber ich konnte denken. Nicht so bewußt
denken, sondern einfach alles war aufgehoben, es war schön
– ich kann das nicht sagen, das ist ein Gefühl, was ich nicht
in Worte fassen kann." Sie fühlte: „Ich bin ein Teil von allem,
ich bin ein Teil von dem Aufgelösten. Ein Teil vom Univer-
sum, ich bin eins damit." Mit der Verschmelzungserfahrung
geht das Gefühl einher, plötzlich ein universelles Wissen zu
haben: „Ich habe so ein großes Wissen, so ein unendliches
Wissen. Ich weiß das einfach. Ich bin ein Teil von dem Aufgelösten. Ich bin eins damit."

Auch Frau Graf hatte eine solche Erfahrung, die sie
machte, als sie beim Baden im Meer beinahe ertrunken wäre.
Doch während Frau Weg glaubt, in dieser Erfahrung ein sozusagen kosmisches Wissen erworben zu haben, entwickelt
Frau Graf überschwengliche Gefühle. Sie macht dabei eine
eigenartige OBE: Sie befindet sich nicht einfach außerhalb ihres Körpers, sondern wechselt fortwährend zwischen beiden
Positionen. Daneben macht sie auch eine „Verschmelzungserfahrung oder Liebeserfahrung". Sie denkt nicht mehr, spürt
auch „kein Handelnwollen". Sie fühlt, am Fuße von irgend
etwas Größerem, Diffusem zu stehen und gleichzeitig eine
Perspektive in die Weite zu haben. Sie hat keine Visionen dabei, keine Auditionen (also akustische Empfindungen), ja,
nichts, was sich sinnlich beschreiben ließe. Was sie allein
spürt, ist eine „maximale Glückserfahrung". Diese Glücks-

erfahrung ist so prägend, daß sie noch Monate nach dem Ereignis mit dem Schicksal hadert, das sie aus dieser Erfahrung ins graue Alltagsleben zurückgeholt hat.

Frau Weg und Frau Graf gehörten zu den am höchsten gebildeten Personen, mit denen ich gesprochen habe. Frau Weg ist eine feinfühlige Malerin im mittleren Alter, die sich intensiv mit den verschiedensten religiösen Ansichten auseinandersetzt. Und Frau Graf ist eine Forscherin, die sich kritisch und reflektiert mit ihrer eigenen Erfahrung beschäftigt hat. Beide Frauen haben zwar ein tiefes Vertrauen in das, was sie erfahren haben. Zugleich aber schrecken sie davor zurück, ihre Erfahrung mit einer bestimmten religiösen Lehre in Verbindung zu bringen. Ihre Erfahrung verdeutlicht vielleicht am ausgeprägtesten, was wir als Spiritualität bezeichnen. Denn sie beanspruchen, daß ihre Transzendenzerfahrung von einer eigenen Wirklichkeit zeugt, aber nicht, daß sie von einer religiösen Lehre abgesichert wäre. Ihr Anspruch gründet allein darauf, daß sie selbst die Erfahrung gemacht haben.

Einen den bisherigen Typen nicht zuzuordnenden Charakter hat auch der Bericht von Herrn Ränder. Seine Erfahrung kann nicht als mystisch bezeichnet werden. Sie enthält auch keine Szenen und besondere Gestalten. Noch weniger ähnelt sie dem Standardmuster. Herr Ränder ist sogar verärgert darüber, daß in der Öffentlichkeit immer nur solche Geschichten erzählt werden, in denen von Licht, Tunnel und dergleichem die Rede sei. Denn er habe am eigenen Leib erfahren, daß Nahtoderfahrungen anders ausfallen können.

Herr Ränder ist ein deutschstämmiger Mann, der im mittleren Alter von Osteuropa nach Deutschland aussiedelte. Er ist als Biologielehrer ausgebildet, und er hatte jahrelang als Biologielehrer gearbeitet, bevor er nach Deutschland kam. Dieser ehemalige berufliche Hintergrund hat, wie wir sehen werden, sehr tiefgreifende Folgen für seine Nahtoderfahrung.

Diese Erfahrung geht auf eine Messerstecherei zurück, in die er ohne sein Zutun verwickelt wurde. Nachdem Herr Ränder in eine Ambulanz gebracht worden war, hört er gerade noch, wie die Ärzte sagen, daß er sterben werde. Doch trotz der quälenden Schmerzen überkommt ihn eine Empfindung des Wohlgefühls. Es ist in besonderer Weise auf den Körper bezogen: „Ich spürte also praktisch, daß alles im Körper perfekt funktionierte. Ich spürte den ganzen Körper, wie wenn ich auch die inneren Organe spüren würde. Daß alles so perfekt funktioniert und daß alles so gut ist. So wohl habe ich mich noch nie gefühlt." Das Gefühl schwindet, als er Stimmen zu hören beginnt – die Stimmen der Ärzte, wie er enttäuscht bemerkt.

Herr Ränders Bericht ist nicht die einzige Ausnahme. Nahtoderfahrungen scheinen insgesamt eher von Ausnahmen als von Regeln, eher vom Besonderen als von einer bestimmten Norm geleitet zu werden. Die dargelegte Typologie bildet lediglich einen Versuch, eine gedachte Ordnung in die individualistische Vielfalt der Berichte zu bringen. In dieser Ordnung haben Erfahrungen, die mit paranormalen Wahrnehmungen zusammenhängen, einen besonderen Wert, weil sie auf eigenartige Weise mit der Alltagswirklichkeit verbunden sind. Oftmals werden diese Wahrnehmungen in einem Zustand der Out-of-Body-Erfahrung gemacht. Diese Erfahrung kann allein auftreten, sie kann ebenso im Zusammenhang mit anderen Motiven auftreten und den Standard-Typus bilden, den wir aus den amerikanischen Berichten kennen. Auch wenn in diesem Zusammenhang von einem typisch wiederkehrenden Muster die Rede ist, weisen schon die wenigen Beispiele, die hier zitiert wurden, beträchtliche Unterschiede in den Einzelheiten auf. Noch größer sind diese Unterschiede, wenn wir die „höllischen Nahtoderfahrungen" betrachten. Ein weiterer Typus dagegen, der bislang der Forschung nicht bekannt war, läßt sich durch die folgenden

Merkmale charakterisieren: Eine bildhafte Szenerie wird geschildert, in der die Betroffenen sich befinden. Wie auch beim Typus der mystischen Erfahrungen weist diese häufig allegorische Szenerie oftmals eine spirituelle Dimension auf: Sie wird als andere Wirklichkeit verstanden, die gleichsam hinter der offensichtlichen Wirklichkeit steht. Diese spirituelle Dimension durchdringt auch viele der anderen Berichte. Die Nahtoderfahrungen zeichnen sich überdies durch ein weiteres Merkmal aus: Sie sind alle mit sehr starken, großen Gefühlen verbunden. Hochgefühle, Euphorie oder das eisige Grausen – unvergeßlich ist die emotionale Tiefe dieser Erfahrungen. Und ein weiteres Merkmal ist den Nahtoderfahrungen gemeinsam: So gut die Betroffenen wissen, daß Wahrnehmungen und Erfahrungen täuschen können, so sicher sind sich doch fast alle, daß sie etwas Außergewöhnliches erlebt haben. Und sie wissen, daß sie den Tod erlebt haben und dieses Erlebnis real war.

Auch Herr Ränder hat keine Zweifel, daß er am Rande des Todes war. Ebensowenig ist für ihn fraglich, daß das körperliche Wohlgefühl, das ihn überkam, eine Grenzerfahrung war, die den Übergang in die andere, nichtmaterielle Welt markiert. Zweifel hatte er nur, ob es überhaupt andere Menschen gibt, die eine solche Erfahrung gemacht haben. Aus diesem Grunde beschäftigte er sich selbst mit diesen Thema. Er las die Berichte in Zeitungen, Zeitschriften und Büchern, mußte aber feststellen, daß diese Berichte sich von dem unterschieden, was er erfahren hatte. War seine Erfahrung überhaupt mit denen vergleichbar, die er dort las?

Nachdem ich die Interviews mit Herrn Ränder und all den anderen abgeschlossen hatte, die mir über ihre Erfahrungen berichtet hatten, beschäftigte mich eine ähnliche Frage. Ich hatte lernen müssen, daß es sehr unterschiedliche Arten von Nahtoderfahrungen gibt. Wie unterschiedlich konnten sie überhaupt sein? Sollten viele andere ähnliche Erfahrungen gemacht haben wie Herr Ränder, der mir im Laufe meiner Interviews eher wie ein Sonderfall erschien? Und wie sollte es erklärbar sein, daß bei einigen der Personen, die ich befragt hatte, anstelle der Standarderfahrung Sensenmänner und Stehpartys vorkamen? Sollte es andere Formen der Nahtoderfahrung geben, die ich mit der vergleichsweise geringen Zahl an Interviews nicht erfaßt hatte?

Diese Fragen lassen sich mit der Methode des Tiefeninterviews nicht beantworten. Sie erfordern einen anderen Zugang: den einer breit angelegten Befragung.

5 ▓ Das west-östliche Jenseits

Wie viele Menschen machen eine Erfahrung in der Nähe des Todes? Um diese zentrale Frage gesichert zu beantworten, führte ich eine zahlenmäßig breit angelegte, repräsentative Befragung durch: eine schriftliche Umfrage, wie wir sie etwa aus der Wahlforschung, der Meinungsforschung oder der Marktforschung kennen. Dies schien ein gangbarer Weg, um in verschiedener Hinsicht klarer zu sehen: War es denn ein Zufall, daß mehr Frauen als Männer mit mir Interviews geführt hatten? Wiesen meine Ergebnisse eine deutliche „süddeutsche" Schlagseite auf? Gab es regionale Unterschiede? Und schließlich: Was hatte es mit der Nahtoderfahrung in Ostdeutschland auf sich?

So aussichtsreich eine Umfrage auf den ersten Blick erschien – bei näherer Betrachtung muß man doch eingestehen, daß auch sie Schwierigkeiten mit sich führt. So eindrucksvoll Statistiken (etwa in Zeitungen) präsentiert werden, Umfragen geben nur in begrenztem Maß Auskunft darüber, was in den Individuen einer Gesellschaft vor sich geht. Sie sind bestenfalls Hilfsmittel, um solche Fragen zu beantworten, doch oftmals sind sie die einzigen Mittel, die uns zur Verfügung stehen. Die Eigenheiten des Themas kommen hinzu. Denn anders als bei Fragen nach unserer Einstellung etwa gegenüber einer politischen Partei, den Ansichten über die Reinlichkeit in Innenstädten oder über die Vorzüge eines bestimmten Waschmittels haben wir es hier mit einem Thema zu tun, das ungleich größeres persönliches und existentielles

Gewicht hat. Noch schwieriger war die ungewöhnliche Zielrichtung, denn bei den meisten Umfragen sind ja nur unsere „Meinungen" zu diesem oder jenem gefragt. Eine Umfrage, wie ich sie beabsichtigte, zielte jedoch gar nicht auf Meinungen. Im Mittelpunkt sollten vielmehr „Erfahrungen" stehen, also etwas, das wir am eigenen Leib erlebt haben. Konnte so etwas überhaupt mit den Mitteln einer normalen Umfrage erreicht werden? Würden die betroffenen Menschen uns überhaupt die unpersönlichen und normierten Fragebögen anonymer Interviewer beantworten?

Zusammen mit meinen Mitarbeitern entwickelte ich einen Fragebogen, der so sensibel wie nur möglich sein sollte.[1] Denn wir hatten uns ein großes Ziel gesetzt: Wir wollten nicht eine Ansammlung von Fällen erhalten, sondern allgemeingültige Aussagen machen. Genauer gesagt: Wir entwarfen eine Umfragestrategie, die es uns ermöglichen sollte, repräsentative Ergebnisse für die Bevölkerung der Bundesrepublik Deutschland zu erhalten.

Unsere Vorgehensweise schien sich bei den ersten Tests zu bewähren. Wir hatten unseren Fragebogen an mehreren von Nahtoderfahrungen betroffenen Personen ausprobiert, die ihn gut ausfüllen konnten und sich lobend über ihn geäußert hatten. Auch ein erster Probedurchlauf der Umfrage führte zu einer mehr als zufriedenstellenden Zahl an Rückmeldungen. Doch als es darum ging, daß der Fragebogen an mehr als 2 000 Menschen verschickt werden sollte, hatten wir ein klammes Gefühl: Es könnte ja sein, daß so wenige Menschen auf unsere Fragen antworten, daß man von einer repräsentativen Umfrage nicht mehr ausgehen konnte. Wochen über Wochen gingen ins Land, und wir durchlebten in der Zeit ein Wechselbad der Gefühle. Doch dann erhielten wir die Daten, rechneten sie durch und stellten fest: Sie waren überwältigend. Die Bereitschaft zu antworten übertraf die bescheidenen Erwartungen, die erfahrene Mitarbeiter im Vorfeld gehegt hatten. Zudem enthielten fast alle Fragebögen vergleichsweise ausführliche Beschreibungen dieser Erfahrungen, und schließlich erhielten wir eine Reihe von Ergebnissen, die vor dem Hintergrund des bisherigen Wissens über Nahtoderfahrungen höchst überraschend sind.

Es handelt sich um eine nicht nur im deutschsprachigen Raum, sondern in ganz Europa einmalige Umfrage. Selbst in internationaler Perspektive gibt es wenig Vergleichbares: Nur in den USA war vor mehr als zwanzig Jahren eine ähnliche Untersuchung durchgeführt worden.[2] Zumindest einige unserer Ergebnisse will ich in diesem Kapitel darstellen.[3]

Um das Besondere dieser Untersuchung herauszustreichen, sei kurz erläutert, was eine repräsentative Umfrage bedeutet. In vielen Untersuchungen zu Nahtoderfahrungen werden bestimmte Personen gezielt angesprochen: So sucht ein Forscher gezielt Menschen, die schon einmal eine Nahtoderfahrung hatten. Ein anderer wendet sich nur an solche, die schon einmal klinisch tot waren, wieder ein anderer befragt Menschen, die schon einmal einen Herzstillstand erlebt hatten. Wir dagegen haben einen Querschnitt aus der deutschen Bevölkerung befragt.[4] Unsere Ergebnisse beziehen sich deswegen nicht bloß auf diejenigen Menschen, die einen Herzstillstand hatten, oder auf jene, die klinisch tot waren, sondern auf die gesamte Bevölkerung in der Bundesrepublik, also auf mehr als 80 Millionen Menschen.[5] Dazu wurden 2044 Menschen mittels einer Zufallsstichprobe aus der Gesamtbevölkerung ausgewählt und interviewt. Sie soll in der größtmöglichen Vielfalt die unterschiedlichsten Gruppierungen repräsentieren: alte und junge Menschen, kranke und gesunde, reiche und arme, gebildete und ungebildete – und was immer der Unterschiede mehr sein mögen. (Auf diese Auswahl nun beziehen sich alle folgenden Prozentangaben.)

Die Befragung verlief folgendermaßen: Nach einem statistisch errechneten Schema wurden Befragte ausgewählt.

Diese wurden von Interviewern oder Interviewerinnen aufgesucht, die mit ihnen die Fragebögen durchgingen. Unser Frageblock bestand aus einem sogenannten „Filter". Wer die Filterfrage (die im nächsten Abschnitt behandelt wird) positiv oder neutral beantwortete, wurde dann ausführlich über die Nahtoderfahrungen befragt. Den anderen, die die Filterfrage verneint hatten, wurden dann nur noch einige Informationsfragen gestellt. (Auszüge des Fragebogens finden sich im Anhang dieses Buches.)

■ Jede Menge Erfahrung

Die erste Frage, die wir uns stellten, war, wie viele Menschen eigentlich eine Nahtoderfahrung machen? Um darauf eine möglichst unverstellte Antwort zu bekommen, betraten wir einen indirekten Weg: Die Interviewer sollten den Fragebogen – nach einer Erläuterung unserer Ziele und Interessen – mit einer allgemeinen Frage nach verschiedenen Erfahrungen beginnen, die mit dem Tod zusammenhängen. So fragten wir zunächst nach Todesahnungen, also nach Situationen, in denen Menschen das Gefühl hatten, sie wüßten, daß jemand anderes gerade eben stirbt. Auch nach den paranormalen Wahrnehmungen fragten wir, die Menschen haben, während sie mit Sterbenden zusammen sind, etwa daß in dem Moment die Uhr stehenbleibt, in dem der Tod eintritt. Ebenso interessierten uns Sterbebettvisionen, also die außergewöhnlichen Erfahrungen, die Menschen haben, während sie sterben – und die sie anderen kurz davor noch mitteilen können. Und natürlich enthielt der Bogen auch unsere Frage nach Nahtoderfahrungen. Das Ergebnis sah dann so aus:

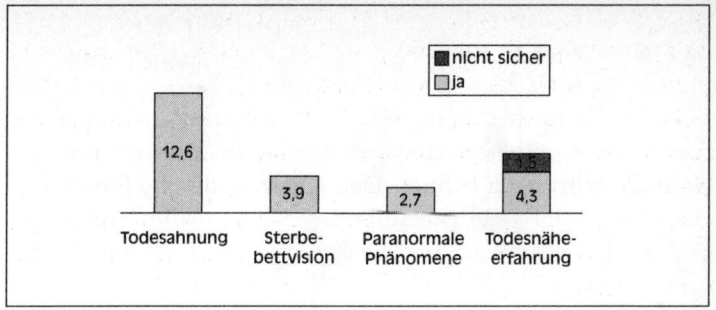

*Abb. 1 Anteil der Personen mit außergewöhnlichen Erfahrungen
(in Prozent)*

Todesahnungen sind offenbar erstaunlich häufig: 12,6 % der Befragten geben an, schon einmal den Tod einer anderen Person im Moment des Todes geahnt zu haben. Und auch Sterbebettvisionen kommen in einer durchaus nennenswerten Häufigkeit vor (3,9 %). Dasselbe gilt für paranormale Wahrnehmungen (2,7 %).

Und die Nahtoderfahrung? In unserer Umfrage waren 5,8 % der Befragten mehr oder weniger sicher, eine solche Erfahrung gemacht zu haben. Bei näherer Betrachtung und „Bereinigung" sank der Anteil zwar, doch betrug er noch immer 4,3 %. Auf die Gesamtbevölkerung übertragen hieße das: Etwa 3,3 Millionen Deutsche haben eine Nahtoderfahrung am eigenen Leib erlebt! Man kann durchaus sagen: ein erstaunliches Ergebnis. (Das Durchschnittsalter der Befragten zum Zeitpunkt der Befragung betrug 35,6 Jahre. Die Nahtoderfahrung lag zwischen einem und 65 Jahren, im Durchschnitt 13 Jahre zurück.) Waren es nun mehrheitlich Frauen, die eine solche Erfahrung hatten? Und da die Umfrage ganz Deutschland umfaßte, konnten wir auch fragen: Gibt es Nahtoderfahrungen in Ostdeutschland? Gab es sie in der DDR? Auch die Antworten auf diese Fragen sind überraschend (vgl. Abb. 2):

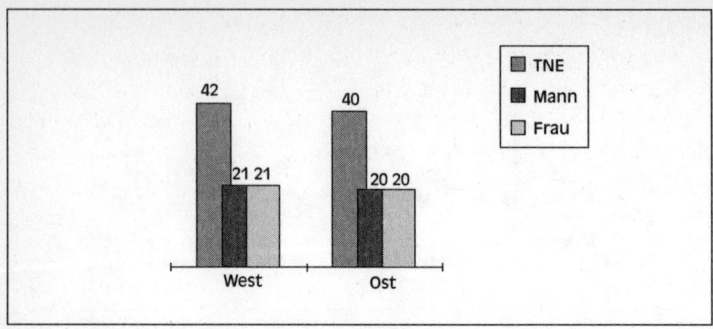

Abb. 2: Anzahl der Menschen mit Nahtoderfahrungen nach Herkunft und Geschlecht

Ganz im Widerspruch zu dem, was nach den Interviews zu erwarten war, fanden sich in etwa gleich viele Männer wie Frauen, die eine solche Erfahrung gemacht hatten. Zu unserer weiteren Überraschung gilt dies auch hinsichtlich des Unterschieds zwischen West- und Ostdeutschland: Im Osten fanden sich etwa gleich viele Menschen wie im Westen, die eine Nahtoderfahrung hatten. Auch der Anteil der Frauen und Männer daran war ebenso gleichmäßig, ja fast symmetrisch verteilt. Diese Symmetrie gilt selbst für die regionale Verteilung zwischen Norden und Süden, zwischen Großstädten und Dörfern, ja sogar zwischen Protestanten und Katholiken. So liegen Katholiken wie Protestanten bei der Verbreitung des Phänomens mit 4,4 bzw. 4,3 Prozent um lediglich 0,4 bzw. 0,3 Prozentpunkte über dem Durchschnitt. Diese Symmetrie machte übrigens deutlich, daß die sozialen Unterschiede kaum eine Rolle spielen: Ob arm, ob reich, ob Land- oder Stadtbewohner, ob Mann oder Frau – all dies bedeutet wenig, wenn es darum geht, wer eine Nahtoderfahrung macht.

■ Die Nahtoderfahrung ohne Tod

Daß die sozialen Unterschiede wenig Einfluß darauf haben, wer eine Nahtoderfahrung gemacht hat, wird von vielen Forschern vermutet. Ganz im Gegensatz dazu steht ein weiteres Ergebnis unserer Untersuchung: In unserer Befragung hatten wir unter anderem nach den äußeren Umständen der Nahtoderfahrung gefragt. Die Auswertung zeigte: Verkehrsunfälle, Operationen, Herzinfarkte und andere akute Krankheiten zählen zu den häufigsten Ereignissen, die eine Nahtoderfahrung begünstigen. Eine eingehendere Betrachtung führte in eine andere Richtung als die, die die Bedeutung der Silbenverbindung „Nahtod-" angibt. So äußern zwar manche, während der Erfahrung in einer Art Koma gewesen zu sein. Andere jedoch waren nach eigenem Bekunden in einen „nur" ohnmachtsartigen Zustand gefallen. Waren die Menschen in Todesnähe also nicht völlig entrückt? Hatte ihre Krankheit oder Verletzung sie nicht auch körperlich an den Rand der Existenz geführt?

Eine zweite Beobachtung sollte höchst folgenreich sein. Denn allein der Begriff legt schon die Assoziation nahe, daß bei der Nahtoderfahrung der Körper abstirbt. Im Widerspruch zu dieser verbreiteten Annahme widerfuhren den meisten der Befragten zwar zweifellos existentiell bedrohliche Ereignisse, aber lediglich die Hälfte der Befragten gibt an, sich während der Nahtoderfahrung wirklich in einem lebensgefährlichen Zustand befunden zu haben. Nur 6 % der Personen mit Todesnäheerfahrungen können mit Sicherheit sagen, sie seien klinisch tot gewesen. Mit anderen Worten: *Der Begriff „Nahtoderfahrung" ist irreführend, denn Nahtoderfahrungen hängen nicht unbedingt, ja, nicht einmal regelmäßig mit dem körperlichen Tod zusammen!*[6] (Überraschend ist auch, daß sich die Betroffenen selbst von der Bedeutung der Wortverbindung „Nahtod-" nicht verleiten lassen.) Gleichzeitig wird deutlich, daß sie keine medizinischen oder biologischen Gründe brauchen, um zu wissen, daß sie dem Tode nahe waren. Ihre Nähe zum Tod schreiben sie in größerem Maße ihrer subjektiv wahrgenommenen Verfassung zu als ihren objektiven körperlichen Zuständen. Daß eine ansehnliche Zahl von Befragten bereit ist, von einer Erfahrung des Todes mit einer subjektiven Gewißheit zu reden, deutet einmal mehr auf das Gewicht des Subjektiven hin. Deshalb ist gleichermaßen die Einstellung gegenüber dieser Erfahrung, das Spirituelle, für die Betroffenen bedeutsam. Schließlich folgt als Erkenntnis unserer Umfrage, daß es kein Tabu mehr ist, über solche intimen Erfahrungen zu reden.

■ Kein Tabu mehr

Wenn Menschen noch vor Jahren über ihre Nahtoderfahrungen berichten wollten, waren sie häufig übervorsichtig. Zu groß war die Angst, sie könnten ausgelacht, verspottet oder als „Spinner" abgestempelt werden. Deswegen gehörte es sogar zu den wesentlichen Merkmalen der „Standarderfahrung", daß die Betroffenen nur ungern darüber berichten würden. Heute ist dies anders, aber die Nahtoderfahrung stellt die Betroffenen zweifellos noch immer vor ein Kommunikationsproblem. Denn sie haben, ebenso wie Menschen mit mystischen Erlebnissen, häufig den Eindruck, sie fänden keine passenden Worte, um ihre Erfahrung zu beschreiben. Dabei handelt es sich aber um ein grundsätzliches Problem: Wie können so außergewöhnliche Erfahrungen mit den Mitteln der Alltagssprache ausgedrückt werden?

Ganz anders dagegen sieht es aus, was die Kommunikationsbereitschaft der Zuhörer angeht: Über 50 % stimmen der Ansicht zu (oder „eher zu"), daß sich andere Personen gern Berichte über Nahtoderfahrungen anhören, und fast 60 %

sind sogar der Ansicht, daß ein großes Interesse an diesem Thema besteht. (Allerdings geht weniger als die Hälfte davon aus, daß diese Berichte auch geglaubt werden.) Und tatsächlich gaben auch viele der Befragten an, daß sie ihre Erfahrungen nur schwer in Worte fassen könnten.

Zusammenfassend kann man deswegen festhalten: Die Nahtoderfahrung ist kein Tabuthema mehr. Und wenn wir uns die Quellen des Wissens über die Nahtoderfahrung näher ansehen (vgl. Abb. 3), dann gilt dies keineswegs nur für die Medien.

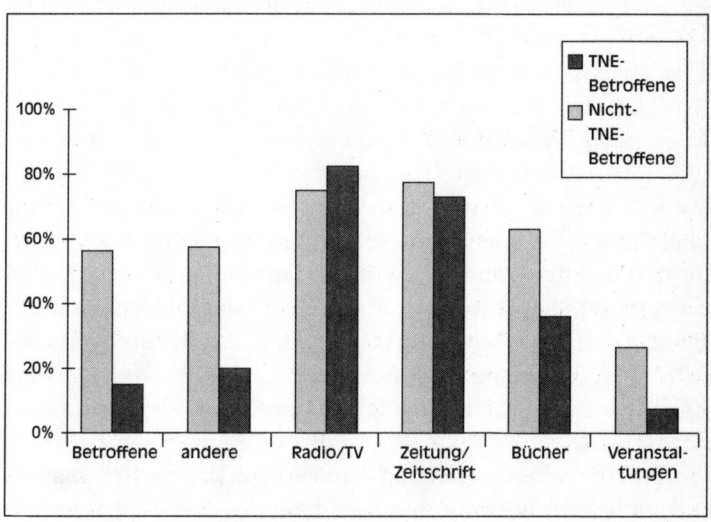

Abb. 3: Wissensquellen von Todesnäheerfahrungen (TNE)
(in Prozent)

Zwar sind die Medien, Zeitungen, Rundfunk und Bücher, die wichtigsten Vermittler des Wissens über Nahtoderfahrungen. Doch haben über 60 % aller Befragten (und über 20 % derjenigen, die keine Nahtoderfahrung hatten) darüber von anderen Personen, also im Gespräch, erfahren, und fast

131

ebenso viele haben sogar mit Menschen gesprochen, die selbst eine solche Erfahrung gemacht haben. Diese Zahlen bestätigen den Eindruck, den schon die Interviews vermittelten: Auch wenn das Erzählen dieser Erfahrung den Schüchternen noch als Wagnis erscheint, so schwärmte doch die Mehrheit davon, wie gerne die Geschichten gehört würden, und manche meinten, sie hätten sie schon über hundertmal erzählt. Alles andere als ein Tabuthema also.

■ Die Mannigfaltigkeit der Inhalte

Was aber ist der Inhalt der Erfahrungen? Sollte es sich bestätigen, daß Sensenmänner und Stehpartys zu den wiederkehrenden Motiven der Nahtoderfahrungen in Deutschland gehören? Oder waren dies Ausnahmen? Sollte sich herausstellen, daß sich die vorkommenden Motive mit dem decken, was in angelsächsischen Untersuchungen als Standarderfahrung bezeichnet wurde?[7] Um dies zu klären, haben wir mehrere Schritte unternommen. Zum einen enthielt der Fragebogen viel Platz, um die eigenen Erfahrungen zu beschreiben. In einem zweiten Schritt fragten wir dann gezielt nach den Elementen, die auch in der Standarderfahrung genannt sind.

Zum besseren Verständnis unserer Erkenntnisse mag es hilfreich sein, noch einmal die Elemente der Standarderfahrung in Erinnerung zu rufen. Dazu greifen wir in diesem Fall auf Kenneth Ring zurück, der davon ausgeht, daß bei jeder Nahtoderfahrung mindestens die folgenden Elemente auftreten: Auf das „Gefühl des inneren Friedens" folge die „Trennung vom Körper"; danach betrete man einen dunklen Bereich, der oft an einen Tunnel erinnert, bevor ein „Licht" erscheint, in das die Person eintrete. Auch wenn Ring einräumt, daß mehr Menschen die erste Phase erlebten als die zweite, wiederum mehr die zweite als die dritte – und so fort –, so meint er doch auch er, daß alle Nahtoderfahrungen diesem Muster folgten.[8]

Betrachten wir nun – zum Kontrast – eine der Beschreibungen einer Nahtoderfahrung aus unserer deutschen Umfrage. Eine Frau, die in einen Autounfall geraten war, berichtete, daß es ihr nach dem Aufprall ganz heiß wurde. Dann sah sie alles sehr deutlich. Was sie sah, war unbeschreiblich bunt, und es war wie in einer großen Blase. In dieser Blase sah sie ihren Freund, der vor Zeiten mit dem Motorrad tödlich verunglückt war. Dann wurde alles schwarz – und sie nahm die Ärzte um sich herum wahr.

Die Nahtoderfahrung dieser Frau gleicht kaum irgendeinem Muster, das wir von Ring (oder Kübler-Ross oder Moody) kennengelernt haben. Und dennoch bildet sie keineswegs eine Ausnahme.

Freilich findet sich auch hier eine Reihe von Erfahrungsberichten, die dem ähnelten, was aus Amerika berichtet wird. So erzählt eine Frau, die eine Medikamentenvergiftung überlebte: „Es wurde alles um mich herum hell und leuchtend, mir war alles egal. Es war einfach schön." Und ein Mann, der beinahe ertrunken wäre, macht die folgende Erfahrung: „Ich habe viele Erinnerungen durchlebt. Gute, schlechte, traurige, lustige, alles Dinge, die in meinem Leben zu den wichtigsten Erfahrungen gehörten. Ich hatte unglaubliche Angst und wollte noch so viel erleben und vielen geliebten Menschen noch so viel sagen."

Tritt im ersten Fall das Lichtmotiv in den Vordergrund, so ist es im zweiten Fall das „Lebenspanorama", das eine beinahe wertende Wendung nimmt. Das folgende Opfer eines Unfalls macht lediglich eine OBE: „Dann bin ich geschwebt und habe gesehen, wie die Ärzte an meinem Bett standen und mich behandelt haben. Und auf einmal lag ich wieder in meinem Bett und hörte, wie die Ärzte sagten: Er ist wieder da!"

Betrachten wir noch einen anderen Fall, der ähnlich liegt: „Es wurde alles schwarz, dann war es wie ein langer Raum, der dunkel war, und am Ende war ein Licht zu sehen, zu dem man ständig hinwollte. Aber es ging nicht." Auch hier haben wir ein bekanntes Motiv: den Tunnel, an dessen Ende das Licht ist. Doch gerade dieser Betroffene macht sehr deutlich, daß er nicht bis zum Licht kam. Die Erfahrung bricht ab, wie alle die Erfahrungen nur punktuelle Ereignisse bleiben, die in den amerikanischen Fällen einer Kette von verschiedenen Ereignissen folgen. Doch hier gilt für viele: Auf die OBE folgt kein Tunnel, auf den Tunnel folgt kein Licht, auf das Licht folgt kein Lebenspanorama, auf das Lebenspanorama folgt keine Rückkehr.

Andere Berichte ähneln zwar den Standarderfahrungen, enthalten darüber hinaus aber auch noch sehr eigenartige Elemente. Eine Frau war vom Blitz getroffen worden. „Sofort glaubte ich, daß meine (schon verstorbene) Mutter mich auf die Erde legte und mich zärtlich streichelte. Die Sonne erhellte alles. Trotz des hellen Lichtes waren viele Farben zu sehen. Ich hörte leise Musik. Ein schwarz gekleideter Mann stand in kurzer Entfernung und winkte mir zu. Meine Mutter aber hielt mich fest. Große Bäume waren zu sehen, die keinen Anfang und kein Ende hatten." Klingt die Erfahrung zunächst wie eine Standarderfahrung, so treten sehr eigenwillige Elemente hinzu: der schwarz gekleidete Mann, die unendlichen Bäume. Dies gilt auch für den nächsten Bericht eines Unfallopfers: „Starr vor Schreck konnte ich nicht weglenken, merkte nur den Aufprall und befand mich im Himmel, wo alles sehr hell war und grelle Farben um mich herum waren. Ich konnte sehen, wie man meinen Körper auf weiße Leinentücher legte. Man legte mir einen großen Strauß mit grünen Blättern auf die Füße. Ich wollte mich bemerkbar machen, aber keiner sah und hörte mich." Auch diese Frau macht die Erfahrung eines sehr hellen, farbigen

Lichts. Doch dann taucht ein Sarg auf, die eigene Beerdigung, die Unmöglichkeit der Kommunikation – und da bricht die Erfahrung ab.

Dies macht schon deutlich: Wenn eine Abfolge von Ereignissen erlebt wird, dann enthalten sie besondere Elemente, die keinem gängigen Muster folgen.

Die Nahtoderfahrungen sind also sehr individuell gestaltet. Dies gilt noch mehr für die vielen Berichte, die in gar kein Schema passen wollen. Ein Mann, der einen Autounfall überlebte, sah plötzlich viele Menschen um sich herumschweben. Sie unterhielten sich laut. Alles drehte sich um ihn, doch die Stimmung war sanft, und er verspürte dabei keinerlei Schmerzen. Ein zweiter gerät in eine „andere Welt": „Es war so, wie man sich das Paradies vorstellt. Es war alles so schön dort. Die Menschen lebten friedlich ohne Arbeit, und man kannte keine Technik und auch keine Zeit. Es waren schöne Gefühle, mir war es wohlig warm in dieser Zeit. Ich empfand keinerlei Schmerzen." Während dieser ostdeutsche Mann ein Paradies erlebt, das nur Friede und Schönheit, aber keine Arbeit oder Technik kennt, findet sich eine ostdeutsche Frau in ihrer Nahtoderfahrung eher in der Hölle wieder. Sie sieht sich durch einen dunklen Wald voller fremder Tiere und Gestalten laufen, die auf sie zukommen. Die Geräusche und die Dunkelheit machen ihr angst. Sie läuft, so schnell sie kann. Doch sie befindet sich in einem Labyrinth.

Ein junger Mann aus Sachsen, der einen schweren Arbeitsunfall überlebte und tagelang an der Blutwäsche angeschlossen war, berichtet, er habe den Kampf von guten und bösen Körperviren mit seinen eigenen Augen gesehen. Die bösen hätten beinahe gesiegt. Plötzlich sei jedoch ihr Anführer getötet worden, es wurde hell, und die guten konnten nun ihre Arbeit in Ruhe erledigen. Ähnliche Bilder treten auch in der Krebstherapie auf. Hier aber erscheinen sie dem Betroffenen als eine außergewöhnliche Erfahrung, die gleichsam allegorisch seinen Kampf gegen den Tod widerspiegelt. Allegorisch waren zwar auch viele der früheren Beispiele, doch ist bezeichnend, daß sie höchst unterschiedliche Elemente aufweisen.

Diese Beispiele machen einmal mehr klar, daß es *die* Nahtoderfahrung nicht gibt. Die Berichte zeugen vielmehr von einer Vielfalt, die zwar auch die Standarderfahrung enthielt. Aber diese bildet lediglich einen kleinen Ausschnitt aus dem Spektrum dessen, was den Menschen widerfuhr. Außerdem stellte sich heraus, daß die Sensenmänner, von denen wir im letzten Kapitel gehört hatten, wohl eher eine Ausnahmeerscheinung sind, die sich, wie wir mit einigem Grund vermuten können, im Süden des deutschsprachigen Raums konzentrieren. Die Vielfalt der Berichte bestätigt: Das, was Menschen in der Nähe des Todes erfahren, trägt sehr individuelle Züge.

▪ Inhalte im Ost-West-Vergleich

Im letzten Kapitel hatte sich daneben auch angedeutet, daß diese Erfahrungen auch jeweils die „Sprache" einer Kultur sprechen. Um diese Andeutung zu überprüfen, hatten wir in unserer Untersuchung eine geradezu ideale Voraussetzung. Es sollte sich erweisen, daß der Vergleich der Nahtoderfahrungen in Ost- und Westdeutschland in gewissem Sinne dem Vergleich zweier unterschiedlicher Kulturen gleichkommt. Das mag überzogen klingen, denn es scheint sich ja um ein und dieselbe historisch gewachsene Kultur zu handeln. Allerdings gibt es sehr deutliche Hinweise, daß sich Ost- und Westdeutschland nicht nur hinsichtlich ihrer Religiosität, sondern auch der Nahtoderfahrung unterscheiden. Diese Hinweise stammen aus den Tiefen-Interviews, die wir mit Ostdeutschen geführt haben.[9]

Betrachten wir deswegen den folgenden Fall einer Dame, nennen wir sie Frau Plau, die vor einigen Jahren in der damals noch bestehenden DDR einen Herzstillstand erlitt. Dabei machte sie eine Nahtoderfahrung. Diese Erfahrung erweckte in Frau Plau, die nie in einer Kirche war, manchmal den Glauben, „daß da oben vielleicht doch was ist". Doch lange Zeit tat sie die Erfahrung als Traum ab, und sie wagte auch nicht, mit jemandem darüber zu sprechen. „Man hat halt nicht drüber geredet und hinterher gedacht, na, das kann doch gar nicht möglich sein, wer weiß, was du geträumt hast. Das wurde totgeschwiegen." Erst nach der Wende stellte sie fest, „daß es mehrere Menschen gibt, die auch schon einmal so etwas erlebt haben, die sogar schon drüben waren", und seither weiß sie auch, daß sie den Übergang in die Wirklichkeit des Todes am eigenen Leib erfahren hat.

Um dem Unterschied zwischen Ost- und Westdeutschland klarer auf die Spur kommen, betrachten wir nun die zweite Frage nach dem Inhalt der Erfahrungen. Hier hatten wir eine Reihe von Antwortmöglichkeiten zum Ankreuzen vorgegeben, die sich auf einzelne Elemente der „Standarderfahrung" beziehen. (Wir hatten fast ausschließlich die Elemente zum Ankreuzen angeboten, die in der bisherigen Forschung „gefunden" wurden. Daß sich die Erfahrungen aber nicht darauf beschränken, machen schon die Beispiele deutlich, die aus den offenen Antworten nach den Inhalten zitiert wurden.) Betrachten wir die folgende, nach Ost-West-Unterschieden aufgeschlüsselte Abbildung:

Abbildung 4 zeigt die wesentlichen Elemente der Nahtoderfahrung. Wiederum bestätigt sich die Annahme, daß sie nicht vorrangig durch bestimmte Inhalte, sondern durch ihre äußere Form gekennzeichnet ist. Denn die mit Abstand häufigsten Angaben (von unten nach oben) betonen, daß die

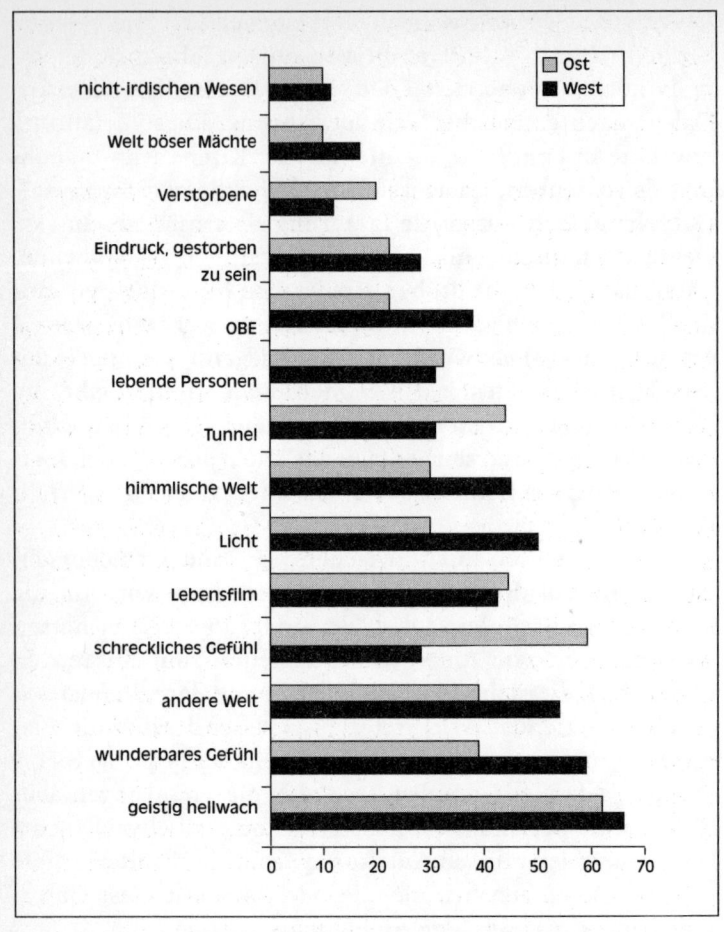

Abb. 4: Inhalte von Todesnäheerfahrungen (Prozente)

Betroffenen während der Erfahrung geistig hellwach waren (obwohl sie für Außenstehende bewußtlos erschienen), daß sie ein wunderbares Gefühl dabei hatten und den Eindruck hatten, in einer anderen Welt gewesen zu sein.

Die als so zentral betrachteten Merkmale der „Standarderfahrung" folgen sozusagen auf den hinteren Plätzen: der Rückblick in Form eines Lebensfilms, die Lichterfahrung, der Tunnel, die OBE, das Treffen mit Verstorbenen, sie alle werden von ca. 40 % der Befragten beschrieben. Im Zusammenhang damit sind auch die Antworten auf die offene Frage nach den Inhalten aufschlußreich: Die Erfahrungen, die der Standarderfahrung am ehesten gleichen, sind im Westen weitaus häufiger als im Osten. Dafür weisen die ostdeutschen Erfahrungen ein ganz unerwartetes Merkmal auf: Fast die Hälfte der Befragten machte ein schreckliches Gefühl bei der Erfahrung – was in anderen Untersuchungen als Hinweis auf eine „höllische Erfahrung" verstanden wird. Beachtenswert ist auch die kleine Besonderheit: Mehr als 60 % der Befragten aus Ostdeutschland fanden sich hier wieder, jedoch kaum 30 % der Westdeutschen! Warum die schrecklichen „höllischen" Erfahrungen in Ostdeutschland häufiger vorkommen, kann der Fragebogen nicht beantworten. Liegt der Grund darin, daß die positiven Bilder der vor allem in den USA verbreiteten Standarderfahrung dort weniger bekannt sind, kaum im kulturellen Gedächtnis der Ostdeutschen abgelagert sind und deswegen die Individuen dieser Kultur nicht prägen? Oder ist der Grund darin zu sehen, daß die vergleichsweise autoritär strukturierte Gesellschaft in stärkerem Maße Strafphantasien förderte?

Über diese Fragen können wir nur spekulieren. Mit größerer Sicherheit können wir dagegen vermuten, daß Ostdeutsche in der Nähe des Todes etwas anderes erfahren als Westdeutsche. Diese Vermutung erhärtet sich, wenn wir auf die anderen Merkmale blicken. So haben fast 10 % mehr West-deutsche eine OBE. Auch bei der Licherfahrung sind die Westdeutschen in der Überzahl. Dafür sind es deutlich mehr Ostdeutsche, die eine Tunnelerfahrung machen.

Trotz all dieser Unterschiede sollten wir auch festhalten, daß die Nahtoderfahrungen von Ost- und Westdeutschen sich keineswegs grundsätzlich unterscheiden. Bei vielen Angaben liegen sie fast gleichauf (Lebensfilm, die Begegnung mit Nicht-tirdischen, also Geistwesen). Das bedeutet anders gesagt, daß sehr viele dieser Erfahrungen in Ost und West einander ähneln. Und dennoch: Man müßte mit groben Maßstäben an-rücken, um die augenfälligen Unterschiede zu übersehen.

Einen Hinweis darauf geben uns auch die unterschiedli-chen Deutungen der Erfahrungen. Denn in der Umfrage ver-suchten wir auch die verschiedenen Einschätzungen der Nahtoderfahrung zu erkunden. Aufgrund der Ergebnisse konnten wir mehrere Typen bilden, die mit einer gewissen Regelmäßigkeit in den Daten wiederkehren. Der erste Typus zeichnet sich dadurch aus, daß er zu erkennbar christlichen Deutungen neigt und daher die Erfahrung in einer traditio-nell religiösen Weise verstehen möchte. Wir haben diesen Ty-pus deswegen volksreligiös genannt. Ganz im Gegensatz dazu stehen Nicht-Gläubige. Sie haben fast keine Neigung zu christlichen Deutungen der Erfahrungen, sondern sehen sie in einem – im Sinne kirchlicher Religion – ausgeprägt areli-giösen, weltlichen Rahmen. Sehr ähnlich sind auch die agno-stischen: Sie bezweifeln die religiösen Deutungen, können sich aber nicht entscheiden, ob sie die Erfahrung für wirklich halten wollen oder nicht. Religiös in einem nichtkirchlichen Sinn werden die Erfahrungen von denjenigen eingeschätzt, die wir als parapsychologisch-esoterisch bezeichnen. Sie glauben an das Wirken okkulter Kräfte und an jenseitige, spi-rituelle Wirklichkeiten, verstehen diese jedoch in einem nicht-christlichen Sinne (vgl. Abb. 5).

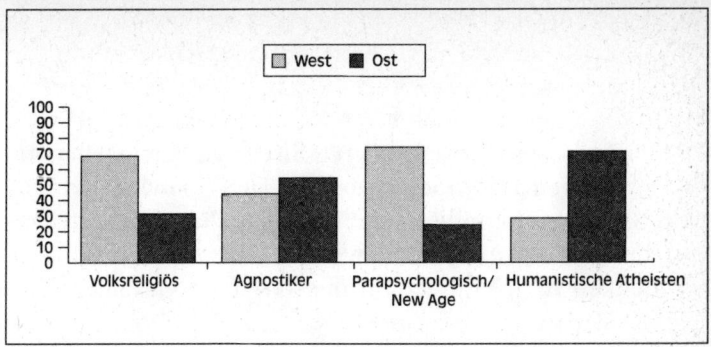

Abb. 5: Deutungen der Nahtoderfahrung im Ost-West-Vergleich

Obwohl bei den Antworten Mehrfachnennungen möglich waren, sind die Unterschiede ganz offenkundig. In Westdeutschland finden sich die beiden religiösen Deutungen sehr viel stärker ausgeprägt: Die volksreligiöse, am traditionellen Christentum orientierte Deutung erscheint fast doppelt so häufig. Doch auch für Westdeutschland ist überraschend, daß diese Deutung noch übertroffen wird von der parapsychologisch-esoterischen Deutung. Und mit Bezug auf diese Deutung sind auch die Unterschiede zwischen Ost- und Westdeutschland am ausgeprägtesten: Fast drei Mal mehr West- als Ostdeutsche hängen ihr an. In Ostdeutschland dagegen dominiert sichtlich die humanistisch-atheistische Deutung. Wir sollten bedenken: Es handelt sich um die Deutungen derjenigen, die selbst eine Nahtoderfahrung gemacht hatten.

Gerade weil die Ost- und Westdeutschen sich durch ihre nahezu entgegengesetzten ideologischen Systeme unterscheiden, sind diese Unterschiede in den Deutungen leicht verständlich. Wie aber können diese Unterschiede erklärt werden? Ost- und Westdeutschland waren nicht nur jahrzehntelang getrennt, sie haben auch etwas unterschiedliche Kulturen entwickelt. Während etwa in Ostdeutschland der

141

Atheismus leitend war und bis heute noch ist, dominiert im Westen nach wie vor das Christentum. Auch wenn die Bereitschaft zu kirchlicher Aktivität und die Zustimmung zu kirchlichen Dogmen sinkt, so sind doch noch mehr als zwei Drittel der Bevölkerung Mitglieder in den großen Kirchen. Im Osten dagegen ist gerade mal ein Viertel der Bevölkerung Mitglied einer der großen Kirchen, drei Viertel sind Nichtmitglieder. Der Unterschied bezieht sich ferner auf die Öffentlichkeit der Nahtoderfahrung: Wie viele Gesprächspartner und -partnerinnen im Osten glaubhaft versicherten, waren diese Erfahrungen vor der Wende noch weitgehend unbekannt. Während die Massenmedien im Westen seit den siebziger Jahren voll mit Berichten über Menschen sind, die in der Nähe des Todes gewesen waren, hatte die Bevölkerung im Osten nur insofern Wissen darüber, als diese Berichte über Rundfunk und Fernsehen verbreitet wurden. (Das Fernsehen begann sich allerdings erst in den neunziger Jahren intensiver mit diesem Phänomen zu beschäftigen.) Wenn diese Überlegungen stimmen, dann lautet die Erklärung für die Unterschiede zwischen Ost- und Westdeutschen: *Die Kultur leitet das, was in der Nähe des Todes erfahren wird. Sie ist die Sprache, in der jede einzelne Person ihre Erfahrung macht.* Weil die Kultur in Ostdeutschland sich von der in Westdeutschland unterschied, machen die Menschen auch jeweils typisch unterschiedliche Erfahrungen.

■ Das folgenlose, gottlose Jenseits

Welchen Einfluß hat nun die Nahtoderfahrung selbst auf die Betroffenen? Herkömmlich ging man ja davon aus, daß diese Erfahrungen „tiefe Spuren im Leben der Betroffenen" hinterlassen. Die Betroffenen leben bewußter, sind sich mehr über den Wert des Lebens klar. Andere verlieren die Angst vor dem

Tod. Darüber hinaus, so wird aus den Vereinigten Staaten berichtet, erkennen sie die Bedeutung der Religion. So findet etwa Kenneth Ring heraus, daß „viele, wenn auch nicht alle" der von ihm untersuchten Betroffenen ihre Nahtoderfahrungen auf eine „spezifisch religiöse Weise deuten".[10] Unter Religiosität wird dabei der Glaube an die Lehre einer der größeren religiösen Gemeinschaften verstanden. Im amerikanischen Kontext, über den Ring spricht, bezieht sich das meist auf christliche Glaubenslehren, aber auch auf den Islam, den Buddhismus, den Hinduismus u. ä.

Die christliche Vorstellung der Auferstehung ist uns vertraut, obwohl sie recht kompliziert ist. Es mag deswegen nützlich sein, sie in Erinnerung zu rufen. Paulus tröstet in seinem ersten Brief die Thessalonicher (4,14 ff), indem er ihnen die christliche Hoffnung auf Auferstehung erläutert: „Wenn wir nämlich glauben, daß Jesus gestorben und auferstanden ist, dann wird ebenso Gott auch die Entschlafenen durch Jesus heranführen mit ihm. Denn dies sagen wir euch mit einem Wort des Herrn: Wir, die wir leben und zurückgelassen sind für die Ankunft des Herrn, werden keineswegs den Entschlafenen voraus sein. Denn er selbst, der Herr, wird zugleich mit dem Aufruf des Herolds, mit dem Kampfruf des Erzengels und dem Schall der Posaune Gottes herniedersteigen vom Himmel, und zuerst werden die Toten in Christus auferstehen; dann werden wir, die Lebenden, die Übriggelassenen zusammen mit ihnen auf Wolken entrückt werden in die Lüfte, zur Begegnung mit dem Herrn, und so werden wir immerfort beim Herrn sein."

Wenn wir uns an die Nahtoderfahrungen erinnern, die im letzten Kapitel vorgestellt wurden, dann liegt die Diskrepanz zu diesen urchristlichen Vorstellungen deutlich erkennbar auf der Hand. Die Umfrage bestätigt dies (vgl. Abb. 6): Lediglich 28 % der Betroffenen gab an, daß diese Erfahrung sie in ihrem Glauben an Gott oder in ihren religiösen Gefühlen bestärkt hätte.

Man muß sich das vor Augen halten: Eine Erfahrung, die in unserer Kultur traditionell als religiöse Schau des Jenseits, ja, als Offenbarung betrachtet wurde, gilt nun nicht einmal mehr als religiös! (Was die weiteren Folgen anbelangt, gab zwar die überwältigende Mehrheit der Betroffenen an, daß sie nun bewußter lebten, mehr Interesse an ihren Mitmenschen und dem Sinn des Lebens hätten. Aber die Angst vor dem Tod nahm lediglich bei 19,5 % der Betroffenen ab, ja, sie vergrößerte sich sogar bei über 40 %.)

Natürlich hängt diese Aussage davon ab, was wir unter „religiös" verstehen. Dieses Problem war zwar methodisch im Vorfeld nicht eindeutig zu entscheiden, aber wir nahmen eine Frage auf, die uns Aufschluß darüber geben sollte, auf welche Weise die Betroffenen selbst ihre Erfahrung verstanden: Ob sie einer religiösen Deutung anhingen, und wenn ja, welcher. Dazu unterschieden wir mehrere Arten religiöser Weltanschauungen (vgl. Abb. 6):

Im klarsten Falle konnte die Erfahrung – wie schon im Mittelalter – als Beleg für die Existenz eines christlichen Gottes (bzw. der Dreifaltigkeit) und der Wiedergeburt angesehen werden. Im anderen Extrem kann es sein, daß die Betroffenen eine sehr innerweltliche Grundhaltung einnehmen und z. B. das Leben als höchstes Gut ansehen. Materialisten werden davon ausgehen, daß es kein Leben nach dem Tod gibt („nichts nach Tod"). Wir gaben neun solcher Deutungen zur Auswahl, wobei Mehrfachnennungen möglich waren.

Die Anordnung macht klar, daß es Menschen gibt, die von der Nahtoderfahrung in ihrem Glauben an den christlichen Gott und die Wiedergeburt bestärkt werden. (Um die Befragten nicht vor die Entscheidung zu stellen, ob und wie sie die Dreifaltigkeit verstehen, haben wir im Fragebogen den unproblematischeren, wenn auch plakativen Begriff des christlichen Gottes gewählt.) Allerdings handelt es sich dabei um eine kleine Minderheit derer, die eine solche Erfahrung machen

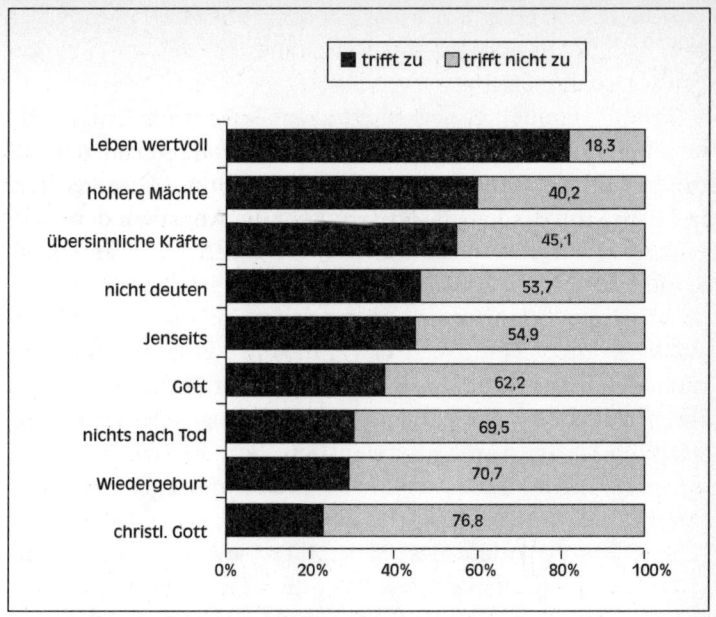

Leben wertvoll — 18,3

höhere Mächte — 40,2

übersinnliche Kräfte — 45,1

nicht deuten — 53,7

Jenseits — 54,9

Gott — 62,2

nichts nach Tod — 69,5

Wiedergeburt — 70,7

christl. Gott — 76,8

0% 20% 40% 60% 80% 100%

*Abb. 6: Deutungen von Todesnäheerfahrungen
(Angaben in Prozenten)*

(22 % bzw. 26,8 %). Diese kleine Zahl der „überzeugten Christen" wird sogar noch von der Zahl derjenigen übertroffen, die wir als Materialisten bezeichnen können (28 %). Freilich siedeln die Betroffenen ihre Erfahrung keineswegs außerhalb des Religiösen an. Für mehr als ein Drittel wird ihr Glaube an einen nicht näher bestimmten Gott gestützt, und noch mehr finden ihren Glauben an ein ebenso wenig näher bestimmtes Jenseits gestärkt (42,7 %). Noch deutlichere Mehrheiten aber findet das, was wir als Okkultismus („übersinnliche Kräfte": 53,7 %) und als allgemeinen, wenn auch unbestimmten Transzendenzglauben („höhere Mächte": 58,5 %) bezeichnen. Die mit Abstand größte Zustimmung bei vier von fünf

Betroffenen aber erhält eine diesseitige Wertschätzung des Lebens, die kaum mehr mit Religion etwas zu tun hat („Leben wertvoll": 80,5 %).

Freilich handelt es sich hier nur um sehr grobe Kategorien, die als Antwort angekreuzt werden konnten. Was ihre Deutung angeht, können wir zudem auf zahlreiche wörtliche Stellungnahmen der Betroffenen vor allem aus den ausführlicheren Interviews zurückgreifen, die im letzten Kapitel besprochen wurden. Tatsächlich finden sich hier Menschen, die durch diese Erfahrung in ihrem christlichen Glauben gestärkt wurden. Frau Mast etwa, für die Religion lange Zeit nichts bedeutet hatte, findet durch diese Erfahrung wieder zu ihrem Glauben zurück. Denn die Erfahrung bedeutet für sie, „daß der Herrgott mir ganz deutlich Zeit gegeben hat, mehr zu beten, mehr an ihn zu glauben, mehr für meine Kinder dazusein und mit den Kindern zu beten".

Frau Mast ist allerdings bei den Interviews eine Ausnahme, denn wie die Statistik zeigt, trägt die Erfahrung für die meisten ja keineswegs christliche Züge. Für Herrn Sonder zum Beispiel bietet seine Erfahrung den Beweis dafür, daß das Jenseits ganz anders aussieht, als es ihm in der Kirche gelehrt wurde. Herr Sonder, der sich ja in einem Kreis von Menschen wiederfand, aus dem sein verstorbener Vater heraustrat, hatte keine Hölle erblickt und genausowenig einen Herrgott. Wie erwähnt, trat er deswegen sogar aus der Kirche aus.

Die Meinung der meisten aber findet sich in den Worten Frau Kains wieder. Sie ist nämlich felsenfest davon überzeugt, daß die Nahtoderfahrung „mit Religion nichts zu tun" habe. Das heißt aber keineswegs, daß sie daran zweifelt, im Jenseits gewesen zu sein: „Ich bin überzeugt, daß dieses Erlebnis, was ich da hatte, dieses Bild ganz klar bedeutete: Das ist das Da-drüben-Sein."

Die Nahtoderfahrung, die jahrhundertelang als Blick in die andere Welt galt, von der die Religionen berichten, gilt auch den Menschen in der späten Moderne noch immer als ein Blick in das Jenseits. Für die wenigsten ist dieses Jenseits noch identisch mit den Vorstellungen, die in den großen Erzählungen der christlichen Tradition überliefert wurden: Weder die Hölle Dantes noch das himmlische Jerusalem, weder das Jüngste Gericht noch die Auferstehung warten auf uns am Rande des Todes. Im Unterschied zu dem, was wir von den amerikanischen Untersuchungen wissen, bilden weder das Christentum noch die anderen großen Religionen die passenden Deutungsrahmen, die von den Betroffenen herangezogen werden. Im Regelfall werden die Erfahrungen nicht im Rahmen einer Religion gedeutet. Dennoch haftet ihnen etwas an, was in einem weiteren Sinne religiös ist. (Weil sich diese Religiosität nicht mit dem deckt, was in den Kirchen gelehrt und geglaubt wird, wird sie zuweilen auch als unsichtbare Religion bezeichnet.[11]) Denn die Betroffenen zweifeln kaum daran, daß sie Erfahrungen einer Transzendenz gemacht haben, die unsere alltägliche Wirklichkeit überschreitet. Und weil sie davon ausgehen, daß das, was sie dort erfahren haben, wirklich ist, weil sie es erfahren haben, können wir diese grundlegende Religiosität als spirituell bezeichnen. Bevor wir uns im Schlußkapitel noch tiefer darauf einlassen, was wir denn unter alltäglicher Wirklichkeit, Transzendenz, grundlegender Religiosität und Spiritualität verstehen, müssen wir uns noch damit beschäftigen, wie die Nahtoderfahrungen bisher erklärt wurden.

6 Am Anfang war das Hirn: Wissenschaft und Nahtoderfahrung

Schon im Begriff „Todesnähe" liegt eine große Versuchung für alle, die sich mit grundlegenden philosophischen und religiösen Fragen beschäftigen. Was kommt nach dem Leben? Gibt es ein Leben nach dem Tod? Gibt es ein Jenseits? Fragen dieser Art stellt sich wohl jeder Mensch einmal. Gerade die Todesnäheerfahrung scheint auf besondere Weise geeignet, eine Antwort auf solche Frage zu geben. Und tatsächlich sind viele Betroffene auch davon überzeugt, daß sie durch ihre Nahtoderfahrung eine Antwort auf diese Frage erhalten haben. Andere jedoch sind weniger sicher: Waren sie wirklich tot? War das wirklich das Jenseits – oder die Grenze dazu –, was sie erfahren haben? Waren sie möglicherweise Opfer einer Sinnestäuschung?

Solche Fragen beschäftigen nicht nur die Betroffenen. Auch eine Reihe von Fachleuten haben sich damit auseinandergesetzt, verschiedene wissenschaftliche Disziplinen sich des Themas angenommen. Als „Thanatologie" hat sich eine eigenständige wissenschaftlichen Disziplin etabliert, in der besonders die Psychologie, die Medizin und die Naturwissenschaften in den Vordergrund treten, und deswegen werde ich im folgenden ihre Ergebnisse kurz zusammenfassen. Wenn es um die Beantwortung der angesprochenen Fragen geht, gewinnen auch die Kulturwissenschaften wie Geschichte, Anthropologie und Soziologie zunehmend an Bedeutung. Erstaunlicherweise spielt eine Fachrichtung eine eher untergeordnete Rolle, von der man erwarten würde, daß sie die Federführung übernimmt: die Theologie. Betrachten wir deswegen zunächst die theologische Perspektive.

■ Theologie und die Grenzen der Offenbarung

So tragisch oft ihre äußeren Begleiterscheinungen sein mögen – das, was in der Nähe des Todes erfahren wird, ist besonders für religiöse Menschen faszinierend. Denn die Wirklichkeit der Religion, das Heilige oder Gott, zeichnet sich ja gerade dadurch aus, daß sie nicht von dieser Welt ist. Wie aber kann dann behauptet werden, daß diese jenseitige Wirklichkeit existiert? Eine Möglichkeit, die wir im Christentum in Jesus Christus kulminiert und personifiziert sehen, ist die Offenbarung. Die Welt des Jenseits, das Heilige oder Gott zeigen sich dem Menschen, der dadurch von ihrer Wirklichkeit erfährt. Eine Offenbarung ist die Form der religiösen Erkenntnis oder des religiösen Erlebens. In diesem Verständnis ist auch die Nahtoderfahrung eine besondere Form der Offenbarung. Denn Menschen, die eine solche Erfahrung machen, treten in Kontakt mit einer Wirklichkeit, die jenseits dessen liegt, was wir alltäglich erleben. Sie berichten vom Rande des Lebens, ja, manche sogar aus dem Reich des Todes.

Vor diesem Hintergrund sollte man meinen, daß gerade die Kirchen besonders glücklich darüber sind, daß es Menschen gibt, die solche Erfahrungen machen. Denn sie bieten ja gewissermaßen die Belege für die Existenz einer Welt, deren Wirklichkeit von den Kirchen behauptet wird. Und damit bewegen sie sich auf einem der zentralen Gebiete der Religion und der Theologie. Tatsächlich beschwerte sich der große Schweizer Theologe Karl Barth sogar einmal, daß sich die Menschen nur noch aus diesem Grund an die Theologie wenden: „Zum Leben brauchen uns die Menschen offenbar nicht; aber zum Sterben, in dessen Schatten ja ihr ganzes Leben steht, scheinen sie uns brauchen zu wollen ... Über sich selbst und das, was ihnen möglich und erlaubt ist, sind sie leidlich orientiert, wie es aber mit dem dünnen Faden steht, an dem das ganze Netz dieser Lebensorientierung aufgehängt ist, mit dem messerscharfen Gratweg zwischen Zeit und Ewigkeit, auf dem sie sich manchmal plötzlich wandelnd wissen, nachdem sie es lange vergessen, das wollen sie wunderlicher Weise von uns wissen."[1] Gerade aber die Theologie weiß, so Karl Barth, wenig Antworten auf diese Nachfragen. Und in den Jahrzehnten, die seit seiner Äußerung vergangen sind, ließen sich ihre wenigen Antworten zudem immer seltener mit dem vereinbaren, was die Betroffenen über ihre Nahtoderfahrungen berichten. Deswegen mag es kaum überraschen, daß die Kirche sich dieser Berichte gerade in der jüngeren Zeit keineswegs mehr immer mit offenen Armen angenommen hat.[2] Die Betroffenen wurden ignoriert, anderen wurde nicht geglaubt, wieder andere wurden als Spinner abgekanzelt.

Ein Grund für die zuweilen feindselige Reaktion der Kirchen auf diese Erfahrungen bestand wohl darin, daß die Berichte mitunter von dem abwichen, was sie selbst verkündeten. (Dabei sollte man nicht vergessen, daß die Vorstellungen der Kirche über das Jenseits selbst starken Wandlungen unterworfen war – auch deswegen, weil Jesus und die biblischen Autoren keine genauen Auskünfte über die andere Welt, die Auferstehung und das ewige Leben gegeben haben.)

Der zweite Grund für die kirchliche Skepsis gegenüber diesen Erfahrungen beruht in dem Wissen, daß die menschliche Wahrnehmung Täuschungen unterliegen kann. Konnte man denn sicher sein, daß die Betroffenen wahrhaftig zu ihren Aussagen standen? Und mehr noch: Wie lassen sich visionäre Nahtoderfahrungen von Träumen und Halluzinationen unterscheiden?

Freilich klang diese Frage in der Sprache der Theologie noch etwas anders. Papst Gregor der Große, den wir oben schon zitiert haben, gebot deswegen, im Umgang mit Träumen Vorsicht walten zu lassen. Er ging davon aus, daß es sechs Arten gäbe, wie „Traumbilder" ins Bewußtsein gelängen: „Manchmal entstehen Träume durch den vollen oder leeren Magen, manchmal durch täuschende Vorspiegelung, manchmal zugleich durch Denkthätigkeit und durch täuschende Vorspiegelung, manchmal durch Offenbarung, manchmal durch Denkthätigkeit und durch Offenbarung." Mit dem Verweis auf den „vollen oder leeren" Magen deutet Gregor schon auf das hin, was wir heute als „physiologische Ursachen" von außergewöhnlichen Erfahrungen bezeichnen. Und neben den Selbsttäuschungen berücksichtigt er mit dem Hinweis auf die „Denktätigkeiten", daß auch das Bewußtsein solche Erfahrungen hervorrufen kann. Schließlich aber räumt er ein, daß die Vision sich einer Offenbarung verdanken könne. „Da aber die Träume je nach der Beschaffenheit so vieler Dinge anders zu beurtheilen sind, so darf man ihnen um so schwerer Glauben schenken, je weniger leicht zu erkennen ist, worin sie ihren Ursprung haben." Deswegen fragt sich, woran man denn Offenbarung erkenne? Gregors Antwort: „Heilige Männer aber unterscheiden die täuschenden Vorspiegelungen von den Offenbarungen gerade an den Sinnen und Bildern, die ihnen dabei vorkommen, durch ein gewisses inneres Gefühl, so daß sie klar erkennen, was ihnen vom guten Geist mitgetheilt wird, und was sie durch täuschende Vorspiegelung erleiden. Denn wenn die Seele in diesen Dingen nicht vorsichtig ist, so versenkt sie der Lügengeist in viele nichtige Dinge, da er häufig Wahres vorauszusetzen pflegt, um zuletzt die Seele mir irgendeiner Lüge zu fangen."[3]

Zweifellos liegen zwischen Gregor und den gegenwärtigen Nahtodesforschern ganze Denkwelten. Doch ist bemerkenswert, daß auch für Gregor zum einen seine eigene religiöse Anschauung ein Kriterium darstellt, ob es sich um eine „richtige" Jenseitserfahrung handelt. Und wie die modernen Forscher wählt auch er ein zweites Kriterium: Er geht davon aus, daß den Menschen, wenn sie nicht getäuscht werden, immer dasselbe Jenseits offenbart wird. Wie wir aber bereits im historischen Rückblick gesehen haben, enthält die frühmittelalterliche, christliche Jenseitsvorstellung Gregors nicht einfach nur Elemente wie „Licht", „Tunnel" oder Außerkörperlichkeit. Bei ihm kommen die Brücke der Prüfung, der stinkende Fluß, das getrennte Schicksal von Guten und Bösen dazu. Wichtig ist in unserem Zusammenhang vor allen Dingen dies: Gregor, der immerhin Papst war, war von der Möglichkeit überzeugt, daß Menschen einen Blick in das ewige Reich werfen können.

Die moderne Theologie ist hier weitaus skeptischer – und sie ist sehr zerstritten hinsichtlich der Frage, was nach dem Tod geschieht. So geht die katholische Kirche zwar davon aus, daß die Seele jedes einzelnen Menschen nach dem Tode weiterleben wird.[4] Im Sinne des Bibelwortes „Noch ist nicht erschienen, was wir sein werden" (1. Joh 3, 2) bleibt der Tod aber ein großes Geheimnis, nach dem der Mensch in eine verklärte Welt eintritt. Doch selbst wenn das Geheimnis manche noch hoffen läßt, macht die Lehre, daß der Tod eine Strafe für die Sünde in der Welt ist, alle Hoffnung auf einen positiven Tod zunichte.

Noch skeptischer als die katholische Tradition zeigt sich die evangelische Seite. Denn sie kämpfte lange gegen den Unsterblichkeitsglauben, den die katholische Kirche ihrer Ansicht nach von Platon übernommen hat (wir erinnern uns an seinen ausführlichen Bericht über die Nahtoderfahrung des Soldaten Er). Für diese Tradition ist klar: Gott hat uns als

Leib, Seele und Geist geschaffen. Leib, Seele und Geist läßt er auch sterben, um sie dereinst wieder zu unvorstellbarem Leben zu erwecken. Doch auch die evangelische Theologie vertritt die Ansicht, daß der Tod nichts Schönes sei. „Der Tod", befindet der reformierte Theologe Oscar Cullmann, „ist wirklich der vom Verwesungsgeruch umgebene Knochenmann." Und nach dem Tod, so fährt er fort, befinden wir uns bis zur Auferweckung in einem Zwischenzustand „im Schoße Abrahams". Das ist ein Zustand, der zwar noch eine Zeit kennt. Aber klar ist: „Irgendwelche Spekulationen über den Zustand der Toten in dieser Zwischenzeit gibt es hier jedoch nicht."[5]

Cullmann kann sich dabei auf die Paulus-Worte berufen, die wir im letzten Kapitel zitiert haben, und so ist es einerseits verständlich, daß sich die Theologie sehr zögerlich verhält, wenn es um Nahtoderfahrungen geht. Andererseits aber war es ein noch immer berühmter katholischer Papst, der die Nahtoderfahrung als etwas verstanden hat, was man als eine private Offenbarung bezeichnen kann, als Einblick in die jenseitige Welt oder wenigstens in die Situation, die uns an der Grenze des Lebens erwartet. Für die evangelischen Christen bilden persönliche religiöse Erfahrungen traditionsgemäß eine wichtige Grundlage des Glaubens. Das wären freilich nicht die einzigen Gründe, aus denen sich die Theologie den Nahtoderfahrungen eigentlich zuwenden müßte. Ihr erstes und auch pastorales Motiv müßten die vielen Menschen sein, die diese Erfahrung machen und sich mit ihr auseinandersetzen. Doch die christliche Theologie stellt ihnen tatsächlich wenig Hilfe und Möglichkeiten bereit, eine solche Erfahrung der Transzendenz zu deuten. Diese Lücke wird häufig – und überraschenderweise – von vielen gefüllt, die sich eigentlich die (wissenschaftlich neutrale) Erforschung der Nahtoderfahrung zum Ziel gesetzt haben.

◾ Die Glaubenslehre der Thanatologie

Ganz anders als die christliche Theologie verhalten sich die
führenden Figuren in der erwähnten neuen Disziplin der
Thanatologie.[6] Thanatologie bedeutet sinngemäß Sterbefor-
schung. Wie schon erwähnt, hat sich Elisabeth Kübler-Ross
seit 1966 mit Tod und Sterben beschäftigt, indem sie Kontakt
mit Patienten und Patientinnen aufnahm, die sich in der
Sterbephase befanden. Kübler-Ross konnte so den Verlauf des
Sterbeprozesses eindrucksvoll schildern. Im Zusammenhang
ihrer Auseinandersetzung mit sterbenden Menschen erfuhr
sie durch Krankenschwestern von einer Frau, die eine drei-
viertel Stunde lang „klinisch tot" gewesen war. Sie führte ein
Interview mit ihr und erfuhr, daß sie während der Wiederbelebungsversuche über ihrem eigenen Körper geschwebt sei.
In der Folge beschäftigte sich Kübler-Ross intensiv mit solchen „Todgeweihten". Sie begründete nicht nur einen For-
schungsansatz, sondern entwickelte eine fast religiöse Überzeugung, die sie auf diese Berichte begründete. Dies wird an
einer Episode deutlich: Im Herbst 1990 hielt sie einen Vortrag
in der mit 1300 Menschen hoffnungslos überfüllten Ost-Ber-
liner Marienkirche über „Leben – Sterben – Übergang". Als
sie nach dem Vortrag von einem Zuhörer gefragt wurde, ob
sie an ein Leben nach dem Tod glaube, antwortete sie unter
starkem Beifall: „Ich weiß, daß es ein Leben nach dem Tode
gibt!"[7]

Wie schon im ersten Kapitel gezeigt, steht Kübler-Ross
mit dieser Auffassung, daß das Leben nach dem Tod beweisbar sei, keineswegs allein. Auch der Psychologe Kenneth
Ring glaubt an die Existenz eines Jenseits, das durch die
Nahtoderfahrungen bewiesen werde. Ring, der von sich
selbst behauptet, sich bei seiner wissenschaftlichen Arbeit
nicht von religiösen Dingen leiten zu lassen, deutet Todesnäheerlebnisse jedoch explizit „als die direkte persönliche

Vergegenwärtigung einer höheren geistigen Realität". Ausgehend von seiner Hypothese, „daß die Menschheit als Ganzes gemeinsam darum ringt, zu einer neuen und höheren Bewußtseinsebene zu erwachen, die häufig als ‚planetarisches Bewußtsein' bezeichnet wird", ist er der festen Überzeugung, daß die Nahtoderfahrung als ein evolutionäres Mittel betrachtet werden kann, um diese Transformation im Laufe der Jahre bei Millionen von Menschen in Gang zu setzen: „Die Nahtoderfahrungen repräsentieren einen evolutionären Vorstoß zu einem höheren Bewußtsein. Menschen, die Nahtoderfahrungen gemacht haben, bilden zusammen einen höherentwickelten Typus von Mensch. Es sind Menschen, deren Bewußtsein mit einer höheren Art von Wahrnehmung erfüllt wurde, einer höheren spirituellen Erleuchtung; sie sehen die Dinge von einer anderen Ebene als wir. Und es gibt mehr und mehr dieser Menschen. Nach meiner Auffassung weist die Entstehung dieser neuen Art des Menschseins möglicherweise darauf hin, daß heute auf der Erde tatsächlich ein neues Zeitalter anbricht."[8]

Im Unterschied zu herkömmlichen religiösen Lehren beruft sich diese „theologische" Thanatologie nicht auf die Bibel oder das Dogma der Kirche. In den Augen von Ring sind die Aussagen über die andere Wirklichkeit wissenschaftlich beweisbar. Und das ist ebenso die Auffassung von Elisabeth Kübler-Ross. Auch sie vertritt die Meinung, daß die Nahtoderlebnisse einen Beweis dafür bieten, daß es keinen Tod gibt. Das Sterbeerlebnis ist für sie „eine Geburt in eine andere Existenz, die ganz, ganz einfach bewiesen werden kann".[9]

So zögerlich die christliche Theologie klare Aussagen über das Jenseits macht – die Thanatologen der heutigen Zeit sind offenbar weit weniger zurückhaltend. Dabei treffen sie nicht nur positiv die spirituelle Dimension dieser Erfahrung, die viele der Betroffenen damit verbinden. Sie verbreiten auch ein vorschnell verallgemeinertes Bild, das wir als den Mythos der Nahtoderfahrung bezeichnet haben: Sie entwerfen das Bild eines Jenseits, das über einen Tunnel erreichbar, in Licht getaucht und mit Geistwesen bevölkert ist. Aus den Ergebnissen ihrer Untersuchungen werden Glaubenslehren über das Jenseits, die viele gerne übernehmen. Andere wiederum, deren Erfahrungen sich mit diesem Standardmodell nicht decken, können sich darin nicht wiederfinden, sehen sich ausgeschlossen und empfinden sich zuweilen als abweichende Ausnahmen.

■ Die Überlebens-Hypothese: Der schwierige Nachweis der Übersinnlichkeit

Ganz so einfach, wie sich das Elisabeth Kübler-Ross vorstellte, ist der Nachweis der anderen Wirklichkeit nicht. Zwar hat sich im Anschluß an ihre Arbeiten eine große Zahl an Forschern in den verschiedenen Disziplinen mit diesem Thema beschäftigt. Allerdings rückten immer mehr vom Glauben ab, Nahtoderfahrungen könnten den Nachweis für die Existenz des Jenseits liefern. Die einzigen ernsthaften Forscher, die diese Annahme überhaupt noch überprüfen, sind innerhalb der Parapsychologie zu finden.

Die vielleicht allgemeinste Fassung dieser Annahmen wird als Überlebens-Hypothese bezeichnet. Diese Hypothese beinhaltet, daß der Geist, das Bewußtsein oder die Seele in der Todesnähe überlebt, also auch dann noch tätig ist, wenn der Körper, das Gehirn und das Nervensystem nicht mehr funktionieren. Die Argumentation lautet etwa so: Wenn wir eine Todesnäheerfahrung in dem Zeitraum machen, in dem der Körper medizinisch tot war, dann haben wir einen Beweis dafür, daß wir unabhängig von unserem Körper Erfahrungen machen können. Daraus könnten wir folgern, daß das Bewußtsein, die Seele oder der Geist – wie immer wir die Instanz nennen wollen, die die Erfahrung macht – selbst dann noch aktiv ist, wenn der Körper schon tot ist.

So schlüssig das Argument klingt, so schwer fällt es doch Außenstehenden, zu erkennen, wann die Betroffenen gerade eine Nahtoderfahrung machen. Die Vertreter der Überlebens-Hypothese verlegen sich deswegen sozusagen auf Indizienbeweise: Sie konzentrieren sich auf besondere Fälle (wie den unten folgenden), die am ehesten noch als Hinweis auf ein überlebendes Bewußtsein angesehen werden können.

Nahtoderfahrungen sind aber noch aus einem zweiten Grund von Interesse für die Parapsychologie. Denn vor allem diejenigen, die eine solche Außerkörperlichkeitserfahrung gemacht haben (also den Eindruck hatten, daß sie sich außerhalb ihres Körpers befunden hatten), behaupten oftmals, Dinge gesehen, gehört und gefühlt zu haben, die ihnen aus der Perspektive ihres Körpers (aus dem sie aufgestiegen sind) nicht zugänglich waren. Solche Erfahrungen, die nicht mit den gängigen Sinnen gemacht werden können, werden als paranormale Erfahrungen bezeichnet. Wie wir ja an einigen der Todesnäheerfahrungen gesehen haben, die ausführlich zitiert wurden, kommen darin nicht selten Außerkörperlichkeitserfahrungen vor, ja, manche bestehen im wesentlichen aus einer Außerkörperlichkeitserfahrung. (Eine solche bildet etwa den Kern von Frau Maiers Sturz, der in Kapitel 4 ausführlich geschildert wurde.) In der Parapsychologie gelten die Erfahrungen, die außerhalb des Körpers gemacht werden, nicht nur als Beleg dafür, daß Menschen außersinnliche Wahrnehmungen machen können, also Wahrnehmungen, die nicht auf die bekannten Sinneswahrnehmungen zurückgehen. Gerade die Außerkörperlichkeitserfahrung dient als Musterbeispiel dafür, daß sich ein wahrnehmender Teil des Ich vom Körper lösen kann.

Aus diesem Grunde legt die Parapsychologie auch großen Wert auf die Überprüfung dieser Phänomene. Zu diesem

Zweck werden deshalb Experimente durchgeführt. In einem Fall wurde an der Decke eines Raumes ein Gegenstand angebracht, der nur aus einer bestimmten Perspektive sichtbar war. Dann wurde eine Versuchsperson in den Raum gebracht, die besondere Fähigkeiten besaß, aus eigenem Willen Außerkörperlichkeitserfahrungen bei sich auszulösen. Offenbar war diese Person in der Lage, den Gegenstand von außerhalb ihres Körpers zu sehen – und den Forschern danach zu beschreiben. Ähnliche paranormale Erfahrungen beziehen sich auf jüngst verstorbene Personen, die Betroffenen in der Nahtoderfahrung begegnet waren, ohne daß sie zu dem Zeitpunkt über „normale Wege" gewußt haben konnten, daß diese Personen wirklich tot waren.[10]

Außerkörperlichkeit umschreibt einen eigenen Typus von Erfahrungen, der häufig auftritt, ohne mit Nahtoderfahrungen verbunden zu sein. Wenn sie jedoch in Verbindung mit Nahtoderfahrungen untersucht werden, stellt sich ein besonderes Problem, das nicht nur Forschende in der Parapsychologie, sondern auch in der Medizin und Psychologie betrifft. Denn es ist ja kaum möglich, echte Nahtoderfahrungen im Labor und in der Situation des Experiments zu untersuchen. Daß nämlich Forscher mit den entsprechenden Apparaten anwesend sind, wenn eine Patientin oder ein Patient gerade eine Nahtoderfahrung macht, ist ein höchst seltenes Ereignis. Deshalb müssen sie sich mit nachträglichen Beschreibungen zufriedengeben. Weil wir es hier immerhin mit dem zentralen Problem der Beweiskraft zu tun haben, betrachten wir vielleicht am besten eine solche Beweisführung am Beispiel. Es handelt sich um die Erfahrung einer Amerikanerin, Frau McKnight, die später von parapsychologischen Forschern im Zusammenhang mit der Überlebens-Hypothese untersucht wurde.[11]

Als Frau McKnight ihre Nahtoderfahrung machte, war sie 34 Jahre alt. Es geschah im Laufe einer Gallenblasenoperation. Nach der Operation waren alle der Meinung, sie sei erfolgreich verlaufen. Doch als wenig später eine Freundin das Krankenzimmer betrat, fand sie Frau McKnight bewußtlos vor. Sofort wurde ein Arzt gerufen. Frau McKnights Mann wurde verständigt. Während der herbeieilte, führten Arzt und Krankenschwester mehrere Wiederbelebungsversuche durch, offenbar erfolglos. Als ihr Mann endlich ankam, meinte der Arzt, es sei zu spät. Allerdings werde man noch einen Versuch unternehmen – und tatsächlich: Ihr Herz begann wieder zu schlagen.

Während dieser Zeit machte Frau McKnight die folgende Erfahrung: Als ihre Freundin hereinkam, schien es Frau McKnight, als bewegte sie sich in Zeitlupe: Ganz, ganz langsam legte sie den Blumenstrauß ab und ging dann wieder zur Tür zurück. Dann spürte Frau McKnight ein Gefühl großer innerer Kälte, alles wurde dunkel und schließlich ganz schwarz. Plötzlich war es, als ob jemand das Licht angemacht hätte, und es wurde ihr ganz warm und hell. Sie spürte keinen Schmerz, fühlte sich frei, als ob sie gehen könnte, wohin sie wollte. Sie bewegte sich aufs Fenster zu. Sie sah, wie auf der Straße vier Stockwerke unter ihr ein Junge ein viel kleineres Mädchen hänselte. Bevor sie eingreifen konnte, kam jedoch ihr Mann herein. Er fragte sie: „Warum verläßt Du mich?" Sie drehte sich um. Seltsam, dachte sie, warum neigt er sich über den Körper dort im Bett, anstatt mich anzusehen. Dann hörte sie den Arzt mit ihrem Mann reden, und sie sah, wie sie an ihr den letzten Wiederbelebungsversuch durchführten. Wie von einem schnappenden Gummiband gezogen, durchquerte sie den Raum. Nach einer kurzen Zeit der Dunkelheit fand sie sich wieder im Bett.

Hatte sie dieses Geschehnis nur geträumt? Hatte sie sich wirklich außerhalb ihres Körpers befunden? Glücklicherweise stellte sie sich diese Frage selbst. Deswegen versuchte sie, sich an Einzelheiten zu erinnern, was sie gesehen hatte, als sie sich offenbar außerhalb ihres Körpers befand. Die Kinder waren sicherlich nicht mehr da. Aber sie erinnerte sich, einen Weihnachtsbaum auf einem Balkon gesehen zu haben (was deswegen auffällig war, weil es Februar war) sowie eine Menge Bettlaken, die im Wind flatterten. Sie bat eine Krankenschwester, nachzusehen, was sie vom Fenster aus sehen könnte. Bevor die Schwester nachsehen konnte, bat sie, es ihr nicht zu sagen. „Auf dem Balkon unterhalb steht ein Weihnachtsbaum, und es sind viele Bettlaken zu sehen", sagte Frau McKnight schnell. Die Schwester mußte sogar das Fenster noch öffnen und sich hinauslehnen. Doch dann bestätigte sie: Ein Weihnachtsbaum sei auf einem Balkon, und weiter hinten waren Laken zu sehen, die zum Trocknen draußen hingen.

Für Frau McKnight war es nun klar, daß sie sich wirklich außerhalb des Körpers befunden hatte. Allerdings lag ihre Erfahrung, als sich der amerikanische Todesnäheforscher Ian Stevenson im Jahre 1961 damit beschäftigte, fast dreißig Jahre zurück. Ian Stevenson befragte Frau McKnight brieflich nach Details und erhielt die folgenden Auskünfte: Frau McKnight war sich sicher, der Krankenschwester von den trocknenden Laken vor dem Fenster erzählt zu haben, bevor sie es öffnete. Sie schrieb: „Ich weiß, daß ich das getan habe, denn ich versuchte, mich an Einzelheiten zu erinnern, die ich gesehen hatte, die bestätigen würden, daß meine Erfahrungen wirklich waren."

Auf die Frage, ob sie den Bereich unter dem Hospitalfenster gesehen haben könnte, als sie ins Krankenhaus gebracht wurde, antwortete sie: „Ich betrat das Krankenhaus um drei Uhr morgens mit furchtbaren Schmerzen, die von der Gallenblase herrührten. Ich war noch nie davor dort gewesen. Ich wurde in mein Zimmer gebracht, wo ich in ein Bett gelegt wurde, das an der inneren Wand stand. Kurz danach schlief ich unter dem Einfluß von Beruhigungsmitteln ein. Das einzige Mal, das ich das Bett verließ, war, als ich in den Operationsraum gefahren wurde." Ian Stevenson war davon nicht völlig überzeugt und bat um mehr Details über die genaue Lage des Hofes, in dem die Laken trockneten, im Verhältnis zum Eingang des Krankenhauses. Frau McKnight antwortete: „Wäre ein Hof zum Wäschetrocknen neben dem Haupteingang des Hospitals gewesen, hätte ich ihn in der Nacht nicht gesehen, als ich das Krankenhaus gegen drei Uhr unter den Schmerzen einer heftigen Gallenblasenattacke betrat. Ich bin aber sicher, daß es sich um irgendeine Seitenstraße handelte, auf die ich aus dem Fenster blickte. Ich erinnere mich aber nicht mehr, auf welche Seite hinaus das Zimmer ging."

Frau McKnight konnte sich nicht mehr an den Namen des Krankenhauses erinnern, in dem sie ihre Erfahrung machte. Sie erinnerte sich an die zwei Oberärzte des Krankenhauses, doch waren diese schon vor 1961 gestorben. Mehr als 20 Jahre später begannen dann die Forscher eine systematische Suche nach Krankenhausunterlagen. Wieder schrieben sie Frau McKnight an. Doch erhielten sie nur eine Antwort von ihrer Tochter. Diese teilte ihnen mit, daß Frau McKnight wenig zuvor im Alter von 88 Jahren verstorben sei. Sie glaubte, ihre Mutter sei in einem Krankenhaus in New York operiert worden, dessen Namen sie den Forschern nannte. Die Forscher wandten sich an das Krankenhaus mit der Bitte um die Unterlagen. Doch die Akten konnten nicht gefunden werden.

Dieser Bericht klingt ein wenig wie eine Kriminalgeschichte. Frau McKnight hatte eine OBE erlebt, in der sie etwas ganz Unspektakuläres gesehen hatte: Spielende Kinder, einen Balkon, mehrere Bettlaken. Spektakulär aber ist: Dort, wo sich ihr Körper befand, konnte sie das alles gar nicht sehen. Die einzige Erklärung also, die den Forschern blieb, war, daß sie tatsächlich einen außerkörperlichen Blickwinkel gehabt haben muß. Könnten sie das beweisen, so wäre damit ein Nachweis gelungen, daß die Seele den Körper verlassen kann. So naheliegend diese Vermutung erscheint, so schwer fällt der Nachweis. Nach all ihren Nachprüfungen müssen dann die Forscher einräumen, daß sie ihre Annahme in diesem Fall nicht belegen können. Und dies gilt nicht nur für diese Nahtoderfahrung. Bei genauerer Überprüfung stellt es sich nämlich heraus, daß es bislang noch in keinem Falle gelungen ist, die Wirklichkeit dieser paranormalen Erfahrungen während der OBE nachzuweisen. Und noch weniger ist der Beweis dafür gelungen, was Kübler-Ross für so selbstverständlich hält: die Existenz der Wirklichkeit, die im Nahtoderlebnis erfahren wird.

■ Trugbilder der Gehirnrinde

Aus diesem Grunde ist es sehr verständlich, daß die Stimmen in der zunehmend verstärkten Nahtodforschung lauter wurden, die diese Überlebens-Hypothese in Frage stellten. Ja mehr noch, immer mehr Forscher die Inhalte der Erfahrungen lediglich als eine Folge rein körperlicher Prozesse ansahen. Dabei nahmen sich Biologen, Chemiker und Mediziner mit der ganzen Technik ihrer Forschungsapparate des Themas an und suchten nach den Ursachen und Quellen dieser Erfahrung. Hunderte von Untersuchungen wurden durchgeführt, die alle möglichen Faktoren überprüften. Weil sie oft in einer kaum zugänglichen Fachsprache verfaßt sind, sollen hier nur einige Beispiele angeführt werden.[12]

All diese Untersuchungen gehen davon aus, daß die körperlichen Umstände bei der Nahtoderfahrung in einem Zusammenhang mit dem stehen, was erlebt wird. Tatsächlich zeigte es sich, daß der Lebensrückblick, bei dem das vergangene Leben wie in einem surrealen Film noch einmal abgespult wird, am ehesten bei Menschen auftritt, die beinahe ertrunken sind. Menschen, die einen Herzstillstand erlitten, verfielen mehr in einen meditativen Geisteszustand, und Menschen, die unter Drogeneinfluß standen, hatten traumähnliche Erfahrungen. Unter Drogeneinfluß sind hier in der Regel schmerzstillende Mittel gemeint, denn eine der überraschendsten Erkenntnisse ist, daß gerade jene Drogen, die zu Halluzinationen führen, keinen verstärkenden Einfluß bei Nahtoderfahrungen haben. Ganz im Gegenteil scheinen Nahtoderfahrungen um so intensiver zu sein, je weniger das Bewußtsein von Drogen beeinflußt ist.

Eine andere Erklärungmöglichkeit sieht die Nahtoderfahrung als eine Art Überreaktion des Gehirns, vergleichbar etwa dem, was wir unter dem Einfluß von schwerem Fieber erleben. Die Erfahrungen wären dann gleichsam Entladungen des Gehirns oder besser: Reaktionen der aus dem Gleichgewicht geratenen „Gehirnchemie". Tatsächlich berichtete etwa eine Frau, die unter dem Einfluß starker Betäubungsmittel eine mißlungene Nebenhöhlenoperation überstand, daß sie dabei eine Erfahrung machte, als ob sie sich durch einen engen, dunklen Tunnel wie durch ein enges Plastikrohr gewunden habe und sich gegen viel Widerstände zu einem Licht durchkämpfte, das sie am Ende sah.

Eine der am häufigsten vermuteten Ursachen der Nahtoderfahrung besteht darin, daß Sauerstoff oder andere Gase das Gehirn so beeinflussen, daß es bestimmte Empfindungen gewissermaßen automatisch erzeugt. So wurden schon in den vierziger Jahren Versuche unternommen, bei denen psychiatrischen Patienten Sauerstoff-Kohlendioxyd-Mischungen verabreicht wurden. Das Ergebnis ist für die, die die Nahtoderfahrungen für etwas Besonderes hielten, desillusionierend. Einige Patienten sahen Lichter, Tunnel und Trichter, andere machten Außerkörperlichkeitserfahrungen, und wieder andere durchlebten noch einmal vergangene Erinnerungen auf eine Weise, die an den erwähnten Lebensrückblick erinnert.

Sogar ekstatische Zustände, das Gefühl kosmischen Erkennens und universeller Liebe traten auf.

Desillusionierend an dieser Methode ist, daß sie davon ausgeht, diese und andere religiösen Erfahrungen ließen sich auf materielle Vorgänge im Hirn zurückführen. Die Erfahrung des einzigartigen Lichts gehe etwa auf eine Erregung im Sehzentrum des Gehirns zurück. Während das Licht meistens als weiß, gelb oder goldfarben geschildert wird, verändert es offenbar seine Farbe bei denjenigen, die bestimmte Amphetamine und Barbiturate eingenommen haben: Sie sehen ein blaues oder violettes Licht.

Eine andere Vermutung besteht darin, körpereigene Stoffe als Ursache für diese Erfahrungen anzusehen. So wissen wir, daß außergewöhnlicher Streß, wie er ja im Sterbeprozeß auftritt, eine Überdosis Endorphine freisetzt. Dabei handelt es sich um Eiweißstoffe, die sich im menschlichen Gehirn befinden und eine schmerzstillende Wirkung ausüben. Solche Endorphine können sogar einen Starrezustand herbeiführen oder komplexe Halluzinationen auslösen. Die Inhalte der Nahtoderfahrungen (Tunnel, Licht usw.) werden in diesem Falle als solche komplexen Halluzinationen angesehen.

Nicht selten werden auch Aktivitäten besonderer Bereiche des Gehirns für das Auftreten solcher Erfahrungen verantwortlich gemacht. Gerade jener Hirnbereich, der das Gedächtnis, die Stimmung und das Verhalten steuert, gilt als maßgeblich beteiligt. Zwar gibt es keinen Nachweis dafür, doch weiß man, daß massive Störungen dieses Hirnbereichs zu einer Reihe von Phänomenen führten, die der Nahtoderfahrung ähneln: unfreiwillige Erinnerung, akustische, optische und auf die Bewegung bezogene Sinnestäuschungen und überwältigende Gefühle.

So unterschiedlich die vorgestellen Erklärungsansätze gelagert sind, sie weisen alle einen gemeinsamen Grundzug auf. Sie gehen davon aus, daß die Nahtoderfahrungen Folgen körperlicher Vorgänge sind. Ob es sich um biologische Prozesse handelt, um neurologische oder um chemische, ist gleichgültig. Im Grunde betrachten sie die Vorstellungen als Auswüchse des Organismus.[13] Die Erfahrungen des Jenseits erscheinen demnach als geistige Trugbilder, die von fehlerhaften oder ungewöhnlichen Vorgängen im Körper, vor allen Dingen im Hirn, erzeugt werden.

Ist die mystische Verzückung, der angebliche Blick ins Jenseits, wirklich nichts anderes als die Folge einer chemischen Reaktion im Hirn? Eindeutig sind die Ergebnisse hier nicht. Denn es zeigte sich bald, daß Nahtoderfahrungen auch bei Menschen auftreten, bei denen solche chemischen Reaktionen nicht nachweisbar sind. Das größte Problem dieser Untersuchungen aber besteht darin, daß Nahtoderfahrungen selten genau in dem Augenblick auftreten, wenn die betroffenen Menschen gerade medizinisch untersucht werden und an die für diese Forschung notwendige Meßapparatur angeschlossen sind. Ganz im Gegenteil: Das kommt sehr selten vor, und so beruhen viele dieser Untersuchungen auf nachträglichen Rekonstruktionen, auf einer sehr kleinen Zahl an Fällen und zuweilen auch auf Spekulationen. Sehr viel anders sieht das auch bei einer weiteren wissenschaftlichen Disziplin nicht aus, die sich mit unserem Thema beschäftigt: der Psychologie.[14]

■ Täuschungen der Seele

Auch die psychologischen Deutungen sind diesseitsbezogen. Sie gehen davon aus, daß die Nahtoderfahrungen durch psychische Prozesse verursacht oder zumindest bedingt sind und keinen Blick ins Jenseits bezeugen.

Häufig liefert die von Sigmund Freud begründete Psychoanalyse das Muster für die psychologischen Erklärungen der

Todesnähe. De Vorstellungen eines jenseitigen Lebens sind demnach eine Folge der Weigerung der Seele, den eigenen Tod zu akzeptieren. Man könnte sagen: Die Seele kompensiert gewissermaßen die Todesverdrängung mit der Illusion einer jenseitigen Wirklichkeit. Genauer gesagt betrachtet die Psychoanalyse die Nahtoderfahrung als eine „Schockphantasie" oder „Schockdenken". Diese „Schockphantasien" bilden einen unbewußten Schutzmechanismus, der im Falle der äußersten Lebensgefahr eintritt. Durch diesen Mechanismus tritt an die Stelle der Sinneswahrnehmungen ein von der Psyche produzierter Ersatz. Die gräßliche Gegenwart wird dann durch angenehme, lustvolle Kontrastvorstellungen überlagert und kompensiert.[15]

Auch spätere Versuche, die Todesnäheerfahrung als eine Art der Abwehr des Todes zu erklären, müssen sich die Frage gefallen lassen: Warum sollte sich die Psyche in genau die Situation begeben, vor der sie flieht? Zudem müßte sie befürchten, daß gerade die Außerkörperlichkeitserfahrung, die ja als so positiv erfahren wird, eine noch größere Angst hervorruft. Insgesamt also kann diese Theorie nicht besonders überzeugen.

Eine etwas anders gelagerte Erklärung bot der berühmte Schweizer Psychologe C. G. Jung, der sich intensiv mit dem tibetanischen Totenbuch auseinandergesetzt hat. Die bei den Nahtoderfahrungen wiederkehrenden Motive (wie Tunnel und Licht) belegen seines Erachtens, daß gewisse Symbole und Muster über die Kulturen und ihre Unterschiede hinweg zu finden und als „archetypische Vorstellungen" tief in unserem menschlichen Bewußtsein verankert seien. Das heißt, daß diese Motive zu der Grundausstattung der menschlichen Seele gehören, die sich auch in den Mythen und den „großen Träumen" primitiver Kulturen fänden. Zwar seien diese Archetypen unbewußt, doch kämen sie nicht nur in krankhaften Krisensituationen (Neurosen, Psychosen) zum Vorschein, sondern auch bei lebensbedrohenden Zuständen – also etwa Nahtoderfahrungen.

Eine andere beliebte tiefenpsychologische Theorie beschäftigt sich mit der Erfahrung des Tunnels, auf die ja eine überwältigende Lichterfahrung folgt. Aus ihrer Sicht wird damit die eigene Geburt nacherlebt. Der Tunnel entspricht also dem Geburtskanal, das Licht dem Erlebnis, wenn man aus dem Geburtskanal ans Licht kommt. Würde diese Theorie zutreffen, wäre die Nahtoderfahrung also gleichsam eine zweite Geburt, die Ausdruck des unbewußten Wunsches nach einer Rückkehr in den Mutterschoß wäre.

Allerdings haben Vertreter dieser Theorie ein schwerwiegendes Problem. Würde ihre Theorie zutreffen, dann dürfte diese Tunnel-Lichterfahrung bei den Menschen nicht auftreten, die durch einen Kaiserschnitt geboren wurden. Das aber ist nicht der Fall: Der Anteil derer, die durch einen Kaiserschnitt zur Welt kamen und später eine Nahtoderfahrung machten, ist so groß wie derjenigen, die das Licht der Welt durch den Geburtskanal erblickten (und nicht alle machen eine Tunnelerfahrung).

Um das Auftreten der negativen, „höllischen" Nahtoderfahrungen zu erklären, wird oftmals vermutet, daß sie vor allem im Zusammenhang mit Selbstmordversuchen auftreten. Weil der Selbstmord ja als moralisch schlecht angesehen wird, vermutet man auch eine entsprechend schlechte, ‚negative' Erfahrung – wenn schon nicht aus religiösen Gründen, so doch verursacht durch das unterstellte schlechte Gewissen der Betroffenen. So naheliegend diese Verbindung erscheint, sie scheint nicht zuzutreffen. So berichten Menschen, die auf der Golden Gate Brücke in San Francisco Selbstmord versuchten und überlebten, über friedliche, beruhigende Erfahrungen in der Nähe des Todes. Überdies stellte es sich heraus, daß gerade diejenigen Menschen, die eine solch positive Erfahrung während ihres

Selbstmordversuchs hatten, am wenigsten dazu neigen, sich noch einmal umbringen zu wollen.[16]

Die einfachste Möglichkeit, solche Erfahrungen zu erklären, besteht natürlich darin, sie als Einbildungen oder Halluzinationen zu betrachten. Ganz ausschließen läßt sich diese Möglichkeit zwar nie, doch sprechen mehrere Gründe gegen diese Annahme. Was die Einbildungskraft angeht, unterscheiden sich Menschen sehr stark voneinander. Mit Hilfe von Imaginationsübungen und -tests lassen sich diese Unterschiede auch annähernd messen. Vergleicht man nun die Menschen, die eine Nahtoderfahrung (vor allem eine Außerkörperlichkeitserfahrung) gemacht haben, mit denen, die eine solche Erfahrung nicht gemacht haben, so zeigt sich: Es ist nicht die besonders ausgeprägte Einbildungskraft der Betroffenen, durch die diese Erfahrungen erklärt werden können. Ähnliches gilt auch für die Halluzination. So neigen bestimmte Menschen sehr stark zu Halluzinationen, doch erstaunlicherweise ist unter ihnen der Anteil derjenigen nicht höher, die eine Nahtoderfahrung gemacht haben, als bei den weniger von Halluzinationen Geplagten.

Ein weiterer Erklärungsversuch, noch vor Jahren keineswegs selten, besteht darin, die seelische Gesundheit der Betroffenen anzuzweifeln. Wenn man jedoch versucht, die psychische Gesundheit festzustellen, dann lassen sich keine erkennbaren Auffälligkeiten bei den von Nahtoderfahrungen betroffenen erkennen. In vielen Fällen sind sie seelisch sogar gesünder als die „normalen" Kontrollgruppen. Menschen mit Nahtoderfahrungen neigen weder häufig zu Neurosen, sie haben keine größeren Schuldgefühle, sie sind nicht einzelgängerischer, aggressiver, ängstlicher, in sich gekehrter oder selbstverliebter als diejenigen, die eine solche Erfahrung nicht gemacht haben.

Auch die Annahme, daß Nahtoderfahrungen mit einem gestörten Selbst- und Körpergefühl zu tun haben, kann nicht richtig befriedigen. Denn bei den meisten bleibt das Gefühl für das eigene Ich sehr stark ausgeprägt. Die Erfahrenden fühlen sich nicht nur identisch mit der Person, die die Nahtoderfahrung macht. Vielfach wird das Gefühl noch gestärkt und begründet das, was wir als Spiritualität bezeichnen. Und obwohl manche den Eindruck haben, ihren physischen Körper zu verlassen, bleibt das Gefühl für den Körper nicht nur erhalten, sondern Körperbewegungen, Sinneswahrnehmungen, räumliche Orientierung und das Gefühl für die Lage des Körpers im Raum werden oftmals noch gesteigert.

■ Natur und Kultur

Die Nahtodforschung umfaßt mittlerweile eine solch lange Liste von Untersuchungen, daß es Laien fast schon unmöglich geworden ist, sich einen Überblick zu verschaffen. Vielleicht ist das ein Grund für die vielen Mythen, die sich um diese Forschung ranken. Nach all dem, was wir nun wissen, müßten wir sehr leichtgläubig sein, würden wir die Nahtoderfahrung noch als harten Beweis für die Existenz eines Jenseits ansehen. Denn wie wir gesehen haben, sind schon die etwas bescheideneren Versuche, paranormale Erfahrungen damit zu beweisen, bislang kaum über bloße Vermutungen hinausgekommen.

Auf den ersten Blick erscheinen dagegen die Ergebnisse aus der Medizin, der Chemie oder der Psychologie beeindruckend. Zumal in einer Zeit, in der einige große Denker behaupten, die ganze Welt sei vollständig ein Ergebnis der Prozesse in unserem Hirn, scheint es sehr einleuchtend zu sein, auch die Todesnäheerfahrungen als bloße Auswirkungen biochemischer Vorgänge in unserem Gehirn anzusehen. Und wenn das so wäre, dann könnte ja die Psychologie, so scheint es, uns auch erklären, wie solche materiellen Prozesse diese faszinierenden Bilder und Eindrücke erzeugen. Doch so eindrucksvoll sich diese verschiedenen Theorien auch anhören, sollte es schon stutzig machen, daß es bisher kaum möglich ist, Kriterien für die Richtigkeit oder Falschheit der ihnen zugrunde liegenden Untersuchungen anzugeben. Warum aber kann man denn trotz der vielen Forschung nicht sagen, welche dieser Theorien nun stimmt? Blicken wir genauer hin, dann bröckelt die eindrucksvolle Fassade recht schnell. Die erste Farbe fällt, wenn wir bemerken, daß viele dieser Theorien kaum mehr als Vermutungen sind, die – wenn überhaupt – nur anhand einer minimalen Zahl an Fällen überprüft wurden. Vor allem aber klebt die Fassade sozusagen auf einem Kartenhaus. Denn die meisten dieser Theorien haben einen großen Haken: Mit ihren Meßapparaturen können die Forscher zwar beobachten, was in einer bestimmten Hirnregion vor sich geht. Sie können aber nicht wissen, ob und wann das, was sie in der Hirnregion beobachten, mit einer Todesnäheerfahrung zu tun hat. Um das zu erfahren, sind sie auf andere Wissensquellen angewiesen. Im besten Falle können sie die Menschen ja selbst fragen. Doch leider untersuchen sie Menschen nur selten dann, wenn sie gerade eine Nahtoderfahrung machen.

Anders gesagt: In den meisten Fällen handelt es sich bei den Erfahrungen, deren materielle Grundlagen untersucht werden, gar nicht um Nahtoderfahrungen. Viele behelfen sich nämlich damit, daß sie auf den Zusammenhang einzelner Gehirnprozesse mit bestimmten, auch unabhängig von der Nahtoderfahrung auftretenden Elementen achten.

Dieser Notbehelf wäre durchaus einsichtig, wenn diese Elemente immer dieselben wären. Und tatsächlich geht diese Forschung von den „mythischen" Annahmen der Todesnäheforschung aus, daß nämlich die Nahtoderfahrungen immer gleich seien. Um diese Gleichheit aufrechterhalten zu können, wurden auch Behelfsgrößen geschaffen. So vertreten manche Forscher die Auffassung, daß die schrecklichen, „höllischen" Nahtoderfahrungen teilbewußten komplexen Träumen ähneln, die deswegen auch Oneiroide (oder „Traumähnliches") genannt werden. Diese Oneiroide treten häufig bei schweren und lebensbedrohlichen Erkrankungen auf. Wie Nahtoderfahrungen zeichnen sie sich durch einen intensiven Wirklichkeitsakzent, durch Wachheit und eindrucksvolle Bilderfahrungen auf, ja, sie teilen eine ganze Reihe von Merkmalen, die wir auch bei Nahtoderfahrungen finden. (Im nächsten Kapitel werden sie vollständig aufgeführt.) Genau das aber ist das Problem: Sie unterscheiden sich von den Nahtoderfahrungen eigentlich nur noch dadurch, daß sie eben nicht dieselben „transkulturell gleichen Grundelemente" aufweisen.[17] Daß aber dieses Ideal der Gleichheit nicht aufrechterhalten werden kann, zeigen ja nicht nur die schrecklichen „höllischen" Erfahrungen, von denen einige zitiert wurden. Auch die vielen anderen Berichte aus dem deutschsprachigen Raum und aus anderen Kulturen widerlegen weidlich die Annahme, daß Nahtoderfahrungen immer dieselben inhaltlichen Elemente aufweisen.

Damit aber geraten auch die naturwissenschaftlichen Erklärungsversuche in arge Bedrängnis. Denn sie können zwar ansatzweise erklären, warum, wie oder unter welchen Umständen Licht, Tunnel oder OBEs erfahren werden. Wie aber kann physiologisch erklärt werden, daß eine bestimmte Person – etwa die Mutter der Betroffenen – auftritt? Wie kann chemisch erklärt werden, daß ein Inder mit der Rikscha, ein New Yorker aber mit dem Taxi in den Himmel fährt? Wo liegt die neurologische Grundlage der Sensenmänner? Und wie kann durch rein biologische Prozesse erklärt werden, daß der Odjibwa-Indianer dort Tipis sieht, während dem mittelalterlichen Menschen das himmlische Jerusalem wie eine befestigte, umzinnte Stadt erscheint? Diese Fragen wollen nicht bestreiten, daß naturwissenschaftliche Versuche einen Beitrag zur Erklärung liefern können, wohl aber darauf hinweisen, daß das, was sie zu erklären suchen, sinnhafte, geistige Elemente sind. Dieser Sinnhaftigkeit muß auf eine besondere Weise Rechenschaft abgelegt werden, die weniger mit Natur als mit Kultur und Bewußtsein zu tun hat.

So legen diese Fragen eine Antwort nahe, die sich schon seit mehreren Kapiteln andeutet. Denn wir haben ja nicht nur herausgefunden, daß Nahtoderfahrungen so unterschiedlich sind wie die Menschen, die sie machen. Wir haben auch gesehen, daß sie jeweils die Sprache der Kultur sprechen, in der sie gemacht werden. Nahtoderfahrungen stehen also in einer engen Verbindung mit der Kultur, als den Denkweisen, den Vorstellungswelten oder der Sprache der Menschen, die miteinander verkehren.

■ Nahtoderfahrung und Kultur

Mit dieser kulturwissenschaftlichen Vorstellung stehen wir übrigens keineswegs allein. Die Amerikanerin Carol Zaleski vertritt sogar die Auffassung, Nahtoderfahrung seien reine Kulturprodukte. Jede Kultur schaffe sich sozusagen ihre eigenen Nahtoderfahrungen, deren Inhalte über Sprache und Kommunikation unser Bewußtsein beherrschten.[18] Die Berichte darüber geben in ihren Augen nur das wieder, was die Kultur vorgibt.[19] So übertrieben das zunächst klingen mag, gibt es doch dafür gute Gründe. So beobachten wir nicht nur, daß jede Kultur ihre eigenen tiefen Spuren in den Nahtoderfahrungen hinterläßt: Hatten nicht die mittelalterlichen Menschen eine Welt betreten, in deren Mittelpunkt Hölle, Strafe und Fegefeuer standen? Und erfahren moderne Menschen in der Nähe des Todes nicht fast das Gegenteil? Erfreuliches wie Hochgefühle und Euphorie begleiten ihre Visionen, und selbst die Sensenmänner, die noch auftreten, erscheinen eher als bemitleidenswerte Wesen.

Doch selbst wenn es Hinweise darauf gibt, daß die Kultur eine Sprache zur Verfügung stellt, in der die Nähe des Todes erfahren wird, können wir deswegen schon behaupten, diese Nahtoderfahrungen seien reine Produkte der Einbildungskraft unseres „kollektiven Bewußtseins"? Welche Rolle spielen die Erfahrungen der einzelnen Menschen und ihr Bewußtsein dabei? Hat denn die Nahtoderfahrung überhaupt nichts mit dem Tod zu tun?

7 ▓ Das Jenseits des Bewußtseins

Die Ergebnisse der wissenschaftlichen Erforschung von Nahtoderfahrungen sind insgesamt ernüchternd. Eine metaphysische Hoffnung, wie Kübler-Ross, Moody und Ring sie geschürt haben, wird mit den Experimenten von Medizinern, Biologen und Ethnologen erstickt. Welche Aussicht sollte bestehen, mit Hilfe der Nahtoderfahrungen eine Landkarte des Jenseits zu erstellen, wenn sich herausstellt, daß der erspürte Tunnel durch eine physiologische Reaktion bewirkt ist und das Licht, das überirdisch hell erscheint, von biochemischen Vorgängen im Sehzentrum herrührt? Mit solchen naturwissenschaftlichen Auskünften stehen aber auch die Menschen, die solche Erfahrungen in der Nähe des Todes machen, ohne befriedigende Antworten da. Auch für uns bleibt die Frage: Hat uns die Nahtoderfahrung irgend etwas zu sagen? Und wenn ja, was bedeutet sie, welchen Sinn oder symbolischen Gehalt hat sie? Was lehrt uns diese Erfahrung?

Zunächst sollten wir uns noch einmal bewußt machen, daß wir es mit einem der schwerwiegendsten Themen zu tun haben, die das menschliche Leben kennt: der Tod, oft als das größte Rätsel des menschlichen Lebens angesehen. Der Beantwortung dieser Fragen will ich mich deswegen selbst mit großer Wahrhaftigkeit stellen. Dazu gehört freilich auch das Geständnis, daß ich im folgenden lediglich eine Meinung zur Sprache bringen kann, der keineswegs alle zustimmen müssen. Auch wenn ich bei vielen, die sich mit diesem Thema beschäftigen, auf Widerspruch stoßen werde, behaupte ich, daß es sich dabei keineswegs um eine willkürliche Meinung handelt. Vielmehr scheint es mir gute Gründe dafür zu geben, sie zu vertreten. Ich habe sie in den hinter uns liegenden Seiten angedeutet und – soweit es möglich war – ausgebreitet. Nun möchte ich mich dem zuwenden, was vor dem Hintergrund unseres bislang angesammelten Wissens als Ergebnis angesehen werden kann.

■ Erkenntnisse sind Spiegel der Erkennenden

Wenn wir klären möchten, was aus der Nahtoderfahrung zu lernen ist, können wir uns zunächst die grundlegende Frage nicht ersparen, was Erfahrungen uns überhaupt lehren können. Sind nicht alle Erfahrungen von den Begriffen abhängig, die wir kennen und mit denen wir das Erfahrene erfassen? Andererseits: Heißt es nicht auch, „was man gegriffen hat, hat man begriffen"?

Die Frage, was Erfahrung uns lehren kann, steht im Zentrum der gesamten modernen Wissenschaften. Unabhängig davon, ob wir Physik oder Chemie, Psychologie oder Biologie betreiben – moderne Wissenschaft geht davon aus, daß wir nur dann etwas über die Welt wissen können, wenn wir Erfahrungen von der Welt machen. (Wenn die Wissenschaft Erkenntnisse mittels der Erfahrung sucht, redet sie von Empirie.) Das ist auch offenkundig, denn die Fragen, welche Kräfte uns auf dem Erdboden halten, welche Säfte unser Magen produziert oder welche Erze und Mineralien im Innern der Erde verborgen sind, lassen sich nicht durch bloßes Nachdenken klären. Wir müssen „Erfahrungen" damit sammeln, d. h. mittels unserer Sinne Beobachtungen machen. Zwar werden solche Beobachtungen – im Unterschied zu unseren beiläufigen Alltagserfahrungen – in der Wissenschaft auf eine systematische Weise gemacht: An die Stelle unserer subjektiven und alltäglichen Erfahrungen treten dann häufig sehr komplizierte Meßapparaturen, die sozusagen stellvertretend für uns meßbare Beobachtungen machen oder „Erfahrungsdaten" sammeln – doch bei alledem bleibt die Erfahrung ein wesentlicher Pfeiler der wissenschaftlichen Erkenntnis.

Allerdings wäre es naiv anzunehmen, wir könnten die Welt gleichsam durch unsere Erfahrungen einfach abbilden. Das Verhältnis zwischen unseren Erfahrungen und dem, worauf sich unsere Erfahrungen beziehen, ist sehr verwickelt. Die klassische Lösung im Blick auf dieses schwierige Problem hat der Philosoph Immanuel Kant formuliert, der sich vor mehr als 200 Jahren ebenfalls mit der Frage beschäftigte, was uns die Erfahrung lehren kann. Weil seine Antwort nicht nur die Fachphilosophie beeinflußte, sondern bis heute auch das Denken der modernen Menschen prägt, wollen wir sie uns kurz in Erinnerung rufen.

Kant bemerkt, daß in früheren Zeiten die Meinung vorherrschte, alle unsere Erkenntnis müsse sich nach dem Gegenstand richten, der erfahren wird. Wie auch die Nahtodforschung hofft, durch die Erfahrung in der Nähe des Todes etwas über den Tod selbst zu lernen, so hatte man gehofft, vermittels der Erfahrungen auf die Eigenschaften des Gegenstandes der Erfahrung zu schließen. Allerdings führte diese Einstellung zu folgenreichen Irrtümern, denn schon wenn wir einfache physikalische Vorgänge wahrnehmen, geschieht das verzerrt: Folgte man nämlich unserer Erfahrung, dann drehte sich noch immer die Sonne um die Erde, und die Erde stünde im Mittelpunkt des Sternenmeers.

Daß wir diese Irrtümer umgehen können, verdanken wir, so Kant, weniger dem, was wir so offenkundig sehen, hören oder spüren. Wir haben vielmehr deswegen die Möglichkeit, von der Erfahrung zu lernen, weil wir sie als von uns geformt und erzeugt erkennen. Ein Beispiel: Kopernikus hatte gemerkt, daß er die Himmelsbewegungen nicht berechnen konnte, solange er annahm, das ganze Sternenmeer bewege sich um die Erde und uns als Betrachter. Einen Reim konnte er sich erst machen, als er das ganze Bild umdrehte und die Betrachter um das Betrachtete kreisen ließ. Was wir erfahren, hat weniger mit der Welt an sich zu tun, die wir erfahren, als damit, *wie* wir Erfahrungen machen.

Diese Wendung bezeichnet Kant als eine regelrechte Revolution des Denkens, die erst die moderne Wissenschaft möglich machte. Diese Revolution besteht darin, daß wir nur das erkennen, was wir vermöge unseres Bewußtseins erkennen können. Es ist also weniger so, daß sich unsere Erfahrung nach dem Gegenstand richtet, den wir erfahren. Wir erfahren vielmehr nur das, was wir kraft unserer Wahrnehmungen und mit Hilfe unseres Verstandes wahrnehmen können. Etwas überspitzt formuliert: Erkennbar ist für uns nur das, was erfahrbar ist. Die Möglichkeiten des Erkennens und Erfahrens liegen also in uns selbst. Johann Wolfgang von Goethe, Zeitgenosse Kants, hat dieses Prinzip einmal (auf die Religion bezogen) in die Zeilen gefaßt: „Und wär' das Aug nicht sonnenhaft, die Sonne könnt' es nie erblicken. Läg' nicht in uns des Gottes eigne Kraft, wie könnte Göttliches uns je entzücken."[1]

Was Goethe in die Sprache der Poesie setzt, können wir in unserer heutigen Sprache auch so ausdrücken: Wenn wir eine Erfahrung von etwas machen, dann erkennen wir in der Erfahrung mehr von uns als von dem, was wir erfahren. Erfahrungen sind Spiegel unseres Erkenntnisvermögens.

▨ Diesseits des Todes

Was Kant und Goethe hier sagen, hat durchaus unmittelbare Folgen für unser Verständnis der Nahtoderfahrung. Kant macht uns dies noch leichter, denn er vertritt dazu eine sehr klare Meinung: „Das Sterben kann kein Mensch an sich selbst erfahren (denn eine Erfahrung zu machen, dazu gehört Leben), sondern nur an anderen wahrnehmen."[2] Der Philosoph meint in seiner präzisen Ausdrucksweise natürlich keineswegs, daß wir nicht sterben. Seine Meinung baut vielmehr auf einer plausiblen Annahme auf: Ein wesentliches Merkmal des Lebens besteht darin, Erfahrungen zu machen. Solange wir Erfahrungen machen, sind wir auch am Leben. Wenn wir aus Kants Annahmen einen logischen Schluß ziehen würden, ergäbe sich für unser Thema die Aussage: Wer eine Nahtoderfahrung macht, ist am Leben.

So logisch diese Folgerung klingt – ganz lupenrein ist sie auch nicht. Denn wenn wir annehmen, daß das Leben aus Erfahrungen besteht, ist keineswegs ausgeschlossen, daß der Tod nicht auch aus Erfahrungen bestehen könnte. Das träfe zu, wenn wir den Tod nicht als Gegensatz des Lebens, sondern sozusagen als Fortsetzung des Lebens mit anderen Mitteln betrachteten.

Allerdings haben wir sehr gute Gründe, die für Kants skeptische Position sprechen. Denn wir wissen ja mittlerweile, daß die Nahtoderfahrung nicht in unmittelbarer Beziehung mit dem Tod steht. Unsere Befragungen haben ja gezeigt: Nur ein Bruchteil derjenigen Menschen, die eine so dramatische Situation wie den klinischen Tod ihres eigenen Körpers überlebten, berichten von Todesnäheerfahrungen. Nun könnte man vielleicht einwenden, daß die anderen, die sich nicht erinnern können, diese Erfahrung aus unbekannten Gründen nicht in das Leben zurückretten konnten und vergessen haben. Eine weitere Erkenntnis weist aber in eine andere Richtung: Die wenigsten der Menschen, die eine Nahtoderfahrung machen, waren klinisch oder auch nur in einem weiteren biologischen Sinne tot. (Hinzugefügt werden muß freilich, daß das, was erfahren wird, nicht davon abhängt, ob jemand klinisch tot war oder nicht.)

Damit soll nicht bestritten werden, daß Menschen eine Nahtoderfahrung in hochgradig lebensgefährlichen Situationen machen. Ebensowenig sollen hier die oft sehr schmerzhaften Zustände verharmlost werden, die manche durchleiden müssen, auch ohne in Lebensgefahr zu sein. Ich will hier auf die statistische Beobachtung hinweisen, daß die meisten Menschen, die von einer Nahtoderfahrung berichten, selbst angeben (und sich das auch ärztlich bestätigen lassen), daß sie sich während dieser Erfahrung nicht in Lebensgefahr befanden. Für unsere Überlegung folgt daraus, daß die Nahtoderfahrung nicht notwendig mit dem biologischen Tod zusammenhängen muß. In jedem Fall aber hängt sie mit der subjektiv gemachten Erfahrung zusammen, in der Nähe des Todes gewesen zu sein.

Die Nahtoderfahrung sagt also mehr über unsere Erfahrungen aus als über das Jenseits, das uns nach dem Tod unseres biologischen Körpers erwartet. Das Jenseits, so können wir sagen, das wir in der Nähe des Todes betreten, ist eine sehr diesseitige Erfahrung. Wenn wir den Eindruck haben, die Grenze des Todes erfahren oder sogar das Jenseits betreten zu können, dann lernen wir aus dieser Erfahrung weniger über all das, was sich dort an der Grenze oder sogar „drüben" im Jenseits befindet, was dort „wirklich" ist. Was wir wissenschaftlich begründet sagen können, ist vielmehr: Wir lernen dabei etwas über die Möglichkeiten unserer Erfahrung – über uns, unser Bewußtsein und unsere Wirklichkeit. Die Nahtoderfahrung ist also weniger ein Fenster ins Jenseits – sie ist vor allen Dingen ein Spiegel dessen, was unser Bewußtsein als Jenseits erfahren kann. In diesem Sinne rede ich vom Jenseits des Bewußtseins.

Damit will ich keineswegs bestreiten, daß Menschen die Welt der Erfahrung überschreiten können. Und selbstverständlich kann es ein Jenseits geben, das sich unseren irdischen Erfahrungen entzieht. Doch selbst wenn man sich mit dem beschäftigen wollte, was jenseits unserer Erfahrungen liegt, entzieht sich doch genau dieses Gebiet der Erfahrung. In der Erfahrung aber haben wir nur Zugang zu dem, was uns als das Erfahrene gegeben ist, nicht aber zu dem eigentlichen „Gegen-Stand". Auch wenn wir für gewöhnlich davon ausgehen, daß das, was wir erfahren, und der Gegenstand, auf den die Erfahrung verweist, einander sehr ähnlich sind, verschärft sich das Problem noch mehr, wenn wir es mit der Erfahrung eines „Jenseits" zu tun haben. Denn wenn wir unter Jenseits eine Wirklichkeit verstehen, die sich unserer lebendigen Erfahrung entzieht, dann müssen wir auch einräumen, daß die Nahtoderfahrungen, die von den Betroffenen ja erfahren werden und über die sie berichten können, kein objektives Zeugnis von eben einem solchen Jenseits der Erfahrung geben können.

Das Jenseits, das sie erfahren, ist allerdings auch keine Illusion. Es ist eine Wirklichkeit. Wie alle Wirklichkeit aber gründet sie zunächst in unserer eigenen, sehr diesseitigen Erfahrung. Wie können wir aber von einer solchen Wirklichkeit reden? Was verstehen wir überhaupt unter Wirklichkeit? Damit kommen wir auf Fragen zurück, die anfangs schon angeschnitten wurden. Am Ende dieses Buches ist es nun unumgänglich, daß wir uns mit diesen etwas abstrakteren Vorstellungen beschäftigen, um die Nahtoderfahrungen angemessen verstehen zu können.

■ Alltagswirklichkeit und andere Wirklichkeiten

Nahtod-Erfahrungen sind, wie das Wort schon sagt, Erfahrungen, die am eigenen Leib verspürt werden. Die Betroffenen sehen Farben, Personen und Dinge, sie hören Stimmen und Musik, ja, sie spüren sogar manchmal, wie sich ihr Körper bewegt. Aber handelt es sich dabei um dieselbe Art von

Erfahrungen, wie wir sie machen, wenn wir Dinge sehen, die wir als „objektiv" bezeichnen? Ist dies die gleiche Erfahrung wie die, die wir in der „normalen" Wirklichkeit machen, in der wir mit anderen Menschen reden, Nägel ins Holz schlagen, Briefe verschicken und Geld einzahlen?

Vielleicht sollten wir das Wort „normal" vermeiden. Doch wäre es sicherlich falsch, die Macht jener Wirklichkeit zu unterschätzen, die wir mit dem Begriff „Alltag" verbinden. Mit „Alltagswirklichkeit" meine ich nicht nur jene grauen Bereiche des Lebens, in denen wir uns während einiger Stunden jeden Tag abplagen. Alltag bezeichnet jenen Wirklichkeitsbereich, den wir mit anderen Mitmenschen teilen. Im Alltag befinden wir uns, wenn wir aktiv handeln: Bäume fällen, Essen kochen, mit anderen sprechen. Zum Alltag gehören auch jene Gegenstände, die nicht nur ich erfahren kann, sondern auch die anderen: Im Unterschied zu Geistern, Teufeln und Feen haben wir es im Alltag mit Teekesseln, Kraftfahrzeugen und Handbüchern zu tun, also lauter Dingen, die für uns alle gleichermaßen wahrnehmbar sind. Zum Alltag gehört aber wesentlich, daß wir überhaupt nicht daran zweifeln müssen, daß diese Mitmenschen und diese Gegenstände da sind. Wir können zwar an der Existenz der Welt zweifeln, schwerer aber fällt der Zweifel an dem Schreibgerät, mit dem wir diesen Satz schreiben, der Zweifel an der Wand, an der wir uns stoßen, oder der Zweifel an der Existenz unseres Kindes, das schreiend in unseren Armen liegt. Alltagswirklichkeit ist also eine Art Glaube oder geistige Einstellung, die wir keineswegs immer absichtlich einnehmen.

Schon die vermeintlich so unzweifelbar gegebene Welt des Alltags enthält in diesem Sinne eine Reihe von Glaubensannahmen, die wir sozusagen ‚automatisch' vollziehen. Wer sagt uns, daß dort, wo wir einen Baum sehen, auch ein Baum ist? Woher wissen wir, daß der Baum, den wir jetzt sehen, auch noch dort stehen wird, wenn wir uns umdrehen? Solche Fragen hören sich naiv an. Tatsächlich sind sie auch Teil unseres sozusagen naiven Alltagsglaubens (im Englischen wird er auch sehr anschaulich als *common sense* bezeichnet), mit dem wir alle die Welt annehmen. Wir glauben an die zeitliche Kontinuität der Dinge, die wir sehen, hören und fühlen. Ganz ohne zu überlegen und ohne gleich an die theoretischen Einlassungen von Descartes oder Kant denken zu müssen, glauben wir an die Existenz der Dinge, die wir erfahren (jedenfalls solange sich dieser Glaube bewährt). Wie automatisch dieser Alltagsglaube wirkt, zeigt sich vor allem dann, wenn wir handeln: Wenn wir den Hammer in die Hand nehmen, um einen Nagel in die Wand zu schlagen, damit das Bild endlich aufgehängt ist – wer zweifelte an der Existenz des Hammers oder daran, daß es eine Zukunft geben kann, in der das Bild an der Wand hängen wird? Freilich, das sind keine großen Glaubenssätze, die „die Welt bedeuten". Aber es sind sozusagen die Grundfesten der alltäglichen Wirklichkeit.

Der naive Alltagsglaube steht noch auf einer zweiten Säule. Woher nämlich wissen wir, daß andere die Dinge in der Welt wahrnehmen, die wir wahrnehmen? Woher wissen wir überhaupt, daß wir in derselben Welt leben? Könnte es nicht sein, daß jeder von uns eine Welt für sich wäre, umgeben von einem Glaskasten? Auch diese Fragen klingen vor allem für diejenigen, die sich gerne mit der Philosophie beschäftigen, herausfordernd. Dem Alltag, in dem wir so handeln und reden, scheinen sie fremd zu sein. Und selbst die tiefsinnige Philosophin, die im zermürbenden Zweifel an die Existenz anderer Menschen plötzlich Hunger bekommt, wird spätestens dann diese Zweifel ganz praktisch beiseite legen, wenn sie beim Bäcker nach Brot fragt. Seine Existenz ist ihr dann so unausgesprochen selbstverständlich wie die des Brotes. Kurz und gut: Auch die anderen Menschen gehören zum Bestand unseres Alltagsglaubens. Man könnte sogar sagen, daß sie ganz wesentlich daran beteiligt sind, daß wir den Alltag für so selbstverständlich und fraglos annehmen.

In den großen Krisen unseres Lebens wird uns das zuweilen bewußt, wenn durch den Verlust eines anderen Menschen, Krankheit oder Tod „eine Welt zusammenbricht" und wir „vor dem Nichts" stehen. Wenn Trauer oder Trübsal uns leiten, zerbricht die Ordnung unseres Lebens, wir finden keinen Sinn mehr, um unseren alltäglichen Gewohnhciten nachzugehen, die Welt erscheint zuweilen sogar wortwörtlich dunkel und düster. Wenn wir aus diesen Krisen wieder in den Alltag zurückkehren, haben wir nicht nur wieder einmal gelernt, wie zerbrechlich diese gewohnte Wirklichkeit ist. Wir haben auch wieder ein Gespür dafür bekommen, wie unterschiedlich die Wirklichkeiten sind, in denen wir leben.

Diese so unbezweifelte, unhinterfragte und dadurch so „normale" Alltagswirklichkeit bildet gewissermaßen den stabilen Hintergrund, vor dem die anderen, weniger dauerhaften Wirklichkeiten sich ausbilden und gegen den sie sich absetzen. Denn daß wir andere Wirklichkeiten als die des Alltags erfahren, kann kaum ein menschliches Wesen bestreiten: Träumt nicht jeder Mensch? Gerade Träume sind ja ein gutes Beispiel für eine andere Wirklichkeit. Denn auch wenn unsicher ist, was die Träume über unser Seelenleben aussagen – unbezweifelbar ist, daß wir im Traum zuweilen angenehme, zuweilen sehr unangenehme, in allen Fällen aber höchst unalltägliche Erfahrungen machen. Wir sehen, hören und fühlen fast wie im Alltag – aber eben nur fast. Denn wir sehen und hören etwas anders, und im Unterschied zum Alltag bleiben wir beim Träumen allein. Wer immer neben uns liegen mag, während wir träumen, – niemand, dessen Leben wir im Alltag teilen, macht diese Erfahrungen mit uns. Aus dem Schlaf erwacht, können wir unseren Mitmenschen darüber nur berichten – falls wir uns überhaupt daran erinnern.

Zwar tun wir häufig so, als gäbe es nur die eindimensionale Wirklichkeit der Erfahrungen, in denen wir die Dinge, die es gibt, auch alle beobachten, messen und bearbeiten können. Aber wir sollten dabei nicht vergessen, daß wir alle in unserem Leben ebenso häufig Erfahrungen machen, die gar nicht in diesen Bereich der Wirklichkeit fallen – und die doch „von dieser Welt" sind. Es war der Wiener Soziologe und Philosoph Alfred Schütz, der darauf hingewiesen hat, daß eigentlich nur das eine „Wirklichkeit" sein kann, was wir erfahren. Und weil es durchaus auch andere als bloß alltägliche Erfahrungsbereiche gibt, betonte er auch, daß wir nicht nur in einer, sondern in mannigfaltigen Wirklichkeiten leben. Damit meinte er nicht, daß sich unsere Wirklichkeit gleichsam in Kammern gliedert, zwischen denen wir wechseln können. Was er damit sagen will, ist vielmehr: Die mannigfaltigen Wirklichkeiten bestehen nicht außerhalb von uns, sie bestehen in uns, durch uns und für uns. Sie sind „Erfahrungswirklichkeiten", gleichsam das Werk unseres erfahrenden Bewußtseins.

Diese mannigfaltigen Wirklichkeiten unseres Erfahrens sind keineswegs seltene Ausflüchte aus dem Grau des Alltags. Sie umfassen keineswegs nur jene seltenen, besonders herausgehobenen, ja einzigartigen Erfahrungen, wie manche sie in der Nähe des Todes machen. Nein, mannigfaltige Wirklichkeiten durchleben wir ständig, und wir wechseln fließend von einer zur anderen. Schütz nannte einen solchen Wechsel „Schock": „Innerhalb eines einzigen Tages oder sogar einer Stunde kann ich verschiedene Arten von Schocks erleben. So zum Beispiel: Die innere Veränderung, die wir erfahren, wenn sich im Übergang zur Welt des Theaters der Vorhang hebt; die tiefgreifende Änderung unserer Einstellung vor einem Gemälde, wenn wir uns in die Einschränkung unseres Blickfelds auf das vom Bilderrahmen Umschlossene fügen und so in die Welt des Bildes eintreten; oder das Einschlafen als ein Sprung in die Traumwelt."[3] Wenn wir musizieren oder uns in einem Film verlieren, aber auch beim Phantasieren oder beim Denken betreten wir ja Erfahrungsräume und „Wirklichkeiten", die wenigstens in dem Sinne nicht alltäglich sind, da unsere Mitmenschen nicht dieselben Erfahrungen machen können.

■ Die irdische Wirklichkeit der Nahtoderfahrung

Worauf immer sich die Erfahrungen beziehen mögen: Das Objekt der Erfahrung entzieht sich uns wie Kants berühmtes „Ding an sich". Was aber wenigstens den Betroffenen unmittelbar – und uns anderen über die Sprache vermittelt – zugänglich ist, das ist ihre Erfahrungswirklichkeit. Diese Wirklichkeit der Nahtoderfahrung wollen wir im folgenden etwas näher betrachten.

Wir hatten es schon mehrfach festgestellt: Es macht wenig Sinn, über „die" Nahtoderfahrung zu reden, sofern wir sie an bestimmten Inhalten oder Motiven festzumachen versuchen. Ob Licht oder Tunnel, ob Teufel oder Hölle – zu vielfältig sind diese Inhalte, als daß es möglich wäre, die Nahtoderfahrung generell durch eine Aufzählung all jener Elemente zu beschreiben, die in ihrem Kontext vorgekommen sind. Um die Erfahrungswirklichkeit zu erfassen, müssen wir deswegen einen anderen Weg gehen. Nicht das, *was* erfahren wird, soll als ihr Kennzeichen gelten, sondern das, *wie* erfahren wird, also der Erfahrungsstil.

Was ist mit Erfahrungsstil gemeint? Besinnen wir uns zur Klärung dieser Frage auf unsere eigenen Erfahrungen mit anderen Wirklichkeiten, etwa die Kunstbetrachtung, die Meditation oder der Traum. Bleiben wir bei den Träumen. Sie sind in ihren Inhalten sehr vielfältig. Und dennoch weisen sie alle einige gemeinsame Merkmale auf, die sie von der Alltagswirklichkeit unterscheiden. Beispielsweise ist die Zeitperspektive nicht mehr linear, und es muß nicht eines nach dem anderen geschehen. Folgen können den Ursachen vorangehen, Vorgeschichten können nach der Hauptgeschichte auftreten, und viele Episoden scheinen in gar keinem erkennbaren zeitlichen Zusammenhang zu stehen.

Während der Alltag Hellwachheit erfordert, ist der Traum im Regelfall mit dem Schlaf verbunden. Während wir im Alltag mit anderen eine gemeinsame Wirklichkeit teilen, ist der Traum in einem besonderen Sinne unsozial: Die Menschen, die wir im Alltag kennen, haben keinen Zugang zu dieser Wirklichkeit, und zwar selbst dann, wenn wir vermeinen, ihnen im Traum begegnet zu sein.

Ohne diese Charakterisierung von Träumen zu vertiefen, können wir schon erkennen, daß der Erfahrungsstil uns einigen Aufschluß auch darüber geben kann, wodurch sich die Nahtoderfahrungen auszeichnen und wie sie sich von der Alltagswirklichkeit unterscheiden.

Es mag vielleicht belanglos scheinen, doch ist die Nahtoderfahrung dadurch charakterisiert, daß die Betroffenen immer alleine sind, wenn sie die Erfahrung machen. Zwar können sich andere Personen in der physischen Nähe ihres Körpers befinden. Doch werden diese – abgesehen von der Außerkörperlichkeitserfahrung – nicht von denen wahrgenommen, die zur selben Zeit und sozusagen nur im körperlichen Beisein anderer eine Nahtoderfahrung machen. Selbst bei der OBE meinen die Betroffenen zwar, andere Menschen (meist diejenigen, die sich in der Nähe ihres physischen Körpers aufhalten) in der Alltagswirklichkeit wahrnehmen zu können. Doch wissen diese nichts davon. Aus der Sicht der Zuschauer erscheint die betroffene Person bewußtlos, und daß sie über ihren Köpfen schwebt, können sie nicht einmal ahnen (und glauben es oft auch später nicht). Die betroffene Person ist in dem Sinne allein, als eine Kommunikation mit den Menschen der Alltagswirklichkeit in keinem Fall stattfinden kann.[4] Die Betroffenen können in ihrer Nahtoderfahrung auf andere Personen treffen, auf verstorbene Verwandte, auf historische Figuren, auf religiöse Wesen. Wenn sie aber zu den Lebenden in den Alltag zurückkehren, können sie von diesen Treffen nur berichten. Niemand sonst hat das gesehen. Selbst in den Fällen, in denen sie außerhalb ihres Körpers unter den Lebenden zu weilen scheinen, wissen diese nichts von ihrer Gegenwart. Es ist auch noch nie vorgekommen, daß Menschen, die zeitgleich eine solche Erfahrung hatten, aufeinander gestoßen wären. Aus der Perspektive des Alltags, in dem wir operieren, Auto fahren und Häuser bauen, ist die Nahtoderfahrung also eine einsame Erfahrung.

So unbedeutend es zunächst scheint: Diese Einsamkeit hat schwerwiegende Folgen für die Erfahrenden. Denn im Alltag können wir auf Dinge hinweisen, wir können sie zeigen und sehen, daß auch andere dasselbe erfahren. Auf dieser alltäglichen Fähigkeit, daß andere Menschen dasselbe erfahren können, beruht ja im übrigen die Möglichkeit von Wissenschaft. Dadurch bleibt ein Sachverhalt nicht subjektiv, sondern wird inter-subjektiv, und es gibt Kriterien für seine Objektivität. Ganz anders dagegen die Nahtoderfahrung. Darüber, was die Betroffenen erfahren, können sie zwar berichten, sie können diese Erfahrung mittels Sprache und Kommunikation nachbilden. Doch es ist der Erfahrung der anderen Menschen im Alltag nicht zugänglich: Die selige Ulrika, die am Bett einer Betroffenen stand, war für die Hebamme, die zur selben Zeit im selben Zimmer hinter ihr saß, nicht wahrnehmbar. Und die Erfahrung, daß sich jemand aus dem Körper hinausbewegt und die anderen, die um den Körper stehen, von oben beobachtet, können die anderen nicht teilen. Sie sehen nur den Körper vor sich liegen. Das Beispiel eines Unfallopfers, das sich außerhalb seines Körpers befand, verdeutlicht dies: „Ich habe die Ärzte gesehen und mit ihnen gesprochen. Aber sie haben mich nicht gehört und auch nicht geantwortet." Daß sie selbst beobachtet, ja sogar angesprochen werden, können die Zuschauer bestenfalls mit ihrem siebten Sinn ahnen und später dann glauben, wenn sie Bücher wie dieses hier gelesen haben.

Daß andere nicht dieselbe Erfahrung machen, wäre übrigens nicht sehr problematisch – würden die Betroffenen nicht zurückkehren. Erst wenn sie sich wieder im Alltag befinden, stellt sich ihnen die Frage, ob sie überhaupt woanders waren. Die Frage kennen wir schon: Haben sie sich getäuscht? Haben sie nur halluziniert? Oder ist die Nahtoderfahrung letzten Endes nichts anderes als ein Traum?

Diese Frage ist auch aus der Sichtweise der Betroffenen berechtigt. Sie selbst werfen diese Frage des öfteren auf. Doch schon beim leisesten Versuch, die Wirklichkeit dieser Erfahrung zur Sprache zu bringen, fehlen die Worte. Dies ist vielleicht der Grund, daß sie sich gerne mit dem Vergleich zum Traum behelfen. Doch ein Vergleich ist keine Gleichsetzung. Das Ergebnis des Vergleichs lautet denn auch in aller Regel: Die Nahtoderfahrung ist anders, sie ist kein Traum! Dazu sei sie viel zu realistisch. Was erfahren wird, erscheint nahezu überwältigend „real", so daß dagegen der Alltag, in den die Betroffenen nach der Erfahrung wieder zurückkehren müssen, häufig fahl und flach wirkt.

Das hängt mit einer weiteren Besonderheit der Nahtoderfahrung zusammen. Sie wird nicht nur als sehr intensiv erlebt. Sie bleibt auch sehr viel klarer in der Erinnerung. Denn üblicherweise verhält es sich doch so: Wer seine Träume nicht aufschreibt, hat sie meist schon beim Aufstehen auch wieder vergessen, und nur der eine oder andere Eindruck bleibt noch etwas unscharf in der Erinnerung hängen. Ganz anders dagegen die Nahtoderfahrung. Noch viele Jahrzehnte später erinnern sich die Betroffenen haarscharf an diese kurze Episode in ihrem Leben. Und zudem bleibt diese Erinnerung in einer Lebendigkeit erhalten, die steil aus dem sonstigen Fluß der Erinnerungen herausragt und nur selten von einem anderen Lebensereignis übertroffen wird.

Hervorzuheben ist der überraschend ausgeprägte leiblich-sinnliche Charakter der Nahtoderfahrung. Denn immerhin wird diese Erfahrung meist zu einem Zeitpunkt gemacht, zu dem der Körper dieser Menschen außergewöhnlichen Qualen, Verletzungen oder sogar Verstümmelungen ausgesetzt ist. Dieser leiblich-sinnliche Charakter mag darin bestehen, daß – etwa bei der Außerkörperlichkeitserfahrung – ein Gefühl des leiblichen Bewegtwerdens gemacht wird, wie wenn die Betroffenen sich schwerelos in die Lüfte erhöben. Das Licht, das manche erblicken, ist von einer Intensität, die ihres Erachtens weitaus größer ist, als wenn sie in die sommerliche Sonne schauen (ohne daß es ihrer Netzhaut auch im geringsten schadet). Und zudem wird diese Erfahrung oftmals von einem Glücksgefühl und einer Euphorie begleitet, die den Betroffenen die Rückkehr in das alltägliche Leben sehr erschwert.

Die Nahtoderfahrung weist also durchaus einen eigenen Stil auf. Sie bildet eine eigene Wirklichkeit – jedenfalls für und durch unsere Erfahrung. Aus diesem Grunde kann man leicht verstehen, daß sie oft mit dem verglichen wird, was man mit dem tibetisch-sanskritischen Begriff „Devachan" bezeichnet. Devachan meint im tibetanischen Totenbuch einen spirituellen Bereich zwischen den verschiedenen Erdenleben, der von höchster Seligkeit und vollkommenem Frieden gekennzeichnet ist. So jenseitig und außerordentlich sich nun die Nahtoderfahrung auch immer ausnehmen mag, so sehr trägt sie doch gleichzeitig die Züge unserer menschlichen Wahrnehmungen und Gefühle, ist geprägt durch leibliche Empfindungen und die bekannten geistigen Aktivitäten. Wie wir aus den anderen Wirklichkeiten des Traumes und des Tagtraumes als dieselben Personen zurückkehren, die wir davor waren, so scheint auch bei der Erfahrung in der Nähe des Todes die eigene Identität nicht verlorenzugehen.

Die Erfahrung ragt zwar, wie mehrfach beschrieben, aus den Ebenen des Alltags und den Hügeln besonderer Feierlichkeiten, Feste und Schicksalsschläge wie ein riesiger Fels heraus – und doch bildet sie nur einen einzelnen Punkt im durchgängigen Strom unseres Bewußtseins. Die Wirklichkeit, die in der Nähe des Todes erfahren wird, ist zwar ungleich intensiver, doch ähnelt sie der des Traumes. Ihre Inhalte sind zwar eigenartig. Doch erscheinen sie wie Produkte der Phantasie. Und so himmelhoch jauchzend oder abgrundtief schmerzhaft die Gefühle auch erscheinen mögen, sie erinnern uns auch an die anderen großen ekstatischen Momente des Lebens, die wir in Liebe und Leid, bei Trauer und Tod, Glück und Freude erleben. Kurz gesagt: So außergewöhnlich die Wirklichkeit ist, die Menschen in der Nähe des Todes erfahren, so irdisch und menschlich ist doch ihr Antlitz.

Die Nahtoderfahrung kann deswegen als ein besonderer Zustand des Bewußtseins angesehen werden. In der Forschung kennt man über hundert solcher „Anderer Bewußtseinszustände" (ABZ, englisch: „Altered States of Consciousness (ASC)).[5] Denn es ist ja das Bewußtsein, durch das Wirklichkeit vermittelt wird, und andere Wirklichkeiten setzen demnach auch andere Zustände des Bewußtseins voraus. Zweifellos sind diese Zustände mit bestimmten physiologischen Prozessen verbunden, die sich auch im Gehirn abspielen.[6] Wie wir aber schon wissen, läßt sich weder der Inhalt noch der Stil einer Nahtoderfahrung aus diesen biologischen Prozessen erklären. Wie alle Bewußtseinsvorgänge sind Nahtoderfahrungen Gebilde, die aus Sinn bestehen und nicht aus Materie. Und weil Wirklichkeit kein materielles, sondern ein sinnhaftes Gebilde ist, wäre es völlig verfehlt zu behaupten, es handle sich hier um Illusionen, Täuschungen oder Scheinwirklichkeiten. Ganz im Gegenteil: Es sind Erfahrungen einer Wirklichkeit. Allerdings liegt diese Wirklichkeit deswegen auch nicht jenseits der menschlichen Erfahrung. Sie liegt zwar jenseits des Alltags, bleibt aber im Horizont der mannigfaltigen Wirklichkeiten des Menschen.

▨ Lebenskraft und das Sein zum Tode

Daß die Wirklichkeit der Nahtoderfahrung so große Ähnlichkeiten mit den anderen menschlichen Erfahrungen aufweist, bedeutet indessen nicht, daß sie keine Berührungspunkte mit dem Tod hätte. Ganz im Gegenteil. So zweifelhaft für sie oftmals die Deutung ihrer Erfahrung sein mag: Daß die Betroffenen mit dem Tod in Berührung gekommen sind, steht für sie außer Frage. Man könnte geradezu von einer Todesgewißheit sprechen. Woher kommt nun diese Gewißheit, das Jenseits zu betreten?

Wie wir gesehen haben, haben wir die Gründe für die Wirklichkeit der Nahtoderfahrung in der Erfahrung der Menschen zu suchen. Deswegen liegt es auch für eine Reihe von Philosophen nahe, die Gewißheit des Todes als ein grundlegendes Merkmal der menschlichen Erfahrung anzusehen. Der französische Philosoph Voltaire etwa formulierte: „Der Mensch ist das einzige Gattungswesen, das weiß, daß es sterben muß – aber er weiß es nicht aus Erfahrung."[7] Mit anderen Worten: Der Mensch hat die Gewißheit, daß er sterben wird. Doch mit seinem überraschenden Nachsatz betont Voltaire, daß wir das Wissen um den Tod nicht erst im Laufe unseres Lebens erwerben, wenn wir Menschen von uns gehen sehen.

Noch zweihundert Jahre später wird diese Ansicht von dem Philosophen Max Scheler unterstrichen: Unser Wissen vom Tod sei keineswegs nur „ein bloßes Ergebnis der äußeren, auf Beobachtung und Induktion beruhenden Erfahrung vom Sterben der anderen Menschen und der uns umgebenden Lebewesen".[8] Es sei also nicht so, daß wir den Tod erst dadurch kennenlernen, indem wir andere sterben sehen und – ähnlich wie der Philosoph Sokrates – schließen, daß alle Menschen sterblich sind. Sondern wir wissen immer schon, daß wir selbst sterblich sind. Woher aber, müssen wir dann fragen, sollten wir dann dieses Wissen haben? Max Scheler vermutete, daß unsere Gewißheit des Todes uns gleichsam eingeboren sei und zu den Grundelementen unserer Existenz gehöre. In dem Moment, in dem wir das Geschenk des Lebens erhalten, erben wir auch schon die Furcht vor dem Tod. Der Tod gehört zum vitalen Wissen von der Welt.

Ähnlich hat dies der Philosoph Martin Heidegger beschrieben. Für ihn ist das Leben schon immer vom Tode bestimmt, es ist ein „Sein zum Tode". In etwas eigentümlicher Sprache Heideggers klingt das so: „Als geworfenes In-der-Welt-Sein ist das Dasein je schon seinem Tode überantwortet. Seiend zu seinem Tode, stirbt es faktisch und zwar ständig, solange es nicht zu seinem Ableben gekommen ist."[9] Das heißt, der Tod ist uns deswegen nahe, weil wir gewissermaßen in jedem Augenblick ein Stückchen sterben. Die Grunderfahrung des Lebens zum Tode führt damit immer auch die Gewißheit des Todes mit sich.

Würde das zutreffen, dann könnten wir in der Nahtoderfahrung so etwas wie einen Ausbruch der menschlichen Natur sehen. Das Wissen um den Tod, das in unseren grundlegenden Lebensvollzügen eingeschrieben ist, käme demnach in der körperlichen Krisensituation zum Tragen. Was wir erfahren, wäre also gleichsam das Antlitz der menschlichen Vorstellbarkeit des Todes. Das mag spekulativ klingen – genau wie manch andere Auffassung, die von Vertretern in der Nahtodforschung formuliert wird. Für sie ist die Nahtoderfahrung ja Beleg für das natürliche Vermögen des Menschen, ein Jenseits erfahren zu können. Um auf Goethes bereits zitierte Zeilen anzuspielen: Die Nahtoderfahrung ist die Möglichkeit dafür, daß wir den Tod überhaupt schon im Leben denken und als so Gedachtes auch erfahren können.

Gegen diese Auffassung liegt ein Einwand nahe: Sollte unser Wissen um den Tod nicht daher kommen, daß wir es im Laufe der Zeit erlernen? Müssen wir nicht erst erlebt haben, wie andere Menschen von uns gehen, damit wir wissen können, daß wir auch sterben müssen? Übersetzt auf unser Thema: Müssen die Betroffenen nicht erst lernen, daß es eine Nahtoderfahrung gibt, damit sie eine machen können?

Gerade aufgrund der großen Bedeutung, die die Kultur bei der Nahtoderfahrung spielt, scheint die zweite Vermutung plausibler: Die Kultur vermittelt uns das Wissen, daß es Nahtoderfahrungen gibt, sie stattet uns mit den Elementen aus, die wir als Inhalte erleben, und sie gibt die Art der Metaphorik und Allegorik vor, in der diese Elemente verbunden sind. Doch so einleuchtend diese Erklärung sich auch anhören mag – ganz vermag sie nicht zu befriedigen. Zwar können kaum mehr Zweifel daran bestehen, daß das, was wir erfahren, aus dem Reservoir der kulturellen Bedeutungen schöpft. Obwohl ich selbst bei meinen Untersuchungen anfangs davon ausging, habe ich mittlerweile aber große Zweifel daran, daß auch das Auftreten der Nahtoderfahrung kulturell bedingt sei. Wenn es so wäre, wie könnten wir dann erklären, daß Menschen diese Erfahrung machen, die gar nicht wissen, daß es eine solche Erfahrung gibt? Und wie können wir ihr Auftreten in der antireligiösen DDR oder im kommunistischen China erklären? Wie kommt es also, daß solche Erfahrungen in Kulturen auftreten, die eine Nahtoderfahrung ablehnen und zudem verneinen, daß es überhaupt Transzendenzerfahrungen gibt?

Aber weil gerade diese Menschen sich über den Sinn ihrer Erfahrung nicht im klaren sind, wenn sie ihn nicht aus ihrer Kultur erfahren, liegt der folgende Schluß nahe: *Daß* Menschen Nahtoderfahrungen machen, scheint ein dem Menschen eigenes Vermögen zu sein des Vermögens, eine transzendente Wirklichkeit wahrzunehmen, die anders ist, als das, was unser Organismus an Reizen aufnimmt. Dieses Vermögen scheint zum Wesen des Menschen zu gehören. *Was aber dann als transzendente Wirklichkeit erfahren wird, wie die Inhalte aussehen, das lernen wir von unseren Mitmenschen, von der Kultur und vom Leben selbst.*

■ Die Sprache der Kultur

Daß die Kultur in die Erfahrungen eingeht, beruht keineswegs auf magischem Einfluß. Die Wege der Kultur sind sehr öffentlich und sichtbar, und sie reichen bis tief in das menschliche Bewußtsein. Denn das Bewußtsein, das die Nahtoderfahrung konstituiert, ist ja kein geschlossenes System. Vieles, was wir über die Welt und die verschiedensten Wirklichkeiten wissen, fassen wir mit den Mitteln der Sprache.[10] Wir lesen in Büchern und lernen von anderen, was in unserer Kultur für wichtig und wirklich gehalten wird – und was nicht. Die Sprache lehrt uns die Kategorien dessen, was es auf der Welt gibt – und was sie verschweigt, wird auch selten zugänglich. Sie gliedert das, was wir erfahren, in diese Kategorien: in Bäume und Sträucher, in Handlungen und Erfahrungen, in Totes und Lebendiges usw. Und schließlich enthält die Sprache auch eine unausgesprochene Weltanschauung: Sie legt uns eine Welt nahe, in der es Dinge gibt, die wir mit Namen benennen, Aktivitäten, die sie ausführen, Verbindungen, die zwischen ihnen bestehen, Umstände, in denen sie stehen. Sie ordnet, was wirklich ist, und benennt, was möglich ist.

Die vielen Beispiele haben uns gezeigt, daß die Nahtoderfahrungen in der Sprache einer Kultur verfaßt sind. Die

Dinge, die Wesen und die Ereignisse, die in der Nähe des Todes erfahren werden, sind vielfach bis ins Detail von dem geleitet, was die Erfahrenden aus ihrer Kultur kennen. Man könnte fast sagen, die Menschen sterben in das Jenseits derjenigen Kultur hinein, aus der sie herauskommen. Oder noch pointierter: Die Menschen verlassen zwar das Leben, aber sie bleiben im Jenseits ihrer Kultur. Wie die Kultur als Jenseits erlebt wird, machen vielleicht am besten die vielen Fälle anschaulich, die als erlebte Allegorie bezeichnet wurden: Menschen, die in der Nähe des Todes in eine aus Bestandteilen der eigenen Kultur zusammengesetzte Welt – erinnern wir uns etwa an die Sensenmänner, die Stehpartys, das schmutzige Kleid – eindringen, in der sie die Weigerung zu sterben sozusagen sinnbildlich erleben.

Was die Menschen in der Nähe des Todes erfahren, ist also zu einem guten Teil aus dem Vorrat der Kultur geschöpft, in der sie leben. Denn so unterschiedlich diese Erfahrungen im einzelnen sind, so deutlich ist ihnen der Stempel ihres Kulturkreises aufgedrückt. Das antike Denken zeigt sich in Platos Schilderung, ja, noch in Gregors Sammlung frühmittelalterlicher Erfahrungen, deutlich ausgeprägt ist die mittelalterliche Welt der Mönche in den Berichten von Hermann dem Lahmen, und klar erkennbar bleiben die Züge der besonderen Lebenswelt von Mormonen in ihren Nahtoderzählungen.

Auch die oben geschilderten heutigen Nahtoderfahrungen tragen das Sprachkleid ihrer Zeit, ihrer Kultur und der Menschen, mit denen die Betroffenen zusammenleben: unserer eigenen Gesellschaften in der Mitte Europas. Die heutigen Todesnäheerfahrungen halten uns einen Spiegel vor, in dem unsere Vorstellungen von Tod, Sterben und Jenseits erscheinen.

Gerade wenn wir uns an die historisch älteren Nahtodvisionen erinnern, sticht ins Auge, wie sehr sie sich im Laufe der Zeit gewandelt haben. Nimmt in den bisherigen Nahtoderfahrungen die Hölle einen wichtigen, oftmals auch zentralen Ort ein, so verliert sie sich in der jüngeren Zeit. Schon die Bergsteiger der Wende zum 20. Jahrhundert fallen nur noch in den Himmel, und in den heutigen Erfahrungen taucht etwas, das einer Hölle auch nur annähernd ähnelt, überhaupt nicht mehr auf. Ein kulturell selbstverständlicher Ort der Verdammnis im Jenseits scheint nicht mehr zu existieren. Freilich ist das Jenseits nicht nur eitel Freude. Auch heute noch lernen die Unglücklicheren das Grausen kennen. Doch dieses Grausen hat sehr weltliche Züge. Die Mehrheit der Menschen, die in die Nähe des Todes geraten, berichtet davon als von etwas, das geradezu paradiesisch erscheint. Daß die Menschen überhaupt darüber berichten, ist ebensowenig eine Selbstverständlichkeit wie diese positive Wendung des Todes. Gerade die zunehmende Popularität der Nahtoderfahrung macht deutlich, daß sich in den letzten zwei Jahrzehnten eine sehr grundlegende Veränderung unserer Kultur ereignet hat. Der Tod ist kein Tabu mehr, er ist Thema unserer Kultur.

Die Nahtoderfahrungen unserer Zeit sind auch keineswegs mehr einheitlich, unsere Kultur spricht längst nicht mehr mit einer Zunge. Sie ist pluralistisch geworden. So vielfältig die Lebenswelten von uns allen sind, so vielgestaltig waren auch die Berichte über Nahtoderfahrungen, die zur Sprache kamen. Die Berichte, die wir im deutschsprachigen Raum gesammelt haben, klingen fast wie ein vielstimmiger Chor, der gleichzeitig unterschiedlichen Kompositionen folgt. Daß unsere Kultur viele Sprachen hat, ist offensichtlich. Zu den einen spricht sie in den heißen, populären Ethno-Rhythmen des New Age, zu den anderen in der Kirchenmusik des Barock, wieder andere hören nur sich selbst und ihre Vergangenheit. Und so paradox es klingt: Zu diesen vielen Sprachen gehört auch die Stimme derjenigen, die behaupten, daß alle Nahtoderfahrungen dieselben Inhalte aufweisen. Ihre Sprache ist – jedenfalls in der Öffentlichkeit – die gängigste, denn sie wird über die populären Medien verbreitet. In einem gewissen Sinne ist sie auch so etwas wie die Lingua franca, der transkulturelle Ausdruck unter den Nahtoderfahrungen. Denn die Motive, die sie enthält, zehren nicht nur aus verschiedenen Kulturen; sie haben sich so sehr von den spezifischen Inhalten einzelner Traditionen abgelöst und sind so abstrakt geworden, daß es gar nicht verwundert, wenn wir sie – vergessen wir nicht: neben vielen anderen – in den Vereinigten Staaten, in der Schweiz und in Indien finden. (Daß sie eine so transkulturelle Sprache sprechen, ist auch ein Grund, weshalb sie von den Medien gerne aufgenommen werden, die ihrerseits wesentlich dazu beitragen, daß sie zunehmend auch bei uns kulturell prägend wirken.[11])

Die Art, wie sich dieses Muster aber in der Öffentlichkeit durchsetzt, und die Popularität, mit der es verbreitet wird, ist ein Fingerzeig auf einen besonderen Zug unserer Kultur. Die Nahtoderfahrung ist bei uns ja lange Zeit ein Musterbeispiel für eine Erfahrung gewesen, die eine Angelegenheit der Kirche war. Sie berichtet aus dem Jenseits und macht damit eine Art Offenbarung, die sozusagen in den Zuständigkeitsbereich der religiösen Experten fällt. Deswegen verwundert es auch nicht, daß das Recht, solche Nahtoderfahrungen zu machen, lange denjenigen vorbehalten bleibt, die auch eine entsprechende religiöse Ausbildung erhalten hatten: Priestern, Mönchen, Nonnen. Doch mit der Entwicklung der modernen Massenmedien löst sich dieses Monopol zusehends. Ganz normale Menschen treten auf und behaupten, eine solche Erfahrung gemacht zu haben, und sie können das auch über den engen Kreis ihrer Vertrauten hinaus weitergeben, denn sie sind nicht mehr auf die schriftkundigen Vertreter der Kirche angewiesen. Sie berichten darüber, zunächst in Zeitungen, in Zeitschriften, später in den elektronischen Medien, im Radio, im Fernsehen, im Internet. Fernsehdiskussionen und Talkshows mit Betroffenen, Erlebnisbericht in Romanform und Zeitungsinterviews – das sind Formen, in denen diese Erfahrung vermittelt wird. Die Nahtoderfahrung ist nicht mehr auf den kirchlich geprägten Raum beschränkt, der ihr traditionell vorbehalten war. Sie ist in einen Bereich hineingeraten, den man als populäre Öffentlichkeit bezeichnen könnte. Wenn mit dem Begriff des Populären zuweilen der Geschmack des Trivialen abwertend verbunden wird, so müssen wir umdenken: In diesem Bereich populärer Öffentlichkeit werden offenbar religiöse Themen behandelt, die mit der unmittelbaren religiösen Erfahrung der Menschen zu tun haben, hier wird auf die Individualität ihrer Erfahrung geachtet, und hier finden die Betroffenen eine Gemeinschaft von Menschen, die ähnliche Erfahrungen machen oder sich mit ihnen beschäftigen. Die populäre Kultur ist somit der Raum, in dem die einst so exklusiv religiöse Nahtoderfahrung heute lebt.

■ Die neue Spiritualität

Die Popularität der Nahtoderfahrung zeugt also nicht nur von der zunehmenden Offenheit der westlichen Kultur gegen den Tod. Sie deutet auch an, daß wir uns in Richtung auf eine neue Form der Religiosität, also der individuellen religiösen Sinngebung, bewegen, die sich außerhalb der Kirchen abspielt. Aber können wir überhaupt von Religiosität reden? Dürfen wir überhaupt sagen, die Nahtoderfahrung sei religiös?

In der Tat bestreiten ja viele der Betroffenen selbst, daß die Nahtoderfahrung etwas mit Religion zu tun habe. Hatten schon fast alle diejenigen, mit denen ich persönlich gesprochen habe, vehement bestritten, daß ihre Nahtoderfahrung religiös sei, so gab weniger als ein Drittel der bundesweit Befragten an, ihr Glaube an Gott oder ihr religiöses Gefühl habe etwas mit dieser Erfahrung zu tun.

So dramatisch das klingt: Eine der Erfahrungen, die einst als „mustergültiger" subjektiver Zugang zur Religion galt, wird heute als etwas angesehen, das geradezu in einem Kontrast zur Religion zu stehen scheint. Genauer gesagt, zur offiziellen, kirchlich verfaßten Form der Religion. Denn für die meisten Betroffenen ist es unzweifelhaft, daß sie in Berührung mit einer Wirklichkeit gekommen sind, die ihr Alltagsleben transzendiert. Zumal viele sich sogar sicher sind, daß sie das Jenseits erschaut haben oder sogar schon dort waren. Weil die Nahtoderfahrung für viele mit einer großen Gewißheit von einer solchen Transzendenz zeugt, kann man sie durchaus als religiös in einem weiteren Sinne bezeichnen.[12]

Noch angemessener aber wäre es, sie als Ausdruck einer sehr zeitgemäßen Form der Spiritualität anzusehen. Von Spiritualität rede ich zum einen deswegen, weil sich die Nahtoderfahrung außerhalb der Kirche abspielt. Das wirkt sich, wie wir gesehen haben, bis tief in diese Erfahrungswelt aus: Was in der Nähe des Todes erfahren wird, erinnert kaum mehr an die Lehren christlicher Kirchen. Doch auch wenn es sehr modern ist, sich von der Kirche nicht vorschreiben zu lassen, wie das Jenseits aussieht, rechtfertigt erst ein zweiter Aspekt diesen Begriff. Von Spiritualität rede ich nämlich vor allen Dingen deswegen, weil sie einen Zugang zu einer Transzendenz aufgrund der eigenen subjektiven Erfahrung beansprucht. Die Vorstellungen des Jenseits, des Lebens nach dem Tod, der Welt danach usw. orientieren sich nicht an einer offiziellen Lehre oder einem „Glauben". Die eigene Erfahrung der Transzendenz hat vielmehr eine nicht zu widerlegende Evidenz. Und die läßt man sich auch von Experten für Religion, Geistiges und seelische Betreuung nicht nehmen oder in Abrede stellen. Heutige Spiritualität beschränkt sich nicht auf wenige Auserwählte, sie fordert keine lange Ausbildung. Zur Spiritualität qualifiziert vor allem die eigene Erfahrung, und die kann im Grunde jeder Mensch machen. (Wir sollten dazu auch die Besinnung auf diese Erfahrungen zählen. Deswegen können auch die Menschen spirituell genannt werden, die selbst eine transzendente Erfahrung gar nicht gemacht haben. Denn ebenso wie die Menschen, die solche Erfahrungen machen, beschäftigen sie sich mit diesen Erfahrungen, sie suchen nach Mitmenschen, die ähnliche Erfahrungen gemacht haben.)

Diese außerkirchliche Spiritualität ist weit verbreitet und beschränkt sich keineswegs auf die Nahtoderfahrung. Erinnern wir uns daran: Mehr als 4 % der bundesdeutschen Bevölkerung hat eine solche, für fast alle Betroffenen hochgradig bedeutungsvolle Erfahrung gemacht, und in den anderen mitteleuropäischen Ländern dürfte die Zahl nicht viel anders ausfallen. Doch damit nicht genug: Unsere eigene Untersuchung schon zeigt, daß insgesamt fast 15 % der Befragten eine der verschiedenen außergewöhnlichen mit dem Tod zusammenhängenden Erfahrung (Todesahnung, Sterbebettvision, Nahtoderfahrung) am eigenen Leib gemacht hat. Spiritualität äußert sich aber auch in vielen anderen Bereichen. Viele versuchen, durch verschiedenste Meditationstechniken einen anderen Bewußtseinszustand zu erzeugen. Manche lassen sich mittels Reinkarnationstherapien in eines ihrer früheren Leben zurückversetzen, wieder andere bemühen sich um außersinnliche Wahrnehmungen, Begegnung mit Verstorbenen oder Geistern. Und dies geschieht keineswegs selten. Wenn wir den verschiedenen (meist im angelsächsischen Raum durchgeführten) Umfragen zu diesen Erfahrungen glauben dürfen, dann hat sich der Anteil der Menschen, die über eine außergewöhnliche Erfahrung berichten können, in den letzten Jahren von 20 % auf 50 % der jeweils befragten Bevölkerung erhöht.[13] Spirituell sind diese Versuche, weil sie alle versuchen, eine andere Wirklichkeit zu erfahren. Sie sind durchaus nicht nur in dem Bereich verbreitet, der auch als Esoterik oder Okkultismus beschrieben wird. Zahlreiche Entwicklungen, die sich am Rande oder außerhalb der Kirchen – aber gewissermaßen im Herzen des Christentums – abspielen, gehören in diesen Zusammenhang. Immer mehr überzeugte Christen sind der Auffassung, sie müßten „Christentum" selbst erleben. Um „wirklich" Christ zu sein, muß man in ihren Augen Gott selbst erfahren: im Konversionserlebnis, wie es schon der zu Paulus bekehrte Saulus berichtet hat. Andere wollen erfahren haben, daß der Heilige Geist über sie kam: Wie die Apostel hätten sie in Zungen geredet, und zwar ganz ohne ihr eigenes Zutun. Eine ebenso stetig wachsende Zahl an Menschen will die Transzendenz etwa im Wunder, in Erscheinungen oder in anderen Formen der Transzendenzerfahrung suchen. Die Liste der spirituellen Erfahrungen, die von immer mehr Menschen gemacht werden, könnte noch verlängert werden, doch macht sie schon bis hier deutlich, daß die Nahtoderfahrung keine Ausnahme bildet. Sie erscheint vielmehr als Ausprägung einer sich ausbreitenden Spiritualität.

Auch wenn diese Spiritualität in der Subjektivität der Transzendenzerfahrung verankert ist, zwingt sie keineswegs unbedingt zur Einsamkeit. Denn immer öfter beobachten wir, daß sich diejenigen zusammentun, die solche Erfahrungen machen – gleichsam Erfahrungsgemeinschaften bildend. (In der Vereinigten Staaten trifft das auch auf die Betroffenen von Nahtoderfahrungen zu, und es ist nur noch eine Frage der Zeit, bis sich auch bei uns solche Gemeinschaften bilden.)

Es macht übrigens auch keinen wesentlichen Unterschied, ob die Transzendenzerfahrung, die eine solche Spiritualität begründet, gezielt gesucht wird oder ob sie den Betroffenen unerwartet, ja, oft überraschend widerfährt. So fordern manche christliche Gruppen von ihren Mitgliedern

Konversionserfahrung. Dagegen hatten die Menschen, die eine Nahtoderfahrung machen, eine spontane Konversion erleben oder etwa eine Erscheinung haben, zuvor keinen Vorsatz gefaßt, keine Erwartungen gehegt und fühlten sich in keiner Weise „berufen". In beiden Fällen zeichnet sich die Spiritualität dadurch aus, daß sie dieser außergewöhnlichen Erfahrung – und nur ihr – „Glauben schenkt". Die „Kirche" dieser neuen Spiritualität ist das Individuum, und ihr Glaube ist die subjektive Erfahrung.

Anhang:
Fragebogen
zu Todesnäheerfahrungen

Nachdem (1) im Gesamt-Fragebogen alle Personen der Stichprobe zu außergewöhnlichen Erfahrungen im Zusammenhang mit Sterben und Tod („Todesahnung", „Sterbebettvision", „paranormale Phänomene" und „Todesnäheerfahrungen") mündlich befragt wurden, erhielten (2) all diejenigen, die auf die Filterfrage (eigene Todesnäheerfahrung) mit „ja" oder „nicht sicher" antworteten, den folgenden schriftlichen Fragebogen zum Selbstausfüllen.

1. Screening:

Frage 42 [Interviewer:] Wir möchten Sie nun zu einem ernsten und in diesem Rahmen etwas ungewöhnlichen Thema befragen: Sterben und Tod. Obwohl wir alle davon betroffen sind, wissen wir doch sehr wenig darüber. Die folgenden Fragen richten sich an Ihre eigenen Erfahrungen mit diesem Thema. Wir bitten Sie, uns durch die Beantwortung der folgenden Fragen bei unserer wissenschaftlichen Arbeit zu helfen.

Immer wieder hört man von Menschen, die im Zusammenhang mit Tod und Sterben davon berichten, außergewöhnliche und unerklärliche Dinge erlebt zu haben. Wir möchten Sie zu Ihren **persönlichen Erfahrungen** befragen. Vielleicht kennen Sie ja die folgenden Situationen oder haben solche Erlebnisse schon selbst gehabt.

[Liste vorlegen]

Wir stellen Ihnen hier eine Reihe von Situationen vor. Denken Sie bitte zurück: Hatten Sie selbst schon einmal oder mehrmals solche Erlebnisse? Bitte lesen Sie diese Vorgaben durch, und sagen Sie mir zu jeder die für Sie zutreffende Antwort.

Antwortschema zu Frage 42

A) Ich hatte einmal das sichere Gefühl, daß eine andere Person gerade stirbt oder in absehbarer Zeit sterben wird; und diese Vorahnung ist dann auch eingetroffen.

❑ ja
❑ nein
❑ Ich bin mir nicht sicher

B) Ich habe dem Sterben einer Person beigewohnt, und diese hat mir vor ihrem Tod von außergewöhnlichen Dingen aus einer anderen Welt berichtet.

❑ ja
❑ nein
❑ Ich bin mir nicht sicher

C) Ich habe einmal dem Sterben einer Person beigewohnt, und dabei sind außergewöhnliche Dinge vorgefallen, z. B. blieb im Moment des Todes die Uhr im Zimmer stehen.

❑ ja
❑ nein
❑ Ich bin mir nicht sicher

D) Ich hatte selbst schon einmal ein intensives Erlebnis, das weder ein Traum noch eine Halluzination war und bei dem ich glaubte, daß ich gerade sterbe, daß ich in der Nähe des Todes bin oder bei dem ich das Gefühl hatte, tot zu sein (z. B. **auch** durch Unfall oder schwere Krankheit)

❑ ja
❑ nein
❑ Ich bin mir nicht sicher

42 [Int.: ohne Befragten einzustufen] Befragungsperson hat bei Vorgabe D angegeben
ja (1) oder bin mir nicht sicher (3) – →weiter mit Frage 43
nein (2) →weiter mit Frage 44

43 [Int.: schriftlichen Zusatzfragebogen und Umschlag bereitlegen, Text vorlesen und beides übergeben] Ich möchte Ihnen noch einmal einen Fragebogen geben mit der Bitte, diesen auszufüllen. Bitte lesen Sie zunächst die einleitenden Worte. Dann bitten wir Sie herzlich, die Fragen zu beantworten.
Danach stecken Sie den Fragebogen in den Umschlag und verschließen ihn. Er wird – völlig anonym – erst wieder in unserem Institut für die Auswertung geöffnet. Vielen Dank.

2. Schriftlicher Selbstausfüllfragebogen

Sehr geehrte Interviewteilnehmerin –
sehr geehrter Interviewteilnehmer,
im folgenden geht es um **Ihre persönlichen Erlebnisse** mit dem Sterben.
Im Interview gaben Sie soeben an, Erlebnisse gehabt zu haben, die
Ihnen den Eindruck vermittelten, daß Sie an der Schwelle zum Tod
standen.
Aus der Forschung wissen wir, daß diese Erlebnisse, die „Todesnähe-Erfahrungen" oder „Nahtoderlebnisse" genannt werden, nicht
selten sind.
Im Rahmen unserer wissenschaftlichen Untersuchung interessieren uns **Ihre eigenen konkreten Erlebnisse und Eindrücke** in dieser
Situation.
Lassen Sie sich nicht verunsichern, wenn Ihnen manche der folgen-
den Fragen etwas ungewöhnlich erscheinen, das ist immer der Fall,
wenn eine Sache noch nicht umfassend erforscht ist.
Das Ausfüllen dieses Fragebogens ist technisch ganz einfach. Bei
der überwiegenden Zahl der Fragen brauchen Sie lediglich die für
Sie zutreffende Antwort aus den Antwortmöglichkeiten auszu-
wählen und die entsprechende Antwortkennziffer einzukreisen.
Bei einigen Fragen möchten wir Sie bitten, Ihre persönlichen Erfahrungen mit Ihren eigenen Worten zu beschreiben.
Es kann auch vorkommen, daß Sie einige der Fragen überspringen
können. Dann wird Ihnen mit einem Hinweis angezeigt, mit welcher Frage Sie beim Beantworten weiter fortfahren sollen.
Falls dennoch einmal etwas unklar sein sollte, wenden Sie sich
bitte an unseren Interviewer/unsere Interviewerin.

Frage 1: Wie oft hatten Sie in Ihrem
Leben solch ein Erlebnis, das man
als Todesnäheerfahrung bezeichnet?

❏ 1 mal ❏ 2 mal
❏ öfter, nämlich ___ mal
❏ Ich bin mir nicht sicher.

Frage 2: Wenn Sie sich erinnern: Wie
lange liegt Ihre (letzte) Todesnäheerfahrung zurück?

ungefähr ___ Jahre, oder
wenn kürzerer Zeitraum
ungefähr ___ Monate

Frage 3: Wir wissen, daß der Anlaß, der zu solchen Erlebnissen
führt, sehr verschieden sein kann. Was war bei Ihnen der äußere
Umstand für Ihre Todesnäheerfahrung? Bitte beschreiben Sie mit

wenigen Worten Ihre damalige Situation (z. B. Autounfall, Herz-
attacke, Streß o. ä.). *[offene Antwortmöglichkeit]*

Frage 4: Waren Sie damals aus
medizinischer Sicht in einem lebensbedrohlichen Zustand?

❑ Ja   →weiter mit **Frage 5**
❑ Nein   →weiter mit **Frage 6**
❑ bin mir nicht sicher
        →weiter mit **Frage 5**

Frage 5: Haben Ärzte gesagt, Sie
wären damals für eine Zeit klinisch tot gewesen?

❑ Ja
❑ Nein
❑ weiß nicht

Frage 6: Bitte denken Sie nun an Ihre (letzte) Todesnäheerfahrung
zurück, und versuchen Sie, sich in die damalige Situation zurück-
zuversetzen. Uns interessiert vor allem, was Sie <u>während</u> dieser Erfahrung erlebt haben. Bitte schildern Sie uns möglichst detailliert
Ihre damaligen Erlebnisse und Eindrücke, selbst wenn Sie den Eindruck haben sollten, daß es dafür nicht immer die geeigneten Worte
gibt. *[offene Antwortmöglichkeit]*

Frage 7: Haben Sie mit anderen
Personen über Ihre eigene Todesnäheerfahrung gesprochen?

❑ Ja
❑ Nein

Frage 8: Wie ist Ihre Meinung zu
den folgenden Aussagen?

	stimme zu	stimme eher zu	stimme eher nicht zu	stimme nicht zu
A) Es besteht allgemein ein großes Interesse an Berichten über Todesnäheerfahrungen.	❑	❑	❑	❑
B) Es wird einem dabei sehr interessiert zugehört.	❑	❑	❑	❑
C) Es gibt keine passenden Worte, um die Gefühle und Erlebnisse von Todesnäheerfahrungen angemessen auszudrücken.	❑	❑	❑	❑
D) Solch ein Erlebnis geht nur einen selbst etwas an.	❑	❑	❑	❑
E) Es wird einem in der Regel geglaubt, wenn man über solch ein Erlebnis spricht.	❑	❑	❑	❑

Frage 9: Im folgenden stellen wir Ihnen eine Reihe von Aussagen darüber vor, was bei Todesnäheerlebnissen möglicherweise erlebt werden kann. Wenn Sie diese Aussagen mit Ihrem Todesnäheerlebnis vergleichen, was trifft dann bei Ihnen – zumindest sinngemäß – zu? Bitte lesen Sie sich alle folgenden Aussagen sorgfältig daraufhin durch, und kreuzen Sie an.

	trifft zu	trifft nicht zu
A) Ich hatte ein wunderbares Gefühl des Friedens, Glücks und/oder Wohlbehagens.	❏	❏
B) Ich sah mein Leben oder Szenen daraus wie einen Film an mir vorüberziehen.	❏	❏
C) Ich befand mich in einer Welt böser Mächte.	❏	❏
D) Ich hatte das Gefühl, mich durch einen Tunnel oder eine tunnelähnliche dunkle Leere zu bewegen.	❏	❏
E) Ich war geistig hellwach und hatte ein bislang unbekanntes Gefühl der Klarheit.	❏	❏
F) Ich befand mich außerhalb meines Körpers	❏	❏
G) Ich nahm ein bis dahin nicht gekanntes, besonders helles Licht wahr.	❏	❏
H) Ich befand mich in einer Welt, die mir himmlisch oder wunderbar erschien.	❏	❏
I) Ich hatte ein schreckliches und/oder quälendes Gefühl der Angst, des Entsetzens oder Schreckens.	❏	❏
J) Ich hatte das sichere Gefühl, gestorben zu sein.	❏	❏

K) Ich hatte den Eindruck, eine andere Welt zu betreten. ❏ ❏

L) Ich sah (hörte, spürte, traf) bekannte oder unbekannte Personen, nämlich ❏ ❏

M) Ich sah (hörte, spürte, traf) Verstorbene, nämlich ❏ ❏

N) Ich sah (hörte, spürte, traf) nicht-irdische Wesen (z. B. Engel, Heilige, „Sensenmann"), nämlich ❏ ❏

Frage 10: Haben Sie schon von *weiteren* Personen gehört oder gelesen, die von gleichen oder ähnlichen Erlebnissen in Todesnähe berichteten?

❏ Ja →weiter mit **Frage 11**
❏ Nein →weiter mit **Frage 12**

Frage 11: Wodurch haben Sie von weiteren Berichten über Todesnäheerlebnisse erfahren?

A) Durch Betroffene, die selbst eine solche Erfahrung gemacht haben ❏ Ja ❏ Nein

B) Durch Personen, die selbst keine solche Erfahrung gemacht haben, aber von Erfahrungen anderer berichteten ❏ Ja ❏ Nein

C) Durch Fernsehen oder Radio ❏ Ja ❏ Nein

D) Durch Zeitungen oder Zeitschriften

E) Durch Bücher ❏ Ja ❏ Nein

F) Durch Vorträge, Veranstaltungen oder ähnliches ❏ Ja ❏ Nein

G) Durch anderes, und zwar: _____

---

* Die Fragen 10 und 11 wurden im Rahmen des mündlichen standardisierten Interviews unmittelbar nach der Filterfrage auch allen denjenigen gestellt, die keine Todesnäheerfahrung gemacht hatten und den Selbstausfüllbogen nicht erhielten.

Frage 12: Hat sich Ihr Leben aufgrund Ihrer Todesnäheerfahrung verändert?

überhaupt nicht verändert		völlig verändert
1		7

Frage 13 Was hat für Sie seither an Bedeutung zugenommen oder abgenommen?

	abgenommen	nicht geändert	zugenommen
A) Die Angst vor dem Tod	❑	❑	❑
B) Mein Glaube an Gott bzw. mein religiöses Gefühl	❑	❑	❑
C) Mein Interesse an der Frage nach dem Sinn des Lebens	❑	❑	❑
D) Das Interesse an meinen Mitmenschen	❑	❑	❑
E) Das Gefühl, „bewußter" zu leben	❑	❑	❑

Frage 14: Wie deuten Sie Ihre Todesnäheerfahrung? Bitte machen Sie in jeder Zeile ein Kreuz

A) Die Todesnäheerfahrung hat mir gezeigt, daß es eine Wiedergeburt auf dieser Erde in einem anderen Leben gibt (Reinkarnation).   ❑ Ja   ❑ Nein

B) Die Todesnäheerfahrung hat mir gezeigt, daß es übersinnliche und bislang unerklärliche Kräfte gibt, die unser Leben beeinflussen.   ❑ Ja   ❑ Nein

C) Die Todesnäheerfahrung hat mir gezeigt, daß es einen christlichen Gott und die Auferstehung der Toten gibt.   ❑ Ja   ❑ Nein

D) Die Todesnäheerfahrung hat mir gezeigt, daß es einen Gott gibt.   ❑ Ja   ❑ Nein

E) Die Todesnäheerfahrung hat mir gezeigt, daß es nach dem Tode nichts mehr gibt.   ❑ Ja   ❑ Nein

209

F)	Die Todesnäheerfahrung hat mir gezeigt, wie wertvoll das menschliche Leben ist.	❏ Ja	❏ Nein
G)	Die Todesnäheerfahrung hat mir gezeigt, daß es eine andere Welt jenseits unserer hiesigen Welt gibt.	❏ Ja	❏ Nein
H)	Die Todesnäheerfahrung hat mir gezeigt, daß es eine höhere Macht gibt.	❏ Ja	❏ Nein
	Bitte nur beantworten, falls Sie A-H alle mit „Nein" beantwortet haben.	❏ Ja	❏ Nein
I)	Die Todesnäheerfahrung hat mir in bezug auf die Frage nach Leben und Tod nichts gezeigt.	❏ Ja	❏ Nein
J)	Ich kann die Todesnäheerfahrung in bezug auf Leben und Tod nicht deuten.	❏ Ja	❏ Nein

Frage 15: Im Rahmen eines solchen Fragebogens gelingt es in der Regel nicht immer, auf alle Einzelheiten einzugehen. Wir möchten Ihnen deshalb Gelegenheit geben, diejenigen Punkte aufzuschreiben, die Sie persönlich für Ihre Todesnähe-Erfahrung als wichtig erachten oder die Ihnen beim Ausfüllen des Fragebogens vernachlässigt erscheinen. *[offene Antwortmöglichkeit]*

◼ Anmerkungen

1. Der Mythos der Nahtoderfahrung und die populäre Spiritualität

[1] R. Moody, Nachgedanken über das Leben nach dem Tod. Reinbek 1993, 18 f.

[2] Bruce Greyson, The psychodynamics of near-death experiences, in: Journal of Mental Disease 171 (1983), S. 376–381.

[3] C. R. Lundahl, Mormon Near-Death Experiences, in: Free Inquiry in Creative Sociology 7, 2 (1979), S. 102.

[4] Einen Eindruck vermittelt E. Kübler-Ross, Interviews mit Sterbenden. Gütersloh 1992.

[5] R. Moody, Das Licht von drüben. Reinbek 1994, S. 115.

[6] Hans Bender, Zukunftsvisionen, Kriegsprophezeiungen, Sterbeerlebnisse. Aufsätze zur Parapsychologie II. München und Zürich 1983, S. 144.

[7] Vgl. dazu Thomas Luckmann, Die unsichtbare Religion. Mit einem Vorwort von Hubert Knoblauch. Frankfurt am Main 1991.

[8] Ich habe diese Gedanken in verschiedenen Artikeln gründlicher erläutert. Der Begriff des Religiösen wird am besten dargestellt in Hubert Knoblauch, Die Sichtbarkeit der unsichtbaren Religion. Subjektivierung, Märkte und die religiöse Kommunikation, in: Zeitschrift für Religionswissenschaft 5 (1997), S. 179–202. Was ich unter Spiritualität verstehe, wird bestimmt in: Hubert Knoblauch, „Jeder sich selbst sein Gott in der Welt" – Subjektivierung, Spiritualität und der Markt der Religion, in: R. Hettlage und L. Vogt (Hg.), Identitäten im Umbruch. Opladen: Westdeutscher Verlag (Im Druck); und der Begriff der populären Religiosität wird erläutert in: Hubert Knoblauch, Populäre Religion. Markt, Medien und die Kulturbedeutung der Religion, in: Anne Honer, Kurt Ronald und Jo Reichertz (Hg.), Die Verzauberung der

211

Wirklichkeit. Beiträge zum Verständnis der symbolischen Ordnung moderner Kulturen. Konstanz. Universitätsverlag (Im Druck).

2. Von Himmeln und Höllen: Zur Geschichte der Todesnäheerfahrung

[1] Eine deutsche Übersetzung findet sich in dem von Edgar Hennecke und Wilhelm Schneemelcher herausgegebenen Band: Visio Sancti Pauli. Apokalypse des Paulus. Tübingen 1989 (5. Auflage), S. 644–675 (übersetzt von Hugo Dünsing).

[2] Gregor der Große, Dialogi 4, 38, in: Des heiligen Papstes und Kirchenlehrers Gregor des Großen vier Bücher Dialoge. München 1933 (übersetzt von Joseph Funk).

[3] Peter Dinzelbacher, Vision und Visionsliteratur im Mittelalter. Stuttgart 1981.

[4] Beda der Ehrwürdige, Kirchengeschichte des englischen Volkes. Band 1. Übers. v. G. Spitzbart. Darmstadt 1982, S. 259 f.

[5] Vgl. Georges Minois, Die Hölle. Zur Geschichte einer Fiktion. München 1996.

[6] Vgl. Arnold Angenendt, Geschichte der Religiosität im Mittelalter. Darmstadt 1997. S. 700 f.

[7] Arno Borst, Mönche am Bodensee 610–1525, Sigmaringen 1985, S. 114.

[8] Im Hochmittelalter setzt sich die Vorstellung eines städtisch geprägten Jenseits immer mehr durch. Das Muster dafür ist das himmlische Jerusalem, die prachtvolle Himmelsstadt, die in der Folge von vielen Dichtern besungen wurde.

[9] Vgl. Bernhard Lang und Colleen McDannell, Der Himmel. Eine Kulturgeschichte des ewigen Lebens. Frankfurt am Main 1990.

[10] Francis Beaufort, Letter to Dr. W. Hyde Wollaston, in: An Autobiographical Memoir of Sir John Barrow, London: John Murray, 1847.

[11] Craig R. Lundahl, Mormon Near Death Experiences, in: Free Inquiry in Creative Sociology 7,2 (1979), S. 102.

[12] Albert Heim, Notizen über den Tod durch Absturz, in: Jahrbuch des Schweizer Alpenvereins 27 (1892), S. 327–337, 328 f. Die Kursivsetzungen im Originaltext wurden nicht übernommen, die Rechtschreibung wurde angepaßt.

[13] Albert Heim, Notizen über den Tod durch Absturz, in: Jahrbuch des Schweizer Alpenvereins 27 (1892), S. 327–337, 335 ff.

[14] Oskar Pfister, Schock und Schockphantasien bei höchster Todesgefahr, in: Zeitschrift für Psychoanalyse 16 (1930), S. 430–455, 437.

[15] Frances Power Cobbe, Peak in Darien. London 1882.

[16] Carol Zaleski, Nah-Todeserlebnisse und Jenseitsvisionen. Frankfurt 1995.

3. Das erlebte Jenseits der anderen: Todesnäheerfahrungen im Kulturvergleich

[1] K. Ring, Shamanic initiation, imaginal worlds, and light after death, in: G. Doore (Hg.), What survives? Contemporary Explorations of Life after Death. Los Angeles 1990, S. 104–215, 208.

[2] M. Eliade, Schamanismus und archaische Ekstasetechnik. Frankfurt 1975.

[3] A. Hultkrantz, Conceptions of the Soul among the North American Indians, Stockholm 1953, S. 259 f.

[4] Das erläutert ausführlich Frederik Hetmann, Jenseitsreisen. Rituale und Mythen amerikanischer Schamanen, Heiler und Zauberer. Freiburg: Herder 1999.

[5] Erich Fromm kontrastiert den „Seins-Modus" etwa der Hopi mit dem „Haben-Modus" unserer westlichen Kultur. Eine gewisse Korrektur des darin unterstellten idealisierten und romantischen Bildes der Hopi habe ich selbst vorgenommen. Vgl. Hubert Knoblauch, Die sozialen Zeitkategorien der Hopi und der Nuer. In: Friedrich Fürstenberg und Ingo Mörth (Hg.), Zeit als Strukturelement von Lebenswelt und Gesellschaft. Linz 1985; eine Bestätigung dieser Vermutungen lieferte jüngst Armin W. Geertz, The Invention of Prophecy. Continuity and Meaning in Hopi Indian Religion. Berkeley und Los Angeles: University of California Press 1994.

[6] I. Hallowell, The spirits of the dead in Salteaux life and thought, in: Journal of the Royal Anthropological Institute 70 (1940), 29–51, S. 30 f.

[7] C. E. Schorer, Two native American near-death experiences, in: Omega 16,2 (1985–1986), 111–113.

[8] Hans Peter Duerr, Traumzeit. Über die Grenze zwischen Wildnis und Zivilisation. Frankfurt am Main: Syndikat 1978, 145.

9 J. S. Gomez-Jeria, A Near-Death experience among the Mapuche People, in: Journal of Near-Death Studies 11 (1993), S. 219–222, 220 f.

10 D. A. Counts (1983), Near-Death and Out-of-Body experiences in a Melanesian sociey, in: Anabiosis 3, 115–135, 119–120.

11 R. M. Berndt und C. H. Berndt, The Speaking Land: Myth and Story in Aboriginal Australia. Harmondsworth 1989.

12 C. R. Lundahl, Mormon Near Death Experiences, in: Free Inquiry in Creative Sociology 7,2 (1979), 101–104.

13 W. Y. Evans-Wentz (Hg.), Das tibetanische Totenbuch oder Nach-Tod-Erfahrungen auf der Bardo-Stufe. Zürich und Stuttgart 1953, S. 103 f.

14 Vgl. E. K. Neumaier-Dargyay, Der Buddhismus, in: Harold Coward (Hg.), Das Leben nach dem Tod in den Weltreligionen. Freiburg: Herder 1978, S. 117.

15 C. Carr, Death and near-death: A comparison of Tibetan and Euro-American experiences, in: Journal of Transpersonal Psychology 25,1 (1993), S. 59–110.

16 C. B. Becker, The centrality of near-death experiences in Chinese Pure Land Buddhism, in: Anabiosis 1 (1981), S. 154–171.

17 Ge Hong, Biographies of Divine Transcendents. Das Buch wurde vor 360 n. Chr. verfaßt. Zitiert wurde hier nach Gary Arbuckle, Die chinesischen Religionen, in: Harold Coward (Hg.), Das Leben nach dem Tod in den Weltreligionen. Freiburg: Herder 1998, S. 124.

18 A. Kellehear, Experiences Near Death: Beyond Medicine and Religion. New York: Oxford University Press 1996, S. 68 ff. Man sollte erwähnen, daß sich diese Umfrage auf jeweils weniger als zweihundert Personen beschränkte.

19 A. Kellehear, P. Heaven und J. Gao (1990), Community attitudes toward near-death experiences: A chinese study, in: Journal of Near-Death Studies 7, S. 163–173.

20 F. Zhi-ying und L. Jian-Xun (1992), Near-death experiences among survivors of the 1976 Tangshan Earthquake, in: Journal of Near-Death Studies 11, S. 39–48.

21 Vgl. K. Osis und E. Haraldsson (1977), At the Hour of Death. New York (Dt.: Der Tod – ein neuer Anfang. Visionen und Erfahrungen an der Schwelle des Seins. Freiburg 1994).

22 S. Pasricha und I. Stevenson (1986), Near-death experiences in India: A preliminary report, in: Journal of Nervous and Mental Disease 174, S. 165–170.

4. Blumenwiesen und Sensenmänner: Nahtodberichte aus dem deutschen Sprachraum

[1] Freilich weist Österreich – im Unterschied zur BRD und zur Schweiz – eine Besonderheit auf, weil der Protestantismus dort kaum einen Einfluß hat. Die Auswirkung einer einheitlicheren katholischen Kultur auf die Nahtoderfahrung ist noch zu untersuchen.

[2] Auch in allen folgenden Fällen, die von mir aufgezeichnet wurden, werden Pseudonyme verwendet. Daneben wurden die Interviewaufnahmen von mir sprachlich, stilistisch und dialektal bereinigt, wobei versucht wurde, den Duktus des Originals beizubehalten. Die knapp 20 Interviews, die ich geführt habe, werden ergänzt durch einige Interviews, die Ina Schmied in Ostdeutschland geführt und mir dankenswerterweise zur Verfügung gestellt hat.

[3] Den Fall von Frau Schiller wie den von Frau Maß entnehme ich einem Gespräch, das die beiden Damen mit Herrn Fliege in der nach ihm benannten Fernsehsendung am 26.6.1995 in der ARD geführt haben. Die Gespräche wurden von mir gekürzt und bereinigt. Damit möchte ich auch auf den deutlichen Unterschied dieser veröffentlichten Darstellungen zu denen in meinen Interviews hinweisen, auf den ich hier jedoch nicht näher eingehen kann. Wesentlich aber ist dafür, daß die Detailliertheit der Darstellung nicht von der Erfahrung abhängt, sondern von der Situation, in der die Erfahrung berichtet wird. Dabei weisen die im Fernsehen gezeigten Darstellungen schon sehr offenkundige spannungssteigernde Gestaltungen auf. In noch größerem Maße sozusagen literarisch ausgestaltete Erfahrungen finden sich besonders in den Büchern, in denen Betroffene ihre Erfahrungen schildern. Ein anschauliches Beispiel bietet dafür das berühmte Buch von Betty Eadie, das von einem Journalisten sichtlich überarbeitet wurde. Vgl. dazu Massimo Introvigne, La costruzione sociale delle near-death experiences: il caso Batty Eadie, in: Critica Sociologica, 117–118 (1996), S. 78–88.

[4] P. M. Atwater, Is there hell? Surprising observations about Near-Death Experience, in: Journal of Near-Death Studies 10, 3 (1992), S. 149–160.

[5] Vgl. Georges Minois, Die Hölle. Zur Geschichte einer Fiktion. München 1996.

[6] Hermann Kunisch (Hg.), Ein Textbuch der altdeutschen Mystik. Hamburg 1958, S. 19.

215

5. Das west-östliche Jenseits

[1] Es handelt sich dabei um Ina Schmied und Bernt Schnettler, die an diesem Projekt mitgewirkt haben, dessen Ergebnisse ich in diesem Kapitel kurz skizzieren möchte. Das Projekt wurde unterstützt vom Institut für Grenzgebiete der Psychologie und Parapsychologie in Freiburg.

[2] Diese Umfrage wurde Anfang der Achtziger in den Vereinigten Staaten durchgeführt. Die Ergebnisse sind veröffentlicht in G. Gallup und W. Procter, Adventures in Immortality. London 1984.

[3] Eine genauere Darstellung der Ergebnisse findet sich in dem erwähnten Sammelband von Hubert Knoblauch und Hans-Georg Soeffner (Hg.), Todesnähe. Interdisziplinäre Zugänge zu einem außergewöhnlichen Phänomen. Konstanz: Universitätsverlag 1999. Die Ergebnisse werden auch veröffentlicht in der Zeitschrift für Parapsychologie und Grenzgebiete der Psychologie sowie in der amerikanischen „Journal of Near-Death Studies" („A different experience") (jeweils zusammen mit Ina Schmied und Bernt Schnettler).

[4] Genauer gesagt: aus der bundesdeutschen Wohnbevölkerung, die sich aus den Personen zusammensetzt, die älter als 18 Jahre sind.

[5] Natürlich sollte man keine vorschnellen Verallgemeinerungen statistischer Daten vornehmen. Die folgenden Zahlen sind deswegen auch mit Vorbehalt zu betrachten. Allerdings haben wir auch mehrere, zum Teil ungewöhnliche Maßnahmen ergriffen, um die Verläßlichkeit und Gültigkeit der Ergebnisse zu sichern. Zum einen arbeiteten wir mit einem seriösen wissenschaftlichen Umfrageinstitut, ZUMA in Mannheim, zusammen. Zum anderen haben wir mehrere Umfragewellen durchgeführt, die gewissermaßen als Kontrolle dienten. Dabei haben sich die Ergebnisse der ersten Umfrage im wesentlichen bestätigt. Und drittens wurde die Umfrage auf der Basis der schon angeführten Interviews durchgeführt, um zu vermeiden, nur Ergebnisse zu erhalten, die ohne besondere Beachtung der Erfahrungen selbst vorgegeben wurden.

[6] Auch die andere Richtung der Annahme ist falsch: Nicht jeder Mensch, der körperlich in die Nähe des Todes kommt, hat eine Todesnäheerfahrung. Wie eine amerikanische Untersuchung zeigte, machten lediglich 43 % von 116 Patienten und Patientinnen, die einen Herzstillstand überlebten, dabei auch eine Nah-

toderfahrung. Vgl. Michael B. Sabom, Erinnerungen an den Tod. Eine medizinische Untersuchung. Berlin 1982.

[7] In ihrer amerikanischen Befragung unterscheiden Gallup und Procter zehn Merkmale: Außerleiblichkeit wird von 9 %, visuelle Wahrnehmungen von etwas Überirdischem bei 8 %, akustische Wahrnehmungen von Stimmen bei 6 %, ein überwältigendes Gefühl des Friedens und der Schmerzfreiheit bei 11 %, Licht von 5 %, der Lebensfilm von 11 %, das Gefühl, in einer anderen Welt zu sein bei 11 %, Begegnungen mit nicht lebenden menschlichen Wesen von 8 %, die Tunnelerfahrung von 3 % und die Vorahnung von Ereignissen von 2 % der Befragten genannt. Vgl. George Gallup jr. und William Procter, Adventures in Immortality. London 1982.

[8] Kenneth Ring, Frequency and Stages of the Prototypic Near-Death Experience, in: Craig R. Lundahl, A Collection of Near-Death Research Readings. Chicago: Nelson Hall 1982, S. 110–159, 112.

[9] Der Fall wurde von Ina Schmied erhoben, die sich mit diesem Thema eingehender beschäftigt hat. Ihr Bericht über Nahtoderfahrungen in Ostdeutschland wird in einem Sammelband erscheinen, den Detlef Pollack herausgibt.

[10] Kenneth Ring, Frequency and Stages of the Prototypic Near-Death Experience, in: Craig R. Lundahl, A Collection of Near-Death Research Readings. Chicago: Nelson Hall 1982, 110–159, 138.

[11] Dieser Begriff stammt von Thomas Luckmann, der ihn in seinem Buch „Die unsichtbare Religion" (Frankfurt am Main: Suhrkamp 1991) ausgeführt hat. Zum Verhältnis zwischen Religion und Religiosität vgl. auch mein Vorwort dazu: „Die Verflüchtigung der Religion ins Religiöse", ebd. S. 7–41.

6. Am Anfang war das Hirn: Wissenschaft und Nahtoderfahrung

[1] Karl Barth, Das Wort Gottes und die Theologie. München 1924, S. 159.

[2] Wie wir im zweiten Kapitel gesehen haben, sah die Situation im Mittelalter ganz anders aus. Hier waren es sogar hauptsächlich Männer und Frauen der Kirche, die solche Erfahrungen machten.

[3] Gregor der Große: Des heiligen Papstes und Kirchenlehrers Gre-

gor des Großen vier Bücher Dialoge, 4, 50. Übersetzt von Joseph Funk. München 1933.

[4] Diese Unterscheidung widerspricht natürlich nicht der „Auferstehung des Fleisches" aus dem apostolischen Glaubensbekenntnis. Diese bedeutet im katholischen Glauben, daß am Ende der Welt neben der unsterblichen Seele auch unsere „sterblichen Leiber" wieder erweckt werden.

[5] Oscar Cullmann, Unsterblichkeit der Seele oder Auferstehung der Toten. Stuttgart 1986, S. 30 f. u. 47 f.

[6] In der griechischen Mythologie ist Thanatos die Personifikation des Todes, Bruder des Hypnos, Gott des Schlafes. (Übrigens tritt Thanatos nicht als Sensenmann, sondern oft als geflügelter bärtiger Mann oder Jüngling im schwarzen Gewande auf.)

[7] Über diese Episode berichtet Werner Thiede. Vgl. Werner Thiede, Geschichte und Hermeneutik der Thanatologie, in: Hubert Knoblauch und Hans-Georg Soeffner (Hg.), Todesnähe. Interdisziplinäre Zugänge zu einem außergewöhnlichen Phänomen. Konstanz: Universitätsverlag 1999.

[8] Das Zitat entstammt einem Vortrag Rings, den Zaleski zitiert. Vgl. Carol Zaleski, Nah-Todeserlebnisse und Jenseitsvisionen. Frankfurt 1995, S. 165.

[9] Elisabeth Kübler-Ross, Über den Tod und das Leben danach. Melsbach 1986, S. 9.

[10] Nähere Ausführungen zu dieser Forschung liefern Emily William Kelly, Bruce Greyson und Ian Stevenson, Beweisen Todesnäheerfahrungen das Überleben der menschlichen Persönlichkeit nach dem Tod? In: Hubert Knoblauch und Hans-Georg Soeffner (Hg.), Todesnähe. Wissenschaftliche Zugänge zu einem außergewöhnlichen Phänomen. Konstanz: Universitätsverlag 1999.

[11] Diesen Fall erläutern Greyson, Kelly und Stevenson in ihrem Beitrag in: Hubert Knoblauch und Hans-Georg Soeffner (Hg.), Todesnähe. Wissenschaftliche Beiträge zu einem außergewöhnlichen Phänomen. Konstanz: Universitätsverlag 1999.

[12] Näheres zur Forschung findet sich bei Susan Blackmore, Neurophysiologische Erklärungen der Nah-Todeserfahrung, in: Hubert Knoblauch und Hans-Georg Soeffner (Hg.), Todesnähe. Wissenschaftliche Zugänge zu einem ungewöhnlichen Phänomen. Konstanz: Universitätsverlag 1999.

[13] Eine Ausnahme bildet hier Michael Schröter-Kunhardt. Er vertritt eine Position, die in die Tradition der „natürlichen Reli-

gion" fällt: Gerade in den biologisch bedingten Erfahrungen des Jenseits komme die biologische Grundlage der religiösen Verfassung des Menschen zum Ausdruck.

14 Zu diesem und zum folgenden Abschnitt vgl. auch Michael Schröter-Kunhardt, Nah-Todeserfahrungen aus psychiatrisch-neurologischer Sicht, in: Hubert Knoblauch und Hans-Georg Soeffner (Hg.), Todesnähe. Wissenschaftliche Beiträge zu einem außergewöhnlichen Phänomen. Konstanz: Universitätsverlag 1999.

15 Oskar Pfister, Schock und Schockphantasien bei höchster Todesgefahr, in: Zeitschrift für Psychoanalyse 16 (1930), S. 430–455.

16 Vgl. Bruce Greyson, Near-death experiences and attempted suicide, in: Bruce Greyson und Charles P. Flynn (Hg.), The Near-Death Experience. Problems, Prospects, Perspectives. Springfield, Illinois: Charles C. Thomas Publisher, 1984, S. 259–265.

17 So Michael Schröter-Kunhardt, Nah-Todeserfahrungen aus psychiatrisch-neurologischer Sicht, in: Hubert Knoblauch und Hans-Georg Soeffner (Hg.), Todesnähe. Wissenschaftliche Beiträge zu einem außergewöhnlichen Phänomen. Konstanz: Universitätsverlag 1999.

18 Vgl. Carol Zaleski, Nah-Todeserlebnisse und Jenseitsvisionen. Frankfurt am Main 1995.

19 An anderer Stelle haben Hans-Georg Soeffner, Bernt Schnettler und ich versucht, diese kulturwissenschaftliche Erklärung und ihre Verbindung mit naturwissenschaftlichen Ansätzen zu erläutern. Vgl. Hubert Knoblauch, Bernt Schnettler und Hans-Georg Soeffner, Die Sinnprovinz des Jenseits und die Kultivierung des Todes, in: Hubert Knoblauch und Hans-Georg Soeffner (Hg.), Todesnähe. Wissenschaftliche Beiträge zu einem außergewöhnlichen Phänomen. Konstanz: Universitätsverlag 1999.

7. Das Jenseits des Bewußtseins

1 Es handelt sich dabei um eine poetische Übersetzung von Aussagen des spätantiken Platonikers Plotin, die Goethe in seinem Angriff auf Newton verwendet.

2 Immanuel Kant, Werkausgabe in 12 Bänden. Band IV. Frankfurt am Main 1968, S. 358.

3 Alfred Schütz, Symbol, Wirklichkeit und Gesellschaft, in: ders.: Gesammelte Aufsätze Band 1. Den Haag 1971, S. 397.

4 In einer Untersuchung von Osis und Haraldsson wird zwar behauptet, daß die Betroffenen während ihrer Erfahrung mit den Anwesenden kommunizieren. Weil dies jedoch der einzige Fall einer solchen Behauptung ist, muß vermutet werden, daß er auf einer fehlerhaften Erhebung beruht. Und in der Tat: Osis und Haraldsson haben die Betroffenen gar nicht befragt, sondern Mitglieder des Krankenhauspersonals, die vermutlich vor dem Problem standen, wie sie im Fragebogen plausibel machen können, daß sie so gut Bescheid wissen über eine Erfahrung anderer, die ihnen nicht direkt zugänglich ist. Vgl. K. Osis und E. Haraldsson (1977), At the Hour of Death. New York (Dt.: Der Tod – ein neuer Anfang. Visionen und Erfahrungen an der Schwelle des Seins. Freiburg 1994).

5 Einer der wenigen systematischen psychologischen (und anthropologischen) Versuche ist die von Ludwig, der „altered state(s) of consciousness" definiert als „any mental state(s), induced by various physiological, psychological, or pharmacological maneuvers or agent, which can be recognized subjectively by the individual himself (or by an objective observer of the individual) as representing a sufficient deviation (!) in subjective experience or psychological functioning from certain general norms for that individual during alert, waking consciousness". Vgl. Arnold M. Ludwig, Altered states of consciousness, in: Charles T. Tart (Hg.), Altered States of Consciousness. A Book of Readings. Wiley and Sons, New York 1969, S. 9–22, 9 f.

6 Ein Beispiel dafür ist Fischers „biokybernetisches Modell der Bewußseinserfahrung", das die Bewußtseinszustände entlang eines Kontinuums anordnet, das von der Erregung des zentralen Nervensystems bis zur Entspannung reicht. Roland Fischer, A Cartography of ecstatic and meditative states. The experimental and experiential features of perception-hallucination continuum considered, in: Science Nr. 4012, Vol. 174 (1971), S. 897–904.

7 „L'espéce humain est la seule qui sache qu'elle doit mourir, et elle ne la sait par l'experience." Voltaire, Dictionaire philosophique, in: Oeuvres complètes XIX, Paris 1879, S. 376.

8 Max Scheler (1933), Tod und Fortleben, in: Schriften aus dem Nachlaß, Bd. 1. München, 9. Es kann nur angedeutet werden, daß Scheler (wie auch Heidegger) damit die katholische Vorstellung aufnehmen, daß der Tod gleichsam die Strafe des Menschen für die Erbsünde sei.

[9] Martin Heidegger, Sein und Zeit. Tübingen 1972, §52, S. 259.

[10] Genau genommen sollten wir die Sprache nicht als etwas betrachten, das unabhängig von kommunizierenden Menschen sei. Erst in der Kommunikation wird diese Wirklichkeit erzeugt, die ich hier etwas verkürzt der Sprache zuschreibe. Das habe ich andernorts ausführlich dargelegt. Vgl. Hubert Knoblauch, Kommunikationskultur. Die kulturelle Konstruktion kommunikativer Kontexte. Berlin/New York: de Gruyter 1995.

[11] Dafür spricht auch, daß in unserer Befragung die meisten Menschen, die (in der offenen Frage) eine der Standarderfahrung ähnelnde Beschreibung liefern, aus dem Westen stammen. Aufgrund der medialen Präsenz hat sich hier das „amerikanische Modell" offenbar schon stärker durchgesetzt.

[12] Religiosität bezieht sich vielmehr auf die besondere Fähigkeit des Menschen, einen Bezug zu einer transzendenten Wirklichkeit herstellen zu können. Darauf habe ich schon im ersten Kapitel hingewiesen.

[13] Für nähere Erläuterungen zur religiösen Erfahrung und ihrer Verbreitung vgl. auch Hubert Knoblauch, Religionssoziologie. Berlin und New York: de Gruyter (Reihe Göschen) 1999.

221

Hinter die Dinge sehen

Attila Bencsik
Zu den inneren Orten der Kraft
Energiequellen erschließen
Band 5505

Fantasiereisen durch die eigene Seelenlandschaft, auf denen wir Kraft
mobilisieren und Energiequellen erschließen können.

Peter L. Berger
Auf den Spuren der Engel
Die moderne Gesellschaft und die Wiederentdeckung der
Transzendenz
Band 5193

Der Klassiker: Eine grundlegende Analyse zur Situation der Religiösität.

Angelika Faas
Intuition – Zum rechten Zeitpunkt das Richtige tun
Band 5521

Die Grundlage jeden Erfolgs: Eine Entscheidung instinktiv und sicher
treffen; ein Gespür dafür haben, eingreifen zu müssen: das ist Intuition.

von Franz/Frey-Rohn/Jaffé
Erfahrungen mit dem Tod
Archetypische Vorstellungen und tiefenpsychologische
Deutungen
Band 4324

Drei faszinierende Beiträge, die das geheimnisvolle Erlebnis des Todes
als eine Wandlung zu neuem Sein verstehen.

Eugen Drewermann
Das Eigentliche ist unsichtbar
Der Kleine Prinz tiefenpsychologisch gedeutet
Band 4894

Ist es der ewige Traum verlorener Kindheit, der Saint-Exupérys
Kleinen Prinzen so faszinierend macht? Mit dem Bestsellerautor
Eugen Drewermann auf Reisen zu sich selbst.

HERDER spektrum

Gernot Candolini
Im Labyrinth sich selbst entdecken
Band 5143

Ein uraltes Menschheitssymbol ist das Bild des Labyrinths und des
rettenden Lebensfadens, der zur Mitte führt. Wer seine spirituelle Kraft
erkundet, wird zu sich selber finden.

Christian Michel/Felix Novak
Kleines Psychologisches Wörterbuch
Völlig überarbeitete Neuausgabe
Band 5115

Kompakte Information und hilfreiche Anregungen für das Verstehen
psychologischer Vorgänge im Alltag. Das Standard-Nachschlagewerk für
berufliche Arbeit, Studium und Weiterbildung.

Angela Seifert/Theodor Seifert
So ein Zufall
Synchronizität und der Sinn von Zufällen
224 Seiten, geb. mit Schutzumschlag
ISBN 3-451-27552-X

Anhand vieler Beispiele wird deutlich: Wer offen ist für noch so kleine
„Zufälle", erfährt plötzlich, was man Sinn nennt.

Irmtraud Tarr Krüger
Schutzengel
Boten aus dem Raum der Seele
Band 5140

„Ob man alt ist oder jung – Schutzengel brauchen wir alle" (Albert
Einstein). Die bekannte Psychologin zeigt, wie viel kreatives Potential
in diesem Erfahrungsbereich der Seele steckt.

Edith Zundel und Pieter Loomans (Hg.)
Psychotherapie und religiöse Erfahrung
Konzepte und Methoden transpersonaler Psychotherapie
320 Seiten, gebunden.
ISBN 3-451-23135-2

Transpersonale Psychotherapie – alle wesentlichen Ansätze in einer
umfassenden praxisorientierten Zusammenstellung.

HERDER spektrum